『介護福祉士法改正と完全予想模試'24年版』収録の予想問題が第36回本試験で

的中!!
しました。

コンデックス情報研究所では、長年の過去問題の分析結果に基づき予想問題を作成しています。その結果、第36回本試験（2024年1月実施）においては、以下のように予想問題と同じ問題が本試験で多数出題されました。本書はその経験と研究の成果を活かして編集された書籍です。

本試験問題　問題13〈障害者差別解消法〉
1　法の対象者は，身体障害者手帳を交付された者に限定されている。(正解は×)

完全予想模試①　問題12〈障害者差別解消法〉
5　対象となる障害者は，障害者手帳を所有している者に限られる。(正解は×)

本試験問題　問題70〈社会奉仕の精神をもって，住民の立場に立って相談に応じ，必要な援助を行い，社会福祉の増進に努める者〉
1　民生委員 (正解は○)

完全予想模試①　問題73〈保健・医療・福祉に関連する人材〉
5　民生委員は，常に住民の立場に立って相談に応じ，必要な援助を行うフォーマルな社会資源の1つである。(正解は○)

本試験問題　問題103〈デスカンファレンス〉
4　亡くなった利用者の事例を振り返り，今後の介護に活用する。(正解は○)

完全予想模試②　問題101〈デスカンファレンス〉
4　介護福祉職自身の振り返りに活かすことができる。(正解は○)

そのほか的中問題続出!!

本試験問題 14-2	完全予想模試②　問題 9-2
本試験問題 14-3	完全予想模試②　問題 9-1
本試験問題 21-5	完全予想模試①　問題 90-3
本試験問題 85-2	完全予想模試②　問題 82-2
本試験問題 86-1	完全予想模試②　問題 85-5
本試験問題 107-4	完全予想模試②　問題 112-4
本試験問題 107-1	完全予想模試②　問題 112-5

ズバリ
的中!!

他　多数!!

『介護福祉士法改正と完全予想模試'25年版』は2024年7月発売予定

本書の使い方

本試験の出題実績をベースに、合格に必要な内容をまとめました。

豊富なイラスト、表、図で理解度アップ！

覚えやすいように関連のある用語は表でまとめています。

PART 1　領域：人間と社会

第２章　人間関係とコミュニケーション

01 人間関係の形成とコミュニケーションの基礎

人間関係の形成とコミュニケーションに関する基本的な用語

傾聴《けいちょう》	・利用者の言葉だけでなく、その感情や行動等も含めて積極的・意識的に聴くこと ・関心をもって聴くためには、うなずき、あいづち、言葉の繰り返し、話の要約、適切な質問、沈黙《ちんもく》等の活用が重要
受容	・利用者の言葉や感情等を評価せず、そのままを受けとめること
共感的態度	・利用者の視点に立って、その利用者の思いや感情を察し、それを共有しようと努める姿勢
ラポール	・利用者と援助者との間に形成される信頼関係や調和的・共感的な関係 ・ラポール形成の初期段階の関わりでは、利用者を知ろうとする姿勢や利用者の感情に関心をもつことが重要 ・利用者や家族に誠実な対応ができなければ、一度形成されたラポールはすぐに崩れる。それだけに誠実義務は重要
アサーション（アサーティブ・コミュニケーション）	・より良い人間関係を築くため、相手の思いを尊重し配慮《はいりょ》しながら自分の考えや意見を相手に適切かつ率直に伝えるコミュニケーション方法
自己覚知	・価値観や先入観等、援助者が自分自身の傾向を把握《はあく》すること ・自己覚知のためには、自らの感情の動きとその背景（理由）を洞察《どうさつ》すること、自らの行動を客観的に分析《ぶんせき》することが重要 ・逆転移が生じないようにするためにも自己覚知は重要 ※逆転移…援助者が利用者に対して無意識に自分の感情を向けてしまうこと
自己開示	・良好な人間関係を構築するため、自分の意思に基づき自らの情報を言葉や感情等によって相手に伝えること ・自己開示のためには、ジョハリの窓の「開放された窓」（自分も他人も知っている部分）を広げる ・初対面の人に多くの情報を開示すると、かえって相手を混乱させてしまうため、注意が必要
グループダイナミクス	・小集団が個人に与える影響や個人が小集団に与える影響等、小集団がもつ力動関係のこと ・グループダイナミクスを活用することで、メンバーの成長とグループの成長を促すことが可能

16

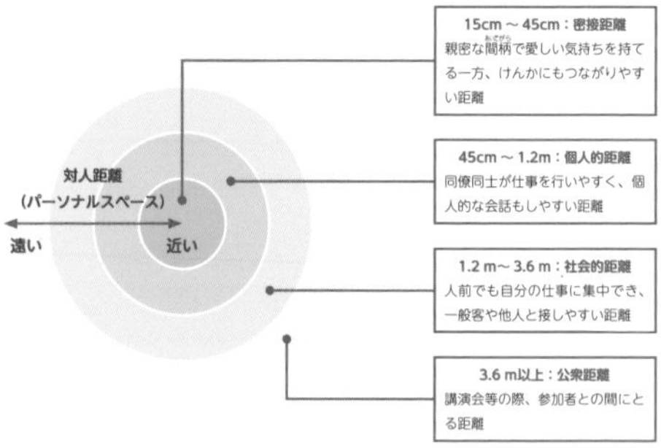

図になっているから一目で理解！

利用者と介護福祉職との位置関係

対面法

・真正面《ましょうめん》で向き合って座る。
・初対面や互いの関係性が十分にできていない場合は緊張が高まりやすい。
・視線を向けることのできる花瓶等を机の上に置くと良い。

直角法

・斜めの状態で座る。
・視線を外しやすく、会話しやすいため、利用者との係性[redacted]際に有効。
・特に[redacted]の利用者に適する。

並列法

・[redacted]並びに座る。
・視線が交わりにくい。
・[redacted]の会話に適する。

19

2章　01　人間関係の形成とコミュニケーションの基礎

覚えておきたい部分を赤字にしています。付属の赤シートを活用して効率よく覚えてください。

※本書は、2025年1月に実施予定の第37回介護福祉士筆記試験を対象とした書籍です。
※本書の内容は、原則として2024年4月1日現在の情報に基づいて編集しています。ただし、編集時点で入手できた法令等改正情報はできるだけ反映しています。

※ここに掲載しているページは見本で、本文とは一致しません。

体位ドレナージの方法

痰がたまっている位置を、からだの上にする → 重力の力で、痰が下に移動する → からだの外へ痰が排出される

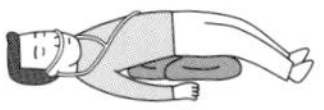

仰《あお》向《む》けで膝《ひざ》を立て、腰の下にクッションを入れる

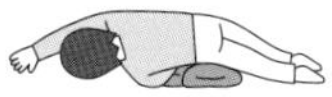

腰が高い位置のまま、横を向く

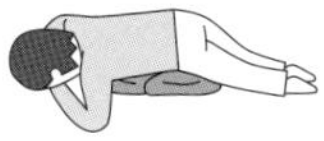

うつむきで胸、お腹、腰の下にクッションを入れる

クッションなどを活用して、体位ドレナージを実施していきましょう。

吸引時のケアのポイント

①空気を清浄に保《たも》つ
②湿度を保つ
⑤体位ドレナージ
重力を利用して痰を排出する
③体内の乾燥を防《ふせ》ぐ
水分が不足していると、痰が固く繊毛運動機能も低下する。
④口腔《こうくう》・鼻腔《びくう》・気道の加湿

285

過去の試験問題の分析から、よく出るテーマをセレクトしています。

ところどころでプラスアルファの情報をパンダがお知らせ。

PART 1　領域：人間と社会
第3章　社会の理解

04 社会保険

5つの社会保険

種類	主な内容
年金保険	・年金保険（公的年金）は、1階部分の国民年金（基礎年金）と2階部分の厚生年金による2階建てで構成。 ・国民年金には、日本国内に住む20歳以上60歳未満のすべての人が加入。 ・厚生年金には、会社に勤務しているサラリーマン等が加入。 ・老齢に対して老齢年金、障害に対して障害年金、死亡に対して遺族《いぞく》年金が給付。 ・老齢年金は65歳に達した場合に支給されるが、繰《くり》上《あ》げ受給（60～64歳で支給開始→減額）や繰《くり》下《さ》げ受給（66～75歳で支給開始→増額）も可能である。
医療保険	・業務外の傷病に対して給付。 ・市区町村が運営する国民健康保険、サラリーマン等の被用者やその扶養《ふよう》家族を対象とした健康保険、75歳以上の人もしくは65歳以上で障害がある人が加入する後期高齢者医療制度などがある。
労働者災害補償《ほしょう》保険（労災保険）	・業務中の労働災害や通勤途中の通勤災害に伴《ともな》う傷病、障害、死亡に対して給付。 ・保険者は国で、実際の業務は都道府県労働局や労働基準監督署《しょ》が担《にな》っている。 ・保険料は事業主が全額負担する（労働者の負担はない）。
雇用保険	・労働者の失業に対して給付。 ・保険者は国で、実際の業務は都道府県労働局や公共職業安定所（ハローワーク）が担っている。
介護保険	・少子・高齢化の進展、要介護者等の増加、介護の長期化・重度化、老後の不安、一体的なサービス提供の必要性等を背景に誕生した。 ・要介護や要支援の状態の人に対して給付される。

社会保険は、国が法律で強制加入を義務付けています。正規雇用労働者でなくても、一定の条件を満たせば、パートタイムやアルバイトに従事している人も社会保険に加入できます。

32

CONTENTS

最新試験徹底解剖！

前々回の第 35 回試験から**新出題基準**が適用されましたが、第 36 回試験も全体的には出題傾向・難易度の水準ともに大きな変化はありませんでした。例年、過去問題と類似・関連した内容の出題が全体の 7 割程度を占めることからも、過去の試験内容の分析《ぶんせき》は第 37 回試験でも役に立ちます。

特徴

- 5 つの選択肢の中から「最も適切なもの」、「適切なもの」、「正しいもの」、「最も優先すべきもの」を 1 つ選ぶタイプの設問方法となります。このうち「**最も適切なもの**」を選ぶ問題が多い傾向です。
- 「生活支援技術」を中心に**ビジュアル問題**が毎回 1 ～ 4 問程度出題されています。
- **事例問題**が全体の約 3 割を占め、「総合問題」だけでなく、全科目を通じて出題されます。

攻略法

- 『**介護福祉士合格ブック**』を活用し、国家試験合格に必要な**知識・視点**を広く正確に身につけましょう。
- 事例問題には**短文事例**と**長文事例**がありますが、まずは**設問（問われている内容）を正確に理解**します。その上で事例を丁寧《ていねい》に読み、想像力を働かせて状況をイメージすることが重要です。**演習や実習、現場経験が正答に結びつく**場合も多いため、それらの取り組み・実践も大切にしましょう。
- 「正しいもの」を選ぶということは、たとえ正解がわからなくても、誤っているものがわかっていれば正解が導かれるということでもあります。あきらめずに**消去法**も駆使してみましょう。

人間の尊厳と自立

- 「人権」「尊厳」「ノーマライゼーション」「福祉に貢献《こうけん》した人物」「尊厳に関する法律」の理解に加え、「介護の基本」の頻出範囲も参考にしましょう。
- 2 問中 1 問が事例問題という傾向が続いています。事例問題では**介護福祉（士）**の理念や義務規定、職業倫理に基づく**介護福祉職の対応**が問われる場合が多いため、まずはそれらの**理念**、**義務規定**、**職業倫理**をしっかりと把握《はあく》しておく必要があります。

人間関係とコミュニケーション

- コミュニケーションに関連したキーワードである「自己覚知」「自己開示」「信頼関係（ラポール）」「共感的理解」「受容」について確実に理解をしておくことが求められます。
- 出題内容は「**コミュニケーション技術**」と重なるため、連動させて学習しましょう。
- 新出題基準に伴《ともな》い、第 35 回試験では **PDCA サイクル**や **OJT**、第 36 回試験では**集団凝集性**《しゅうだんぎょうしゅうせい》や**組織図**が新たに出題されました。今回出題されなかった Off-JT やフォロワーシップ、コーチング、スーパービジョン等を含め、**チームマネジメント**に関する用語とその意味については必ず確認しておきましょう。

社会の理解

●他の科目に比べ、出題範囲が広く、難易度が高い科目です。

●社会保障制度については基礎的な事項を広く正確に覚えましょう。その中でも「**介護保険制度**」と「**障害者総合支援法**」に関する内容は必ず押さえてください。

●**法改正**や**統計**に関しても出題されやすいため、社会情勢に関心を持つことも重要です。例えば、第34回試験では2020（令和2）年に成立した「社会福祉法等の改正」に関する内容が問われました。

介護の基本

●介護福祉士を目指す者として、**社会福祉士及び介護福祉士法**における介護福祉士の**定義**と**義務規定**は必ず押さえましょう。

●「**ICF（国際生活機能分類）**」「**自立支援**」「**リハビリテーション**」「**リスクマネジメント**」などの知識に加え、利用者をとりまく**状況に応じた介護福祉職の対応**も問われます。

●「生活支援技術」や「障害の理解」など他の科目でも役立ちます。

●第36回試験では**信用失墜行為《しんようしっついこうい》の禁止**や**個人情報の保護**、**民生委員**、**感染症対策**等に加え、新たに**ダブルケア**や「洪水《こうずい》・内水氾濫《ないすいはんらん》」を表す防災標識に関する内容も問われています。

コミュニケーション技術

●コミュニケーション時の**基本的な態度**に加え、明確化、要約、言い換え、繰り返しなどの**コミュニケーション技法**についても整理しておきましょう。

●視覚障害や聴覚障害、認知症、統合失調症《とうごうしっちょうしょう》等、その**疾病《しっぺい》・障害に応じたコミュニケーション方法**を理解します。

●**多職種連携・協働**が重視されているため、**報告**や**記録の方法・留意点**を押さえておきましょう。

●第36回試験では**非言語的コミュニケーション**、**利用者の家族との信頼関係**、**言語障害**や**抑うつ状態**のある利用者とのコミュニケーション方法等に加え、**事例検討**についても出題されました。

生活支援技術

●問題数が26問と最も多く、その正答率が合否に大きく影響する可能性があります。「**移動**」「**食事**」「**入浴・清潔**」「**排泄《はいせつ》**」「衣服の着脱」「口腔《こうくう》ケア」「環境整備」「洗濯」「**福祉用具**」などの生活支援技術から**幅広く出題**されます。特に片麻痺《かたまひ》のある利用者に対する「健側から」「患側から」という支援の順番のように、利用者の疾病・障害などの状況に応じた介護福祉職の対応が問われます。

●第36回試験では**レクリエーション**、**関節リウマチ**と住まいの工夫《くふう》、**端座位《たんざい》から立位《りつい》**への介護、**車いす**の移動、爪《つめ》の手入れ、端座位での**着脱介護**、**嚥下《えんげ》機能低下**時の食事、**血液透析《とうせき》**を受けている場合の食事、**移乗台**に座って入浴する方法、**足浴**、**見守り的援助**、**デスカンファレンス**等に加え、**背部の圧抜き**、**特殊浴槽《とくしゅよくそう》**での入浴介護、**尿路感染症**の予防、**浣腸器《かんちょうき》**を用いた排便介護、**消化管ストーマ**を造設した利用者への睡眠介護についても出題されました。

介護過程

●「**介護過程の意義・目的**」「**アセスメント**」「**介護計画の作成**」「**評価**」を理解します。

●「**主観的情報と客観的情報**」「**長期目標と短期目標**」の違いを確認しましょう。

●第36回試験では例年出題されている**介護過程の意義・目的**は出題されず、**情報収集の留意点**、**情報の解釈、評価**、**多職種連携**、**事例研究**に関する内容が問われました。

こころとからだのしくみ

●ここ5年間毎年出題されている問題は、安静臥床《がしょう》による**骨・筋肉**の問題、話すことに支障が出る**口臭**・義歯の問題、**便秘《べんぴ》**や**不眠**の原因を問う問題、**終末期ケア**や身体変化の問題なので、必ず押さえましょう。

●第36回試験では、3年ぶりに**マズロー**欲求階層説、4年ぶりに交感神経作用、2年ぶりに**入浴**作用について出題されました。学ぶべき重要ポイントは一貫しているので、本書を活用して丁寧《ていねい》に学習していきましょう。

●新規問題は、女性が**尿路感染症**に罹りやすい理由（尿道が短い）、**モルヒネ**使用時の観察点（呼吸）、**耳小骨**の名称（ツチ骨）でしたが、複雑な問題ではないので基本を着実に理解しておけば大丈夫です。

発達と老化の理解

●最近の出題傾向では、「**乳幼児**」関連で2問程度は出題されるので、小児の心身・社会的発達をきちんと押さえておき、「**老年期**」の発達課題も確認しておきましょう。

●**加齢に伴《ともな》う変化**に関する問題は出題頻度が高いので、**身体**機能の変化、**感覚**機能の変化、**認知**機能の変化は、一つひとつ何度も確認し、しっかり学習しておきましょう。

●第36回試験では、新規問題として**スキャモン**の発達曲線、**健康寿命**が問われ、それ以外は頻出問題である生理的老化、**エイジズム**、**心筋梗塞《しんきんこうそく》**、前立腺肥大症《ぜんりつせんひだいしょう》、**脊柱管狭窄症《せきちゅうかんきょうさくしょう》**が出題されました。

認知症の理解

●最近の出題傾向としては、認知症の原因疾患《しっかん》の特徴の問題数が減り、**認知症ケア**の方法や具体的な対応、**家族**への支援について、あるいは地域における多職種連携での**サポート体制**が多く問われています。

●第36回試験では、BPSDの症状（**アパシー**の特徴）、**せん妄**の誘因（体調の変化）、**レビー小体型認知症**の歩行障害、**若年性《じゃくねんせい》認知症**の特徴（就労《しゅうろう》支援が必要）など、これまでの頻出問題が多く出ました。

●新規問題は、最近話題になっている高齢者の**自動車運転免許**に関する規定や、バリデーションのコミュニケーション技法である**カリブレーション**、**ミラーリング**が問われましたので、新しいテーマも押さえていきましょう。

障害の理解

●頻出問題としては、障害者福祉理念から**ICF**、**ノーマライゼーション**、リハビリテーションなどの基本理念から数問出題され、障害のある人の心理からは**障害受容**プロセスの問題が毎年出ています。

●頻出の疾患は、難病では**筋萎縮性側索硬化症《きんいしゅくせいそくさくこうかしょう》**（ALS）や**パーキンソン病**、身体障害では脊髄損傷《せきずいそんしょう》や心疾患《しんしっかん》、精神障害では統合失調症かうつ病で、第36回試験では、**糖尿病**の症状である足壊疽《えそ》が問われています。

●3年連続で**相談支援専門員**の役割について出題されており、新たな問題では家族の介護力の**アセスメント視点**が問われ、介護福祉士に求められている能力が反映された問題といえます。

医療的ケア

●**医行為**の知識と、喀痰吸引《かくたんきゅういん》・経管栄養の基礎知識と**実施手順**について、しっかりと学習しましょう。

●出題頻度の高い問題は、医療的ケアを安全に実施するための、**アクシデント時の対応**（吸引時に**血液**が混じった・痰が**取り切れない**、経管栄養で**下痢《げり》**をした・**嘔吐《おうと》**した）や、その根拠についてです。

●第36回試験では、吸引前の陰圧《いんあつ》確認、経管栄養でのトラブル（嘔吐）、腹部膨満感《ぼうまんかん》の訴え時に、看護職に相談する前に行う**観察の視点**が問われています。介護福祉士も身体のメカニズムを理解し、何が起きているのかを常に考えながら援助できるよう、**根拠**に基づいた観察力が求められています。

介護福祉士試験ガイダンス

試験に関する情報は、原則として2024年4月1日現在のものです。変更される場合がありますので、受験される方は、必ず**ご自身で**試験実施団体の発表する**最新情報を確認**してください。

受験申込から筆記試験までの日程

（1）**受験申込手続詳細発表**：2024年7月上旬
（2）**受験申込書受付期間**：2024年8月上旬～9月上旬
（3）**筆記試験**：2025年1月下旬

筆記試験内容

（1）**出題形式**：五肢択一を基本とする多肢選択形式
（2）**出題数**：125問
（3）**総試験時間**：220分
（4）**合格基準**：以下の条件を両方満たした場合
（ア）総得点の60％程度を基準として、問題の難易度で補正した得点の点数以上の者
（イ）試験科目群のすべてにおいて得点があった者

試験に関する問い合わせ先

公益財団法人　社会福祉振興・試験センター
〒150-0002　東京都渋谷区渋谷1-5-6　SEMPOSビル
（試験情報専用電話案内）03-3486-7559（音声案内、24時間対応）
（試験室電話）03-3486-7521（9時～17時、土曜・日曜・祝日を除く）
（ホームページURL）　https://www.sssc.or.jp/

PART 1　領域：人間と社会

第１章　人間の尊厳と自立

01 人間の尊厳と人権・福祉理念

各宣言・法制度等にみる人間の尊厳と人権

年	出来事	概要
1975	障害者の権利宣言	障害者も他の人たちと**同じように**人間としての尊厳が尊重されること、**基本的権利**を有すること、社会への参加が確保されるべきこと等を宣言
1981	国際障害者年	ノーマライゼーションの理念に基づいた、障害者の「**完全参加と平等**」という目標の実現を目指すことを定めた年
1982	障害者に関する世界行動計画	国際障害者年で掲げた障害者の「完全参加と平等」を実現するため、障害の**予防**、障害者の**リハビリテーション**、障害者の**機会均等化**という３つの具体的な目標を提示
1991	高齢者のための国連原則の採択《さいたく》	各国が取り入れるべき原則として「**自立**」「**参加**」「**ケア**」「**自己実現**」「**尊厳**」の５点を定めた
2000	児童虐待《ぎゃくたい》防止法	18 歳未満の子どもへの虐待防止や虐待を受けたと思われる子どもを発見した際の**通報義務**等を定めた法律
2006	高齢者虐待防止法施行《しこう》	高齢者の**虐待防止**、虐待を受けた高齢者の保護、養護者に対する**支援**を目的とした法律
2006	障害者権利条約採択	Nothing about us without us（私たち抜きに私たちのことを決めるな）の考えに基づき、**障害のある人**が作成段階から関わって成立
2012	障害者虐待防止法施行	児童虐待防止法（2000 年施行）、高齢者虐待防止法（2006 年施行）に続く虐待防止法
2016	障害者差別解消法施行	**障害**を理由とする**差別の解消**を推進することを目的に施行された日本で初めての法律

福祉に貢献《こうけん》した人物

★ **糸賀一雄《いとがかずお》**は、知的障害児等が入所する近江《おうみ》学園を創立したほか、『この子らを世の光に』を著《あらわ》し、人間の発達保障の重要性を訴えた。

★ **ミルトン・メイヤロフ**は『ケアの本質』の中で「他者にケアを行うことで自分自身の成長につながる」という**ケアリング**の概念を確立した。

★ **リッチモンド**は『ソーシャル・ケース・ワークとは何か』を著し、現在の社会福祉・介護福祉に影響を与えた。

人間の尊厳と人権・福祉理念に関連する用語

尊厳の保持	・人が生まれながらにして**平等**に与えられている人間として生きるためのすべての権利やその人の**人格**が**尊重**され続けること
アドボカシー（代弁機能、権利擁護《ようご》）	・利用者の思いや生活課題、ニーズを**代弁**したり（代弁機能）、虐待や身体拘《こう》束《そく》等の権利侵害《しんがい》を受けている利用者を**守ったり**すること（権利擁護）
エンパワメント	・利用者自身が本来持っている**潜在的**な力を引き出し、生活課題の解決に活かすこと、またはそのための支援
ストレングス	・利用者本人が有する意思（〜したい）、嗜好《しこう》（〜好き）、能力（〜できる）、長所等の**強み**のこと。利用者への支援に**ストレングス**を活用する
ラポール	・利用者と支援者（介護福祉職等）との**信頼関係**を示す言葉
インフォームドコンセント	・患者や利用者が支援者（医師や介護福祉職等）からわかりやすい十分な**説明**を受け、それを理解・納得した上で**同意**すること
意思決定支援	・利用者の**思い**・**考え**等を引き出して確認したり、必要な**情報**を提供したりする中で、その利用者が**最善の選定・決定**を行えるように支援
QOL（Quality of Life：クオリティ・オブ・ライフ）	・「**生活の質**」。「生命の質」「人生の質」と訳す場合もある ・介護福祉の分野では、利用者が「自分らしい生活を送れているかどうか」を評価する際に用いる。その価値基準は利用者個々人で**異なる**
ノーマライゼーション	・デンマークの**バンク-ミケルセン**が提唱 ・障害があろうとも、一般市民と同様の**普通**（**ノーマル**）の生活・権利が保障されるように**社会環境**や**社会条件**の整備を図ること

ノーマライゼーションに関して功績を残した3人の重要人物

バンク－ミケルセン（デンマーク）	・**知的障害者**の親の会とも協力しながら「1959年法」の制定に関わった ・「1959年法」の中で**ノーマライゼーション**の考え方を世界で初めて提唱したノーマライゼーションの「**生みの父**」
ニィリエ（スウェーデン）	・障害があっても、社会の主流となっている考え方や規範に可能な限り近い日常生活を送ることが重要とし、ノーマライゼーションの「8原理」を提唱
ヴォルフェンスベルガー（アメリカ／カナダ）	・ノーマライゼーションの考え方を独自に理論化し、「**ソーシャルロール・バロリゼーション**」を提唱 ・ソーシャルロール・バロリゼーションとは、「**価値のある社会的役割の獲得**」

第 1 章　人間の尊厳と自立

02 自立の概念

自立の意味

4 つの要素から考える自立

★ 自立は、**身体的**自立に加え、**精神的**自立や**経済的**自立、**社会的**自立を含めて総合的に考える。

例：病気後に身体機能が回復したとしても、他の人の指示に従わなければならない生活では、「自立」とはいえない。

自己決定権に基づく自立

★ 自分で意思決定をして生活を送るとする自立生活の考え方は、1960 年代後半からアメリカのロバーツらが中心となって展開した **IL 運動**（Independent Living Movement：**自立生活運動**）の中で強調された。

★ 重度の障害があろうとも、誰かの支援を受けつつ、自らの人生を**自らの意思**で選択・決定（**自己選択・自己決定**）し、**主体的**に生活を営んだり、社会参加を図れたりすれば、それは「自立」となる。

自己選択・自己決定 ＋ 主体的な生活・社会参加 → 自立

法律にみる個人の尊厳と自立

法律		概要
日本国憲法	第11条	憲法が国民に保障する**基本的人権**は、侵《おか》すことのできない永久の権利（基本的人権の尊重）
	第13条	すべて国民は、**個人**として**尊重**される（個人の尊重）
	第14条	すべて国民は、法の下に**平等**であって、人種、信条、性別、社会的身分又は門地《もんち》により、政治的、経済的又は社会的関係において、**差別**されない（**平等権**）
	第25条	すべて国民は、**健康で文化的な最低限度の生活**を営む権利を有する（**生存権**） **国**は、すべての生活部面《ぶめん》について、**社会福祉**、社会保障及び公衆衛生の向上及び増進に努めなければならない（国の責務）
障害者基本法	第1条	すべての国民が、障害の有無にかかわらず、等しく**基本的人権**を享有《きょうゆう》するかけがえのない**個人**として**尊重**されるものであるとの理念にのっとり、障害の有無によって分け隔《へだ》てられることなく、相互に人格と**個性**を**尊重**し合いながら**共生**する**社会**の実現を目指す
	第3条	すべての**障害者**が、障害者でない者と等しく、**基本的人権**を享有する個人として**尊厳**が尊重され、その**尊厳**にふさわしい生活を保障される権利を有する
	第4条	何人《なんぴと》も、障害者に対して、障害を理由として、差別することその他の権利利益を侵害《しんがい》する行為をしてはならない（**差別の禁止**） **社会的障壁《しょうへき》の除去《じょきょ》**は、それを必要としている障害者が現に存在し、その実施に伴《ともな》う負担が過重でないときは、その実施について必要かつ**合理的な配慮《はいりょ》**がされなければならない
社会福祉法	第3条	**福祉サービス**は、個人の**尊厳**の保持を旨《むね》とし、その内容は、福祉サービスの利用者が心身ともに健《すこ》やかに育成され、またはその有する能力に応じ**自立**した日常生活を営むことができるように支援するもの
介護保険法	第1条	**要介護状態**となり、介護、機能訓練、看護等を必要とする者が**尊厳**を保持し、その有する能力に応じ**自立**した日常生活を営むことができるよう、必要な保健医療サービス及び福祉サービスを給付（提供）
障害者総合支援法	第1条	**障害者**と障害児が**基本的人権**を持っている個人としての**尊厳**にふさわしい日常生活や社会生活を営むことができるよう、必要な**障害福祉サービス**を給付（提供）
障害者差別解消法	第1条	すべての障害者が、個人の**尊厳**にふさわしい生活を保障される権利を有する

第2章　人間関係とコミュニケーション

01 人間関係の形成とコミュニケーションの基礎

人間関係の形成とコミュニケーションに関する基本的な用語

傾聴《けいちょう》	・利用者の言葉だけでなく、その感情や行動等も含めて**積極**的・**意識**的に聴くこと ・関心をもって聴くためには、**うなずき**、**あいづち**、言葉の繰り返し、話の要約、適切な質問、沈黙《ちんもく》等の活用が重要
受容	・利用者の言葉や感情等を評価せず、**そのまま**を受けとめること
共感的態度	・利用者の視点に立って、その利用者の思いや感情を察し、それを**共有**しようと努める姿勢
ラポール	・利用者と援助者との間に形成される**信頼関係**や調和的・共感的な関係 ・ラポール形成の初期段階の関わりでは、利用者を**知ろう**とする姿勢や利用者の**感情**に関心をもつことが重要 ・利用者や家族に誠実な対応ができなければ、一度形成された**ラポール**はすぐに崩れる。それだけに**誠実義務**は重要
アサーション （アサーティブ・ コミュニケーション）	・より良い人間関係を築くため、相手の思いを尊重し**配慮**《はいりょ》しながら自分の考えや意見を相手に適切かつ**率直**に伝えるコミュニケーション方法
自己覚知	・価値観や先入観等、援助者が**自分自身**の傾向を把《は》握《あく》すること ・自己覚知のためには、自らの感情の動きとその背景（理由）を洞察《どうさつ》すること、自らの行動を**客観的**に分析《ぶんせき》することが重要 ・**逆転移**が生じないようにするためにも自己覚知は重要 ※逆転移…援助者が利用者に対して無意識に**自分の感情**を向けてしまうこと
自己開示	・良好な人間関係を構築するため、自分の**意思**に基づき自らの情報を言葉や感情等によって相手に伝えること ・自己開示のためには、**ジョハリの窓**の「開放された窓」（自分も他人も知っている部分）を**広げる** ・**初対面**の人に多くの情報を開示すると、かえって相手を混乱させてしまうため、注意が必要
グループダイナミクス	・小集団が個人に与える影響や個人が小集団に与える影響等、小集団がもつ**力動関係**のこと ・グループダイナミクスを活用することで、メンバーの**成長**とグループの**成長**を促すことが可能

バイステック（Biestek, F.）の７つの原則

①**個《こ》別化**……………………利用者を一人のかけがえのない**個人**としてとらえ、**尊重**する。

②**自《じ》己決定**…………………利用者が**自ら選択**して決定することを促して尊重する。

③**受《じゅ》容**………………………利用者の言動や態度等のあるがままについて、**そのまま**受けとめる。

④**非《ひ》審判的態度**……………利用者を善悪で**判断せず**、一方的に非難・否定**しない**。

⑤**意《い》図的な感情表出**………利用者の感情表現を大切にし、利用者が自らの感情を率直に表現できるよう、**意図的**に働きかける。

⑥**統《とう》制された情緒的関与**…援助者は自らの感情を**自覚・吟味**して適切さを保った上で、利用者と共感的に関わる。

⑦**秘《ひ》密保持**…………………利用者に関する情報・秘密を本人の同意なしに他人に決して**漏《も》らしてはならない**。

①～⑦の頭文字から**「こ・じ・じゅ・ひ・い・とう・ひ」**とし、呪文のように覚える！

言語的コミュニケーションと非言語的コミュニケーション

種類	意味	例
言語的コミュニケーション	言葉を使ったコミュニケーション	会話、筆談《ひつだん》、手紙、メール、手話
非言語的コミュニケーション	言葉以外の方法によるコミュニケーション	表情、態度、視線、姿勢、ジェスチャー、声のトーン、服装、話す距離（対人距離）、沈黙

閉じられた質問と開かれた質問

種類	特徴	例
閉じられた質問	「はい」「いいえ」で回答、または簡単な単語で短く回答できる質問	「野菜は好きですか」「トマトにしますか。それともナスにしますか」
開かれた質問	自由度が高く様々な回答ができる質問。発言を促し、相手の思いや考えを把握する際に有効	「どのようなことを不安に思っているのですか」 「困っていることは何ですか」

閉じられた質問と開かれた質問の活用例

閉じられた質問

Q1 「昨夜はよく眠れましたか？」

A1 「いいえ。よく眠れませんでした」

開かれた質問

Q2 「眠れなかったのですね。どうかなさったのですか？」

A2 「本当はぐっすり眠りたかったのですが、孫に長いこと会っていないなと思っていたら、眠れなくなってしまったのです」

質問する際の留意点

- 閉じられた質問のみ、または開かれた質問のみを連続して用いるとコミュニケーションに支障が生じる場合がある。両者をうまく**組み合わせて用いる**ことが重要。
- 事実を確認する場合は、**閉じられた**質問。主訴《しゅそ》や理由を語ってもらう場合は、**開かれた**質問。
- 利用者から必要な情報を急いで聞き出そうとすると、閉じられた質問ばかりの**尋問《じんもん》**のような問いかけになりがちとなる。
- 「なぜ」の質問を多用すると利用者に**非難**されていると思われてしまう恐《おそ》れがある。
- 利用者が話したくない内容を無理に聞き出す**必要はない**。

対人距離（パーソナルスペース）

★ 人と話したり活動したりする際の**2人の間の距離**のこと。

★ 対人距離は一定ではなく、その人との**関係性**や**目的**等によって、適切な距離が**異なる**。

★ 実際の距離（**物理的距離**）が近くなりすぎることで**抵抗**を示す利用者もいる。特に初対面等、**信頼関係**（ラポール）が築かれていない段階で密着されると、相手は不安や嫌悪《けんお》感を抱きやすい。互いの信頼関係（ラポール）が形成されるまでは、適度な物理的距離をとることが大切。

★ 物理的距離は、その人への関心や思いの度合いを示す**心理的距離**とも関連する。

★ コミュニケーションの際は、相手が安心感を持てるよう、相手と**視線**が合わせられる位置で話す。

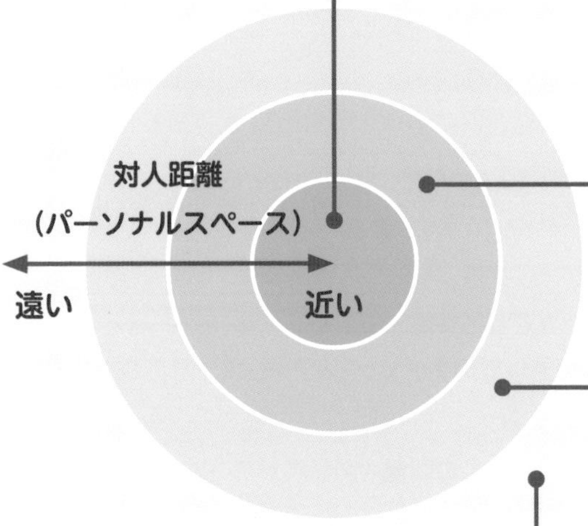

15cm ～ 45cm：密接距離
親密な間柄《あいだがら》で愛しい気持ちを持てる一方、けんかにもつながりやすい距離

45cm ～ 1.2m：個人的距離
同僚同士が仕事を行いやすく、個人的な会話もしやすい距離

1.2 m～ 3.6 m：社会的距離
人前でも自分の仕事に集中でき、一般客や他人と接しやすい距離

3.6 m以上：公衆距離
講演会等の際、参加者との間にとる距離

利用者と介護福祉職との位置関係

対面法

- **真《ま》正面《しょうめん》**で向き合って座る。
- 初対面や互いの関係性が十分にできていない場合は緊張が**高まりやすい**。
- 視線を向けることのできる花瓶等を机の上に置くと良い。

直角法

- 斜めの状態で座る。
- 視線を外しやすく、会話しやすいため、利用者との**関係性を築く**際に有効。
- 特に**初対面**の利用者に適する。

並列法

- **横並び**に座る。
- 視線が交わりにくい。
- **長時間**の会話に適する。

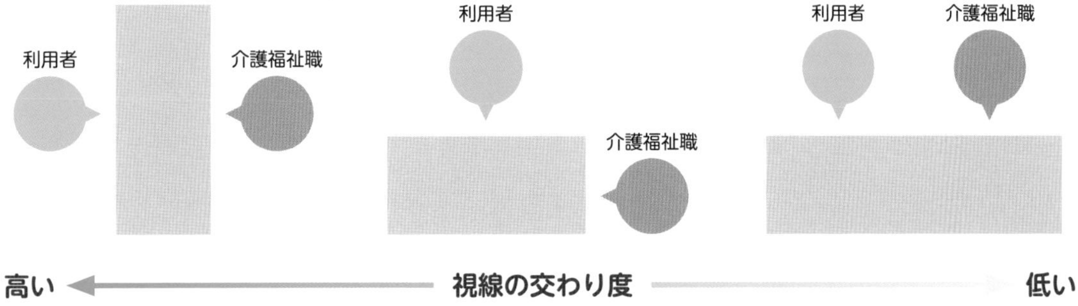

第2章　人間関係とコミュニケーション

02 チームマネジメント

介護福祉職チームと多職種連携と他職種連携

介護福祉職チーム	・**介護福祉職**同士が連携し、チームとして機能すること ※介護計画を共有する際は、担当以外のチームメンバーもカンファレンスに参加して、**集団凝集性**《しゅうだんぎょうしゅうせい》を高める。
多職種連携	・介護福祉職に加え、利用者に関わる**多くの職種**や関係者がチームとして連携 ※利用者や家族との連携も含まれる。
他職種連携	・介護福祉職からみた場合、他職種連携は介護福祉職**以外**の職種との連携を意味する。**多職種**連携とは異なることに注意が必要

チームマネジメントに関する用語

組織・チームの運営

法令遵守《じゅんしゅ》 （コンプライアンス）	・**法令遵守**に加え、**倫理**や**社会貢献**《こうけん》等に配慮《はいりょ》した行動をとること
PDCA サイクル	・施設・事業所等での事業内容や業務内容等を**改善**《かいぜん》するプロセス ・Plan（計画）→ Do（実行）→ Check（評価）→ Action（改善）を繰り返す中で、事業や業務等を効果的に行えるようにする ・例えば、駐車場が狭く苦情があったため、駐車スペースを確保することは Action 
BCP (Business Continuity Plan：業務継続計画)	・**感染症**や**災害**が発生した場合であっても、サービスが安定的・継続的に提供されるよう、対応方針、職員体制、対応手順等を示した**計画**
リーダーシップ	・組織・チームをまとめ、その共通目的・目標に向けて**導いていく能力**
フォロワーシップ	・組織・チームがその能力を最大限に発揮するために、**自主的・主体的**にリーダーや他のメンバーに**働きかけること**
メンバーシップ	・メンバーが、**自分自身**の役割を果たし、組織・チームに**貢献**すること

人材の育成・管理

ティーチング	・経験の浅い人に対し、**経験豊かな人**が自分の知識・技術等を**教える**こと
コーチング	・相手の話を**よく聴き**、適切な観察や質問等を行う中で、その人の内側にある能力を引き出し、**その人自身が目標を達成**できるようにすること
OJT (On the Job Training)	・新人介護福祉職に対して日常の業務を通じて必要な知識・技術を指導する等、**職場内**で行われる職員教育・研修 ・例えば、先輩職員が移乗介護の場面に同行して新人職員をその場で指導すること
Off-JT (Off the Job Training)	・外部講師によるセミナーや研修会等、通常の業務から離れて行われる**職場外**教育・研修
コンサルテーション	・**他の領域**の専門職から助言や示唆を受けること
スーパービジョン	・経験の浅い援助者（**スーパーバイジー**）が、より熟達した援助者（**スーパーバイザー**）に教育的な指導や訓練を受けること

スーパービジョンの3つの機能と5つの種類

機能

管理的機能	・スーパーバイジーが本来の能力を発揮できるよう、チームにおける人間関係の調整等、施設・事業所での**管理体制**を整える支援
教育的機能	・スーパーバイジーに不足している**知識**・**技術**・**態度**等をスーパーバイザーが教え、それらをスーパーバイジーが身につけるための支援
支持的機能	・スーパーバイジーの**悩み**等をスーパーバイザーが丁寧《ていねい》に聴いて支え、バーンアウト（燃え尽《つ》き症候群）等を予防する支援

種類

個人スーパービジョン	・スーパーバイザーとスーパーバイジーが**1対1**の面談形式で実施
集団スーパービジョン	・スーパーバイザーと**複数のスーパーバイジー**で実施
ピアスーパービジョン	・同僚等、**同じ立場**同士で実施
ライブスーパービジョン	・スーパーバイジーが仕事を行っている現場にスーパーバイザーが立ち合い、**その場**でアドバイス等を実施 ・**即効性**があり、**具体的**な指導につながる
セルフスーパービジョン	・自らの実践を**自ら**が客観的に振《ふ》り返《かえ》って評価

第 3 章　社会の理解

01 社会と生活のしくみ

生活の概念

★ 一般的に「生活の場」といった場合、日頃から住む自宅等、安心して**住み慣れた場所**を意味する。旅行先等は生活の場とは**いえない**。

★ 生活は自宅や家庭のみで完結せず、**学校**や**職場**、地域等でも展開される。

★ 生活圏は生涯変化しないことはなく、引っ越し等で**変化する**。

★ 生活習慣は育った**環境**の影響を受ける。

「ライフ」が付された関連用語

ライフスタイル	その人の考え方や価値観、文化的・社会的な背景等によってできあがるその人らしい**生活様式**
ライフヒストリー	「**生活史**」「**自分史**」。ある人の歴史に焦点を当て、その人がどのような人生・生涯・生活を送ってきたのかをまとめた資料、またはそれを作成する取り組み
ライフステージ	「乳児期」「幼児期」「児童期」「青年期」「成人期」「老年期（高齢期）」というように、人の一生を**発達段階別**に区分してとらえること
ライフサイクル	人の誕生から死までの**過程**を示したもの
ライフコース	各人が発達論的に標準的なパターンで人生を送るのではなく、**その人自身**が人生をどのような道筋で歩んできたのか、その**プロセス**を示したもの
ワーク・ライフ・バランス	「**仕事と生活の調和**」。「仕事」と「仕事以外の生活」との調和を図り、その両方を充実させる生き方のこと

日本の社会状況の変化

★ 出生《しゅっしょう》数と子どもの割合→**減少**

★ 65 歳以上の人（高齢者）の割合→**増加**

★ 人口→**減少**

★ 死亡者数→**増加**

★ 世帯数→**増加**
★ 世帯人員（1 世帯あたりの構成人員）→**減少**
★ **共働き**世帯→**増加**
★ **非正規雇用**労働者→**増加**傾向

現在の日本は**少子・超高齢・人口減少・多死社会**の状況にあります。

少子化と人口減少

	合計特殊出生率	出生数（A）	死亡数（B）	自然増減（A−B）	
1989（平成元）年	**1.57**	124.7 万人	78.9 万人	45.8 万人	→ **1.57 ショック**
1995（平成 7）年	1.42	118.7 万人	92.2 万人	26.5 万人	
2005（平成 17）年	1.26	106.3 万人	108.4 万人	-2.1 万人	→死亡数が出生数を上回り、**人口減少社会**へ
2016（平成 28）年	1.44	97.7 万人	130.8 万人	-33.1 万人	→出生数 **100 万人**割れ
2022（令和 4）年	1.26	77.1 万人	156.9 万人	-79.8 万人	

資料：「人口動態統計」（厚生労働省）より作成

合計特殊出生率とは、1 人の女性が生涯に産むと推定される子どもの数のことです。

平均寿命と健康寿命

平均寿命	・0 歳の人が平均であと何年生きるか（**平均余命**）を示したもの ・日本の平均寿命は毎年**上昇** ・2022（令和 4）年：女性 87.09 歳、男性 81.05 歳
健康寿命	・2000（平成 12）年に WHO（世界保健機関）が新たに提唱 ・介護等が必要なく、**健康上**の問題で日常生活が制限されることなく、健康的に日常生活を送ることができる期間 ・2019（令和元）年：女性 75.38 歳、男性 72.68 歳

高齢化率と超高齢化の進展

★ 日本の人口は、0～14歳（年少人口）と15～64歳（**生産年齢**人口）が**減少**傾向。

★ 総人口に占める65歳以上人口の割合（高齢化率）は他の国に比べて急速に上がり続け、日本は1970（昭和45）年に**高齢化**社会（高齢化率**7%**）→ 1994（平成6）年に**高齢**社会（高齢化率**14%**）→ 2007（平成19）年に**超高齢**社会（高齢化率**21%**）へと変化。

★ 超高齢社会に突入した**2007**（平成**19**）年以降も高齢化率は**上昇中**。
2023（令和5）年9月15日時点の統計調査結果（総務省統計局）
・65歳以上の人口（高齢者人口）→ **3,623万人**
・高齢化率→ **29.1%**

★ 特に65～74歳（前期高齢者）に比べ、75歳以上（**後期**高齢者）の人口割合が**増加**傾向。

高齢者世帯数の増加

★ 高齢者世帯とは、**65**歳以上の者**のみ**で構成するか、またはこれに**18**歳未満の**未婚の者**が加わった世帯。

★ 世帯類型では、母子世帯と父子世帯の合算よりも、**65**歳以上の**高齢者**世帯が**多い**。

★ 高齢者世帯をみると**単独**世帯と**夫婦のみ**の世帯が多くを占めている。

世帯とは、**住まい**と**生計**を**同じ**くしている人々の集まりです。同じ家に住んでいても、生計が別であれば**別の世帯**になります。

家族・親族

家族の5つの機能

生命維持機能	個人の**生存**に関わる食欲や性欲、安全の欲求を満たす
生活維持機能	衣食住等の**生活水準**を維持しようとする
ケア機能	乳幼児、要介護者、障害のある人等、**支援**が必要な家族を家族で**支える**
パーソナリティの形成機能	子育てによって子どもへの初期の**社会化**を担《にな》う
パーソナリティの安定化機能	家族だけが共有するくつろぎを得たり、人間的に**安定**できたりする

社会学者の**パーソンズ**は、特に**パーソナリティの安定化**機能が家族の機能の中で最も基本的なもので、最後まで家族に残る機能であると指摘しています。

家族の分類

定位家族（出生《しゅっしょう》家族）	自分が**生まれ育った**家族	
生殖家族（創設家族）	自分が**結婚してつくる**家族	
核家族	①**夫婦**のみの家族 ②**夫婦とその子**のみの家族 ③**ひとり親とその子**のみの家族	
拡大家族	核家族に親や兄弟等、それより**上の世代**を含む家族	
	修正拡大家族	**非同居**であるが、子世代の核家族と親世代が頻繁に行き来し、**相互援助**の関係にある家族
	直系家族	子のうちの１人が親と**同居**して扶養《ふよう》するとともに、財産を**相続**
	複合家族	**複数**の子どもの家族（核家族）が親と**同居**

親族	民法では6親等《しんとう》内の**血族**（親子や兄弟、おじ、おば等の血のつながりのある者）、**配偶者**《はいぐうしゃ》（結婚相手）、3親等内の**姻族**《いんぞく》（結婚によってできる親戚《しんせき》で義父母、義兄弟等）と定義
親族的扶養	**直系血族**（自分の祖父母、父母、子、孫等）と**兄弟姉妹**は、無条件で互いに扶養（**扶養義務**）
	三親等内の親族（曾《そう》祖父、曾祖母、ひ孫、おじ、おば、甥《おい》、姪《めい》）は、特別な事情がある場合に限り、家庭裁判所が扶養義務を与えることが可能

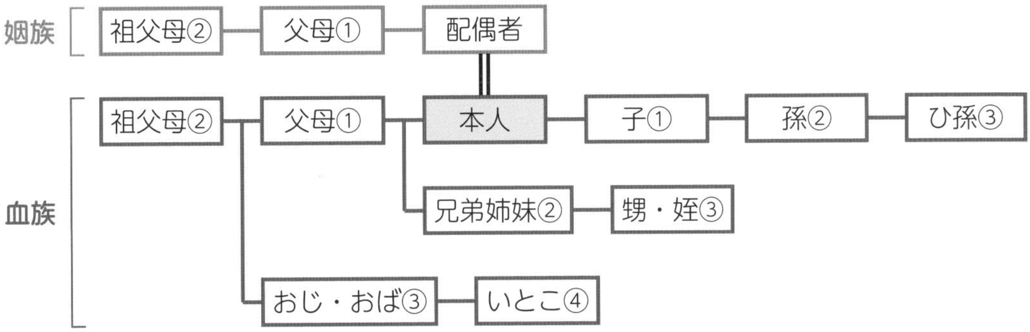

血族・姻族と親等の数え方（○親等）（民法第726条等）

02 地域共生社会の実現に向けた制度や施策

ソーシャル・インクルージョンと地域共生社会

★ 障害のある人だけでなく、高齢者や子ども、外国籍の人等、**すべての人々**を孤独や孤立、排除や摩擦《まさつ》から守り、健康で文化的な生活の実現につなげるよう、同じ社会の構成員として**包み支え合う**という理念。「**社会的包摂《ほうせつ》**」と訳されることもある。

★ **地域共生社会**では、ソーシャル・インクルージョンの考え方に基づき、世代や分野を超え、人と人、人と社会とが**つながり**、一人ひとりが**生きがい**や役割をもち、**助け合い**ながら暮らしていくことのできる地域や社会を**ともに創《つく》る**ことを目指している。

障害者、高齢者、子ども等、
特定の人

△ ソーシャル・インクルージョンとはいえない

すべての人を包み込む

○ ソーシャル・インクルージョン

地域包括ケアシステム

★ 要介護状態等になった場合でも、**住み慣れた**地域の中で自分らしい生活を人生の最期《さいご》まで続けることができるよう、「住まい」「医療」「介護」「介護予防」「生活支援」を一体的に提供するしくみ・体制のこと。

★ 概《おおむ》ね 30 分以内に必要なサービスが提供される**日常生活圏域《けんいき》**を想定。

★ 団塊《だんかい》の世代が 75 歳以上となる 2025（令和 7）年を目処《めど》に**地域包括ケア**の構築実現を目指す。

地域包括ケアシステムを支える「自助」「互助」「共助」「公助」

公助
- 自助・互助・共助では**対応できない**生活困窮《こんきゅう》等に対応
- 一般財源による高齢者福祉事業、生活保護、人権擁護《ようご》・虐待《ぎゃくたい》対策　等

共助
- 社会保険のように**制度化**された相互扶助《ふじょ》
- 被《ひ》保険者による相互の負担で成り立つ介護保険制度、医療保険制度　等

互助
- **近隣《きんりん》住民同士**の支え合い・住民組織による活動
- ボランティアによる支援　等

自助
- **自分の力**で生活
- 自らの健康管理（セルフケア）
- 自ら市場サービスを購入　等

共生型サービス

これまで

障害者が65歳以上となると、障害者総合支援法でのサービスから介護保険制度によるサービスに移行し、障害者が同じ障害福祉サービス事業所を**利用できなくなる**。

↓

介護保険法改正（2017（平成29）年）

障害者が65歳以上になっても、**引き続き使い慣れた**障害福祉サービス事業所を利用するため、**共生型サービス**を創設。

★ 障害福祉サービス事業所が介護保険サービス事業所の**指定**を、介護保険サービス事業所が障害福祉サービス事業所の**指定**をそれぞれ受けやすくする**特例による設定**が可能。

★ **介護保険**と**障害福祉**のサービスを**同一**の事業所で**一体的**に提供可能。

共生型サービスの対象サービス

主な対象サービス	主な介護保険サービス	共生型サービスで相互乗り入れ可能	主な障害福祉サービス
ホームヘルプサービス	訪問介護	⟷	居宅介護、重度訪問介護
デイサービス	通所介護	⟷	生活介護、自立訓練
ショートステイ	短期入所生活介護	⟷	短期入所

第３章　社会の理解

03 社会保障制度

社会保障の意味と機能

社会保障の意味

公的な仕組みを通じて個人の自助努力だけでは対応困難な生活上の**リスク**（病気、けが、障害、死亡、加齢、失業、介護等）を**予防**または**救済**し、**ナショナル・ミニマム**※（国が保障すべき最低限度の生活水準）を実現すること。

※ナショナル・ミニマムは、**イギリス**の**ウェッブ夫妻**によって提唱された。

社会保障の機能

社会的セーフティネット（社会的安全網《あんぜんもう》）	生活上の**リスク**に伴《ともな》う**生活困難**の発生を**予防**または**救済**し、生活の安定と保障を図る機能
所得再分配	所得の高い人から所得の低い人へ（**垂直《すいちょく》的再分配**）、あるいは現在働いている人から病気や介護などで働くことができない人へ（**水平的再分配**）というように、所得を個人や世帯の間で移動させることで、所得格差の**縮小**や低所得者の生活の**安定**を図る機能
リスク分散	個人の自助努力だけでは対応困難な生活上のリスクを**社会全体**で支え合うことで、実際にそのリスクが起こった際に生じる個々人への影響力を小さくする機能
社会・経済の安定・成長	病気→障害→介護→失業→将来の不安→消費の節約というように、社会保障が十分に機能しなければ、社会全体の**活力**が**低下**する恐《おそ》れが高まる。そうした状況を防止または緩和《かんわ》し、社会の**安定**や**経済成長**を支えていく機能

保健、医療、児童福祉、障害者福祉、高齢者福祉、年金、生活保護、雇用保険というように私たちの人生はたくさんの**社会保障制度**によって支えられています。

日本における社会保障に関連する主な法制度の歴史

<table>
<tr><td>日本国憲法
第25条第2項
1946（昭和21）年公布</td><td colspan="2">国は、すべての生活部面《ぶめん》について、社会福祉、社会保障及び公衆衛生の向上及び増進に努めなければならない</td></tr>
<tr><td rowspan="3">福祉三法体制
（昭和20年代）</td><td>生活保護法</td><td>旧生活保護法：1946（昭和21）年
現生活保護法：1950（昭和25）年
戦後の生活困窮《こんきゅう》に対応</td></tr>
<tr><td>児童福祉法</td><td>1947（昭和22）年
戦争孤児《こじ》に対応</td></tr>
<tr><td>身体障害者
福祉法</td><td>1949（昭和24）年
戦争による障害やけが等に対応</td></tr>
<tr><td>福祉六法体制
（昭和30年代）</td><td colspan="2">福祉三法
＋
精神薄弱者福祉法（現・知的障害者福祉法）1960（昭和35）年
老人福祉法 1963（昭和38）年→特別養護老人ホームの創設
母子福祉法（現・母子及び父子並びに寡婦《かふ》福祉法）1964（昭和39）年</td></tr>
<tr><td rowspan="2">国民皆保険・皆年金体制
1961（昭和36）年</td><td>国民皆保険</td><td>すべての国民が何らかの公的医療保険に加入</td></tr>
<tr><td>国民皆年金</td><td>原則20歳以上60歳未満のすべての国民が公的年金に加入</td></tr>
<tr><td>児童手当法公布
1971（昭和46）年</td><td colspan="2">子を養育する家庭、特に多子家庭の生活の安定を支援</td></tr>
<tr><td>老人医療費無料化
1973（昭和48）年</td><td colspan="2">福祉元年の政策</td></tr>
<tr><td>老人保健法公布
1982（昭和57）年</td><td colspan="2">老人医療を有料にし、予防重視に転換</td></tr>
<tr><td>基礎年金制度創設
1985（昭和60）年</td><td colspan="2">年金制度を大幅改正</td></tr>
<tr><td>福祉関係八法改正公布
1990（平成2）年</td><td colspan="2">高齢者や身体障害者の施設への入所措置《そち》権限等が都道府県から市町村に移譲《いじょう》</td></tr>
<tr><td>介護保険法公布
1997（平成9）年</td><td colspan="2">介護が必要な人たちを社会全体で支えていく「介護の社会化」を図ることが主目的。施行《しこう》は2000（平成12）年4月</td></tr>
<tr><td>社会福祉事業法から
社会福祉法へ
2000（平成12）年</td><td colspan="2">社会福祉事業法：措置制度…行政が利用者のサービス内容を決定
⬇
社会福祉法：利用契約制度…利用者がサービス内容を選択可能</td></tr>
<tr><td>後期高齢者医療制度施行
2008（平成20）年</td><td colspan="2">後期高齢者を対象とする新たな医療制度</td></tr>
</table>

社会保障制度の枠組み

狭義の社会保障制度

社会保障制度
- **社会保険** ……… 5つの種類　年金保険、医療保険、労働者災害補償《ほしょう》保険（労災保険）、雇用保険、介護保険
- **公的扶助《ふじょ》** ……… 生活保護
- **社会福祉** ……… **高齢者**福祉、障害者福祉、児童福祉　等
- **公衆衛生・医療** ……… **感染症**対策、難病対策　等

※この枠組みは、1950（昭和25）年に「**社会保障制度に関する勧告**」を行った社会保障制度審議会（現・社会保障審議会）により作成された。

財源別にみる社会保障制度

社会保障制度
- **社会保険** ……… **保険料**が主な財源（一部**公費**負担）

対象となる主なリスク	→	対応する社会保険
・老齢・障害・死亡	→	**年金**保険
・業務外の傷病	→	**医療**保険
・業務上の傷病	→	**労働者災害補償**保険（労災保険）
・失業	→	**雇用**保険
・要介護等の状態	→	**介護**保険

- **社会扶助** ……… **租税《そぜい》**（**税金**）が主な財源
  - ・**公的扶助**→生活保護
  - ・**社会手当**→児童手当、児童扶養《ふよう》手当、特別児童扶養手当、特別障害者手当　等
  - ・社会サービス→高齢者福祉サービス　等

現物給付：病院での診察や介護保険施設の利用等、**金銭以外のサービス**提供
現金給付：傷病手当金や老齢年金等、**金銭**の支給

社会保険方式（社会保険）と税方式（社会扶助）

	主な財源	具体的な制度
社会保険方式 → 社会保険	加入者が支払う保険料	年金保険、医療保険、雇用保険、労働者災害補償保険（労災保険）、介護保険
税方式 → 社会扶助	租税（税金）	生活保護、児童手当、児童扶養手当　等

社会手当の種類

分野	手当の主な種類と給付対象
児童福祉	・**児童手当**：中学生以下の児童を養育する世帯（ゆるい所得制限有り） ・**児童扶養手当**：離婚等による母子世帯及び父子世帯（厳しい所得制限有り） ・**特別児童扶養手当**：心身に障害がある 20 歳未満の児童の父母・養育者
障害者福祉	・**障害児福祉手当**：20 歳未満で日常生活に常時の介護を要する在宅重度障害児 ・**特別障害者手当**：20 歳以上で日常生活に常時特別の介護を要する在宅重度障害者

社会保障給付費とその財源

★ 社会保障給付費とは、各種社会保障に対して支出される費用の総称。

★ 現金給付だけでなく、現物給付等、サービス関連の給付費も含めた 1 年間の給付の総額。

★「年金」が最も多く、次いで「医療」、「福祉その他」となる。

★ 介護保険制度が施行《しこう》された 2000（平成 12）年度から、「福祉その他」に含まれる「介護対策」の割合が増加傾向。

★ 社会保障給付費の財源は「社会保険料」の占める割合が最も大きく、次いで「公費負担」。

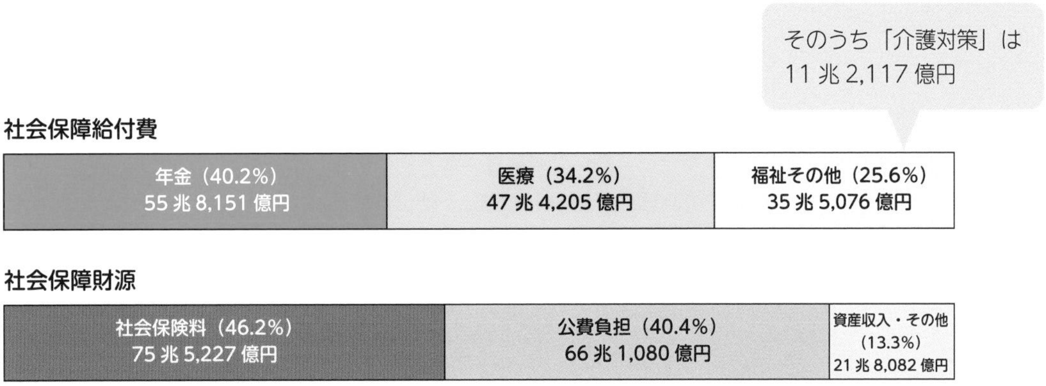

資料：「令和 3（2021）年度社会保障費用統計」（国立社会保障・人口問題研究所）

PART 1　領域：人間と社会

第 3 章　社会の理解

04 社会保険

5 つの社会保険

種類	主な内容
年金保険	・年金保険（公的年金）は、1 階部分の**国民**年金（基礎年金）と 2 階部分の**厚生**年金による 2 階建てで構成。 ・国民年金には、日本国内に住む **20** 歳以上 **60** 歳未満のすべての人が加入。 ・厚生年金には、会社に勤務している**サラリーマン**等が加入。 ・老齢に対して**老齢**年金、障害に対して**障害**年金、死亡に対して**遺族《いぞく》**年金が給付。 ・老齢年金は **65** 歳に達した場合に支給されるが、繰《くり》上《あ》げ受給（60 ～ 64 歳で支給開始→減額）や繰《くり》下《さ》げ受給（66 ～ 75 歳で支給開始→増額）も可能である。
医療保険	・**業務外**の**傷病**に対して給付。 ・市区町村が運営する**国民健康保険**、サラリーマン等の被用者やその扶養《ふよう》家族を対象とした**健康保険**、75 歳以上の人もしくは 65 歳以上で障害がある人が加入する**後期高齢者医療制度**などがある。
労働者災害補償《ほしょう》保険 （労災保険）	・**業務中**の**労働災害**や**通勤途中**の**通勤災害**に伴《ともな》う傷病、障害、死亡に対して給付。 ・保険者は**国**で、実際の業務は都道府県労働局や**労働基準監督署《しょ》**が担《にな》っている。 ・保険料は**事業主**が全額負担する（労働者の負担は**ない**）。
雇用保険	・労働者の**失業**に対して給付。 ・保険者は**国**で、実際の業務は都道府県労働局や**公共職業安定所**（ハローワーク）が担っている。
介護保険	・**少子・高齢化**の進展、**要介護者**等の増加、介護の**長期**化・**重度**化、老後の不安、一体的なサービス提供の必要性等を背景に誕生した。 ・**要介護**や**要支援**の状態の人に対して給付される。

社会保険は、国が法律で**強制加入**を義務付けています。正規雇用労働者でなくても、**一定の条件**を満たせば、**パートタイム**や**アルバイト**に従事している人も社会保険に加入できます。2024（令和 6）年 10 月以降は、従業員 51 人以上の企業においても、条件を満たした場合に加入が義務となります。

年金保険

年金の名称		支給対象
国民年金	老齢基礎年金	受給資格期間の合計が 10 年以上ある者が 65 歳に達したときに支給。
	障害基礎年金	受給要件を満たす者が、国民年金法における障害等級の 1 級または 2 級の障害状態に該当する場合に支給。
	遺族基礎年金	国民年金の被《ひ》保険者が**死亡**した場合にその者によって生計を維持されていた子のある**配偶者**《はいぐうしゃ》、または**子**に支給。
厚生年金	老齢厚生年金	厚生年金の被保険者期間がある者で、老齢基礎年金の受給資格期間を満たした者に原則 65 歳から上乗せ支給。
	障害厚生年金	厚生年金保険の被保険者期間中に初診日のある**傷病**が原因で、障害基礎年金の支給対象となった場合に、障害基礎年金に上乗せ支給。
	遺族厚生年金	厚生年金保険の被保険者が**死亡**した場合に、遺族基礎年金の対象のほか、子のない妻、55 歳以上の夫・父母等に支給。

※国民年金と厚生年金からなる年金保険（公的年金）に上乗せし、年金額をさらに増やすため、企業年金や国民年金基金などの制度もある。

障害基礎年金と障害厚生年金

★ 障害等級は 3 段階に分かれている。

★ **厚生**年金に加入している場合、障害等級が 1・2 級であれば**障害基礎年金**に加えて障害厚生年金もあわせて支給される。

★ 障害の程度を示す障害等級の 1 ～ 3 級と「障害者手帳」の 1 ～ 3 級は**異なる**。

★「障害者手帳」には、身体障害のある人に対する**身体障害者**手帳（1 ～ 6 級）、知的障害のある人に対する**療育**手帳、精神障害のある人に対する**精神障害者保健福祉**手帳（1 ～ 3 級）がある。

障害基礎年金の支給要件（①＋〔②のいずれか〕）

①障害等級 1・2 級に該当

②初診日等の要件

・**国民年金**に加入している間に初診日※のある病気やけがで障害の状態となったとき

・20 歳前に初診日のある病気やけがで障害の状態にあって 20 歳に達したとき

・20 歳前に初診日のある病気やけがで 20 歳に達した後に障害の状態となったとき

・60 歳から 64 歳の間に初診日のある病気やけがで障害の状態になったとき（すでに老齢基礎年金を受けている場合は障害年金を受けられない場合もある）

※初診日…障害の原因となった病気やけがについて、初めて医師の診療を受けた日

初診時の加入制度		障害等級	障害基礎年金	障害厚生年金
20歳未満		1級・2級	○	——
国民年金		1級・2級	○	——
60歳以上65歳未満で国民年金・厚生年金の被《ひ》保険者でない		1級・2級	○	——
厚生年金	65歳未満	1級・2級	○	○
		3級	——	○
	65歳以上	1級・2級・3級	——	○

医療保険

★ 仕事が原因でない場合の病気やけが等に対して保険給付（治療・入院等）。

医療保険制度の種類

種類		保険者	加入対象者
地域保険	国民健康保険	市町村／都道府県 国民健康保険組合	自営業者、退職者、無職者等 ※**住民票（住所）**がない場合、国民健康保険の被保険者にはなれない。 ※国民健康保険の加入者が**生活保護**の受給決定を受けた場合は、国民健康保険から脱退し、新たに生活保護の**医療扶助**《ふじょ》を受ける。 ※会社を退職する等して**健康保険**の被保険者の資格を喪失《そうしつ》した際は、手続きにより市町村**国民健康保険**の被保険者となることができる。
職域保険	健康保険	全国健康保険協会 健康保険組合	企業の従業員とその扶養《ふよう》家族
	共済組合	各共済組合	**国家・地方公務員**や**私学教職員**とその扶養家族
	船員保険	全国健康保険協会	**船員**とその扶養家族
後期高齢者医療制度		後期高齢者医療 広域連合	75歳以上の人 65～74歳で一定の**障害**の状態にある人

医療費の自己負担割合

6歳未満（義務教育就学前）	2割
義務教育就学後から70歳未満	3割
70歳以上75歳未満	2割（現役並み所得がある者は3割）
75歳以上または 障害がある65歳以上75歳未満	1割（一定以上の所得のある者は2割、現役並み所得がある者は3割）

労働者災害補償保険（労災保険）

★ 雇用形態に関係**なく**、パートやアルバイトも保険給付の**対象**。
★ 労災保険の保険料は**雇用主**が**全額**負担し、労働者の負担は**ない**。
★ **業務中**に加え、**通勤途中**の事故も業務上の事故とみなされ、労災保険給付の対象。
★ 精神障害については、業務と一定の**因《いん》果《が》関係**があると認定されれば給付の対象。
★ 従業員がいない自営業者は、労災保険給付の対象と**ならない**。

雇用保険

★ 労働者が**失業**した際に必要な給付を行い、労働者の生活の安定を図るとともに、**再就職**への支援を行うことを目的とした制度。
★ 雇用保険は、**政府**が管掌《かんしょう》する制度である。
★ 原則、労働者を 1 人以上雇用する事業所は**強制**加入。ただし、5 人未満の労働者を雇用する**農業**・畜産等の**個人**経営の農林水産事業に該当する場合は**任意**加入。
★ 雇用保険の保険料は事業主と労働者が折半《せっぱん》して負担（**労使折半**）。
★ **求職者給付**は、労働者が失業した場合に就業時の賃金に応じた手当を支給して生活の安定を図る。
★ 65 歳以上の労働者も「高年齢被保険者」として雇用保険の適用対象となる。
★ 家族を介護するために休業した場合は、**介護休業給付**が支給される。
★ 育児休業中の従業員への給与の支払い義務は**雇用主**にはないが、その代わり、雇用保険から**育児休業給付金**が支給される。

給付の種類

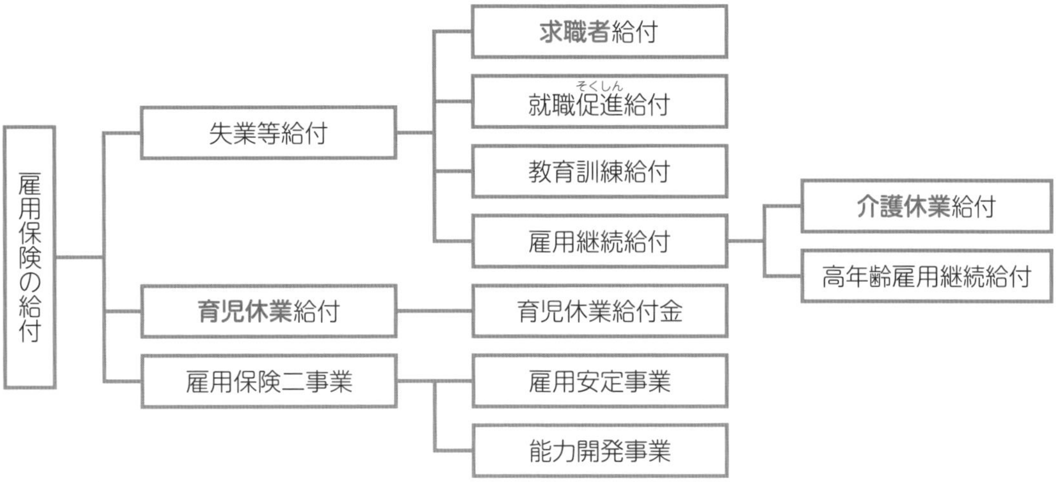

PART 1　領域：人間と社会

第３章　社会の理解

05 介護保険制度

介護保険制度の基本

基本理念	・利用者本位、自立支援、尊厳の保持、国民の共同連帯
創設の背景	・少子・高齢化の進展、要介護者等の増加、家族のみによる介護の限界等に伴《ともな》う介護の社会化の必要性
措置《そち》制度から利用契約制度へ	・介護保険制度の施行《しこう》前までは、サービスの利用の可否や内容、提供する施設・事業所を利用者ではなく、市町村等の行政が決める措置制度がとられていた。 ・介護保険制度施行後は、サービスの利用にあたって、利用者が自ら希望する施設・事業所を選び、その施設・事業所と契約を結ぶという利用契約制度に移行した。その際、施設・事業所は、利用者や家族に重要事項説明書を渡してサービス内容をわかりやすく説明し、同意を得た後、利用者と契約書を取り交わす必要がある。

介護保険制度が創設された背景

- 少子・高齢化の進展
- 支援や介護が必要な人（要支援・要介護者）の増加
- 介護の長期化・重度化
- 家族の介護力の低下と家族のみによる介護の限界
- 老後に対する不安
- バラバラではなく、一体的なサービスの提供の必要性

→ 私的な介護の限界
介護の社会化の必要性

↓

介護保険制度の導入
介護保険法
1997（平成９）年 12 月成立
2000（平成 12）年４月から施行

保険者と被《ひ》保険者

保険者（制度の運営主体）	市町村及び特別区
被保険者（制度の対象者）	第 1 号被保険者 第 2 号被保険者

介護保険制度の概要

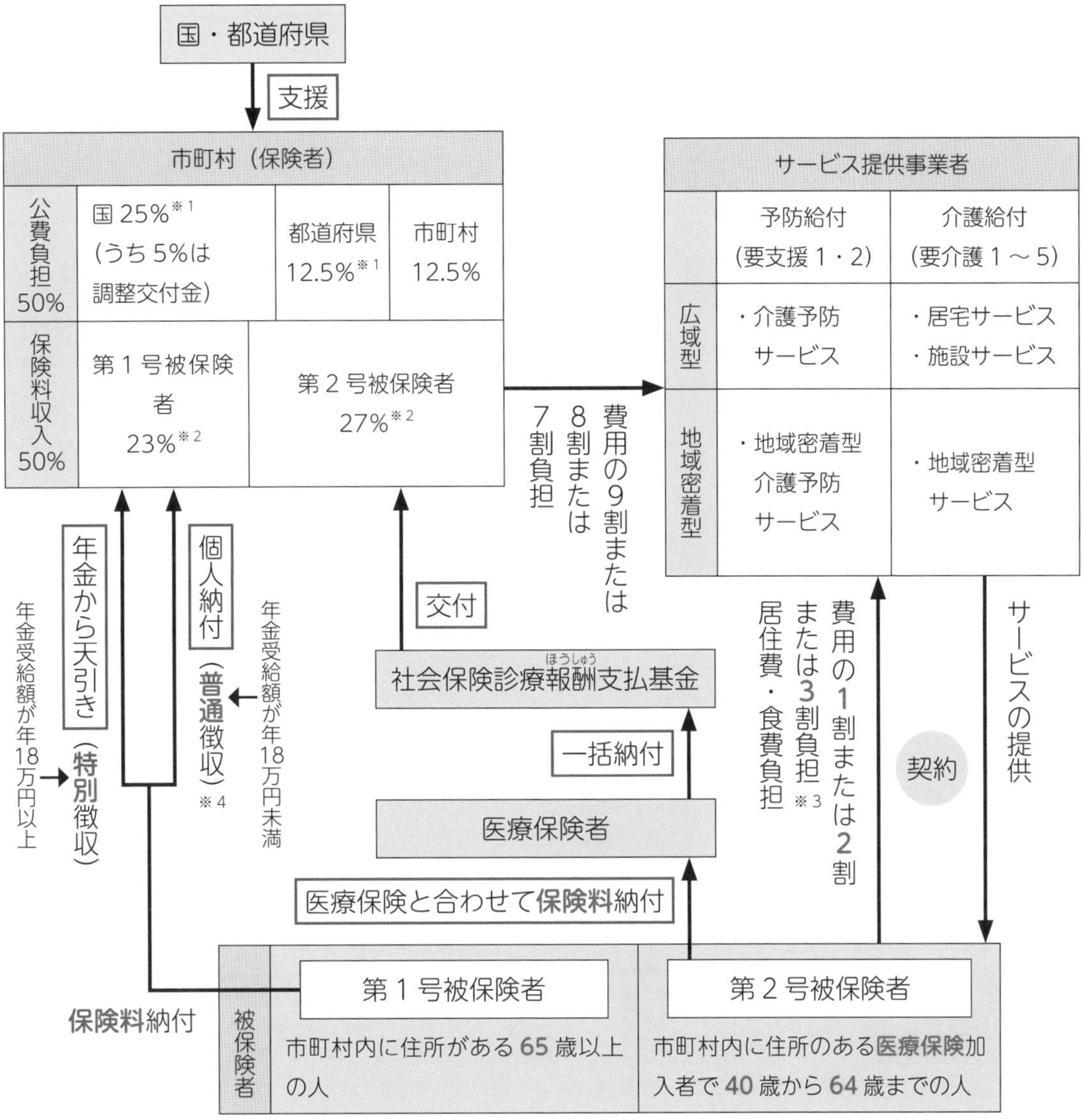

※ 1 施設等給付の場合は国 20%、都道府県 17.5%

※ 2 被保険者の保険料負担見込み割合は、2021 ～ 2023 年度のもの

※ 3 第 2 号被保険者の場合、所得に関係なく、サービスに対する自己負担は 1 割

※ 4 普通徴収は口座振替やコンビニエンスストアでの納付も可能

資料：厚生労働省「介護保険制度の概要（令和 3 年 5 月）」より作成（一部改変）

第1号被《ひ》保険者と第2号被保険者

	第1号被保険者	第2号被保険者
対象者	市町村の区域内に住所がある**65**歳以上の者	市町村の区域内に住所がある**40**歳以上**65**歳未満の者で**医療保険**に加入している者
保険給付の要件	**要介護状態**（介護が必要な状態）や**要支援状態**（日常生活に支援が必要な状態）にある者	末期のがん、関節リウマチ、骨折を伴《ともな》う骨《こつ》粗《そ》鬆症《しょうしょう》、パーキンソン病、初老期における認知症等、**老化**に起因する病気（**特定疾病**《しっぺい》）が原因で**要介護状態**や**要支援状態**にある者
保険料の設定	**保険者**（市町村）ごとに所得に応じた金額を設定	加入している**医療保険**の算定方法に基づいて設定

介護保険制度の申請と要支援・要介護認定の流れ

★ 保険者（市町村）は、国が設置した**全国一律**の要介護等認定基準に基づき、要介護等の認定を実施。
※申請《しんせい》および要支援・要介護認定の利用者負担は**発生しない**。

★ 要介護等は、要支援1・2、要介護1～5の7段階に区分される。

① 市町村（保険者）に申請	・**本人**（被保険者）や**家族**のほか、**民生委員**や**成年後見人**、地域包括支援センター、居宅介護支援事業者、介護保険施設等が代わりに申請することも可能（申請代行） ・区分変更する際の申請先も**保険者（市町村）** ・申請の際は**介護保険被保険者証**が必要。介護保険被保険者証は第1号被保険者には全員に交付、第2号被保険者については被保険者証の交付を申請した人に交付
② 市町村の調査員による認定調査	・ADL（日常生活動作）等の基本調査、基本調査の内容を補足する特記事項について確認
③ 認定調査の結果に基づく一次判定	・基本調査の結果から仮の認定結果及び主治医意見書に基づきコンピュータで判定
④ 市町村が設置する**介護認定審査会**による二次判定	・一次判定の結果、主治医の意見書、特記事項に基づき総合的に判定
⑤ 要支援認定または要介護認定とその通知	・**非該当**、**要支援**1・2、**要介護**1～5のうち、いずれかの認定を受け、それを本人に通知

★ 認定結果に不服がある場合、都道府県が設置する**介護保険審査会**に不服申し立てが可能。

要介護状態と要支援状態の定義

要介護状態	6か月にわたり継続して、**常時介護**を要すると見込まれる状態
要支援状態	6か月にわたり継続して、**日常生活**を営むのに支障があると見込まれる状態

介護保険制度の給付（介護保険サービス）とケアプランの作成

★ 介護保険制度の給付を受けるためには、**要支援**認定または**要介護**認定を受け、**ケアプラン**（**居宅サービス計画**や**施設サービス計画**等）を作成することが必要。

★ 要支援か要介護かによって、受けられるサービスは**異なる**。

★ 一般的にケアプランは、**介護支援専門員**（**ケアマネジャー**）がケアマネジメントの仕組みの中で作成。

介護保険制度でのケアマネジメントは❶**インテーク**（はじめての面接）→❷**アセスメント**（課題の分析《ぶんせき》）→❸**ケアプラン**作成→❹サービス担当者会議→❺利用者への説明と同意→❻**サービス**の仲介・提供→❼**モニタリング**→❽評価という流れで展開します。

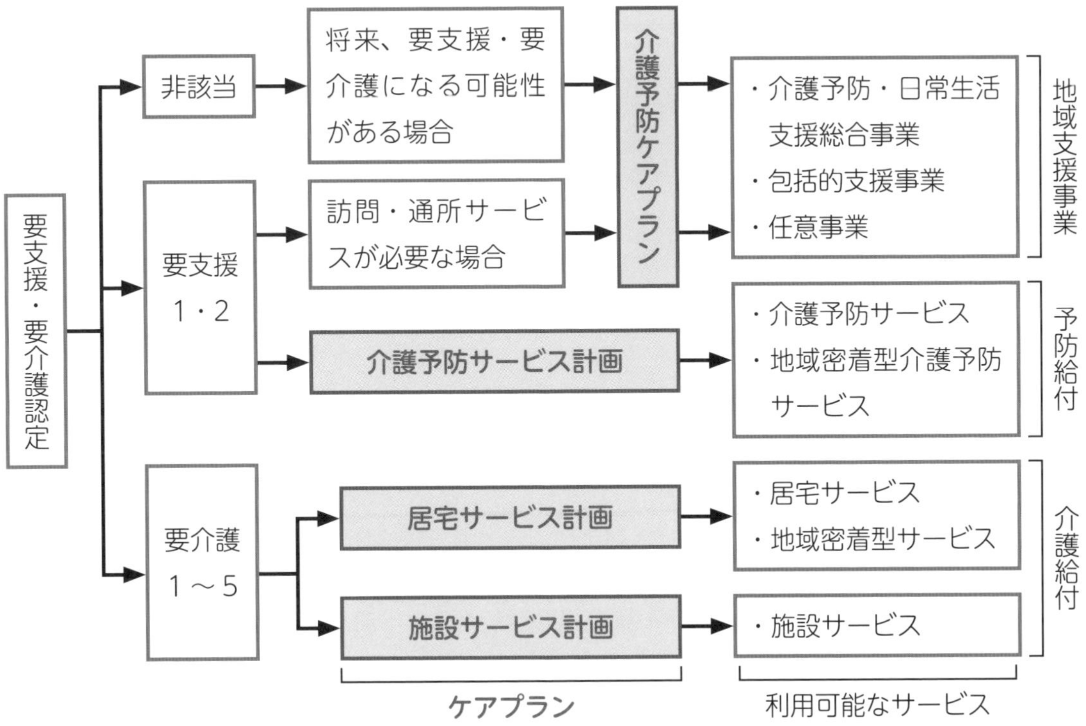

06 介護保険サービスの給付

介護保険給付（介護保険サービス）

介護保険サービスの利用に伴《ともな》う利用者の自己負担

●**第 1 号被《ひ》保険者**……原則 1 割負担
一定以上の所得のある人は 2 割負担
特に所得の高い人は 3 割負担

●**第 2 号被保険者**……1 割負担

介護保険サービスの全体像

対象	要介護等認定非該当者	要支援者	要介護者
		要支援 1・2	要介護 1 ～ 5
給付	地域支援事業	主な介護保険給付*	
		予防給付	介護給付
都道府県が事業者を指定・監督		・介護予防サービス ①介護予防訪問入浴介護 ②介護予防訪問看護 ③介護予防訪問リハビリテーション ④介護予防居宅療養管理指導	・居宅サービス ①訪問介護 ②訪問入浴介護 ③訪問看護 ④訪問リハビリテーション ⑤居宅療養管理指導
		⑤介護予防通所リハビリテーション	⑥通所介護 ⑦通所リハビリテーション
		⑥介護予防短期入所生活介護 ⑦介護予防短期入所療養介護	⑧短期入所生活介護 ⑨短期入所療養介護
		⑧介護予防特定施設入居者生活介護 ⑨介護予防福祉用具貸与《たいよ》 ⑩特定介護予防福祉用具販売	⑩特定施設入居者生活介護 ⑪福祉用具貸与 ⑫特定福祉用具販売

			・介護保険施設でのサービス ①介護老人福祉施設 ※要介護1・2の場合、原則として介護老人福祉施設への新規入所はできない。 ②介護老人保健施設 ③介護医療院
市町村が事業者を指定・監督	・介護予防・日常生活支援総合事業 （介護予防・生活支援サービス事業、一般介護予防事業） ・包括的支援事業 （地域包括支援センターの運営、在宅医療・介護連携推進事業、認知症総合支援事業等） ・任意事業 （家族介護支援事業等）	・地域密着型介護予防サービス ①介護予防認知症対応型通所介護 ②介護予防小規模多機能型居宅介護 ③介護予防認知症対応型共同生活介護 ※要支援1の場合、介護予防認知症対応型共同生活介護を利用できない。	・地域密着型サービス ①夜間対応型訪問介護 ②認知症対応型通所介護 ③地域密着型通所介護 ④小規模多機能型居宅介護 ⑤認知症対応型共同生活介護 ⑥地域密着型特定施設入居者生活介護 ⑦地域密着型介護老人福祉施設入所者生活介護 ⑧定期巡回・随時《ずいじ》対応型訪問介護看護 ⑨看護小規模多機能型居宅介護
		・介護予防支援	・居宅介護支援
		・介護予防住宅改修＊＊	・住宅改修＊＊

＊福祉用具販売にかかる給付、住宅改修にかかる給付、高額介護（予防）サービス費、高額医療合算介護（予防）サービス費は原則として償還《しょうかん》払いとなる。

＊＊住宅改修は、改修工事の前に事前申請《しんせい》が必要となる。

3種類の保険給付（介護保険サービス）

種類	対象者	保険給付（介護保険サービス）の内容
介護給付	要介護1～5の人（要介護者）	・居宅サービス ・地域密着型サービス ・施設サービス
予防給付	要支援1・2の人（要支援者）	・介護予防サービス ・地域密着型介護予防サービス
市町村特別給付	要介護者・要支援者	・配食、寝具《しんぐ》乾燥、理髪等、地域住民の要望等に応じて、各市町村が独自に定めたサービスとなるため、給付内容は各市町村によって異なる。

介護保険サービスの内容

居宅サービス

サービスの種類	サービス内容	重要項目
訪問介護	**居宅**で介護福祉士等から受ける日常生活上の世話	訪問介護員（介護福祉士等）、**サービス提供責任者**、管理者（常勤）を配置
訪問入浴介護	**居宅**で事業者から浴槽《よくそう》を提供されて受ける**入浴**の介護	**看護師**１名と**介護福祉職**２名の３名１組が基本。ただし、主治医の意見を確認した上で介護福祉職３名での実施も可
訪問看護	**居宅**で**看護師**等から受ける療養上の世話または必要な診療の補助	看護職員は看護師、准看護師、保健師。**医師**の指示の下に行う
訪問リハビリテーション	**居宅**で受ける理学療法、作業療法その他必要な**リハビリテーション**	**理学療法士**、**作業療法士**または**言語聴覚士**を置く。医師の指示の下で主に維持期（生活期）リハビリテーションを実施
居宅療養管理指導	居宅で病院等の**医師**、**歯科医師**、**薬剤師**等から受ける療養上の管理と指導	給付対象は介護の範囲内の管理指導、情報提供に限定
通所介護	**デイサービスセンター**等に通って受ける日常生活上の世話と機能訓練	社会的孤立感の解消、心身機能の維持向上、家族の負担軽減が目的
通所リハビリテーション	**介護老人保健施設**、**病院・診療所**等に通って受ける理学療法、作業療法等のリハビリテーション	医師の指示を得て実施
短期入所生活介護	介護老人福祉施設（特別養護老人ホーム）等の施設や老人短期入所施設に**短期間入所**して受ける日常生活上の**世話**と**機能訓練**	医師、生活相談員、介護職員または看護職員、栄養士、機能訓練指導員、管理者を配置。利用期間４日以上は介護計画を作成
短期入所療養介護	**介護老人保健施設**、**介護医療院**等に短期間入所して受ける看護、医学的管理下の介護と機能訓練等の必要な医療と日常生活上の世話	利用期間が４日以上は介護計画を作成
特定施設入居者生活介護	**養護老人ホーム**、**有料老人ホーム**等の特定施設に入居する者が、サービス内容等の計画に基づき受ける日常生活上の世話、機能訓練、療養上の世話	有料老人ホーム、軽費老人ホーム（ケアハウス）、養護老人ホーム、**サービス付き高齢者向け住宅**（有料老人ホームに該当するもの）で提供

地域密着型サービス

夜間対応型訪問介護	**夜間**の定期的な巡回訪問または通報により、居宅で介護福祉士等から受ける日常生活上の世話
認知症対応型通所介護	**認知症**の要介護者がデイサービス事業を行う施設などに通い、その施設で受ける日常生活上の世話及び機能訓練
地域密着型通所介護	利用定員が **18 名以下**のデイサービスセンターなどに通う居宅要介護者に対して行う入浴、排泄《はいせつ》、食事等の介護その他の日常生活上の世話、機能訓練
小規模多機能型居宅介護	一定のサービス拠点に**通所**あるいは**短期間宿泊**して受ける日常生活上の世話及び機能訓練。居宅への**訪問介護**も可能
認知症対応型 共同生活介護	**認知症**の要介護者（急性期を除《のぞ》く）が**共同生活**を営む住居で受ける日常生活上の世話及び機能訓練
地域密着型 特定施設入居者生活介護	養護老人ホーム、有料老人ホーム等のうち入居定員 29 名以下の介護専用型特定施設の入居者が、計画に基づいて受ける日常生活上の世話、機能訓練、療養上の世話
地域密着型 介護老人福祉施設 入所者生活介護	地域密着型介護老人福祉施設（定員 29 名以下の**特別養護老人ホーム**）に入所している要介護者がサービス計画に基づいて受ける日常生活上の世話、機能訓練、健康管理、療養上の世話。入所者は原則として要介護 3 以上
定期巡回・随時《ずいじ》対応型 訪問介護看護	日中・夜間を通じて、**訪問介護**と**訪問看護**が密接に連携しながら、短時間の定期巡回型訪問と随時の対応を行うサービス
看護小規模多機能型 居宅介護	**訪問看護**と**小規模多機能型居宅介護**を組み合わせて提供。複合型サービスの一類型

施設サービス

サービスの種類	サービス内容	重要事項
介護福祉施設サービス（指定介護老人福祉施設で提供）	入所定員 30 名以上の特別養護老人ホーム入所者に対して施設サービス計画に基づいて行う**日常生活上**の世話、機能訓練、健康管理、療養上の世話	新規入所者は原則要介護 **3** 以上。ただし、虐待《ぎゃくたい》等、**やむを得ない事情**がある場合は要介護 1・2 も入所対象。人員は短期入所生活介護の基準人員＋介護支援専門員（ケアマネジャー）
介護保健施設サービス（介護老人保健施設で提供）	施設サービス計画に基づく、**看護**、医学的管理下の介護、リハビリテーション、必要な医療、日常生活上の世話	**居宅（自宅等）**への復帰が目標。医師、薬剤師、理学療法士、作業療法士、栄養士、看護師、支援相談員、介護支援専門員（ケアマネジャー）などを配置
介護医療院サービス（介護医療院で提供）	施設サービス計画に基づく**長期療養**の看護、医学的管理下の介護・機能訓練、医療、日常生活上の世話、施設の行事	**医師**、**看護師**、薬剤師、介護職員、介護支援専門員（ケアマネジャー）などを配置（類型により異なる）

地域支援事業

★ 2005（平成 17）年：**予防重視型システム**の実現に向けて創設→要介護状態等の予防。

★ 2014（平成 26）年：**地域包括ケア**の実現に向けて再編→住み慣れた地域での自立した日常生活。

★ 地域支援事業は**介護予防・日常生活支援総合事業**、**包括的支援事業**、**任意事業**に大別される。

★ このうち、**介護予防・日常生活支援総合事業**と**包括的支援事業**は、各市町村が必ず実施しなければならない**必須事業**である。

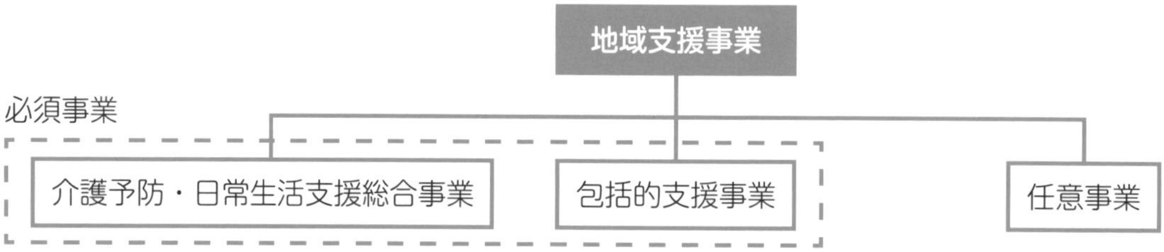

介護予防・日常生活支援総合事業

★ **市町村**が地域の実情に応じて展開。

★ 住民等の多様な主体が参画し、**地域**の支え合いの体制づくりを推進。

★ ①**介護予防・生活支援サービス**と②**一般介護予防**を通して要支援者等への効果的な支援を目指す。

	① 介護予防・生活支援サービス事業	② 一般介護予防事業
対象	・**要支援**認定を受けた者 ・基本チェックリスト該当者（事業対象者） 等	・第 1 号被《ひ》保険者

①介護予防・生活支援サービス事業

訪問型サービス （第 1 号訪問事業）	要支援者等に対し、**掃除**や**洗濯**、調理等の日常生活上の支援を提供
通所型サービス （第 1 号通所事業）	要支援者等に対し、**機能訓練**や集いの場など**日常生活上**の支援を提供
生活支援サービス （第 1 号生活支援事業）	要支援者等に対し、栄養改善《かいぜん》を目的とした**配食**やひとり暮らし高齢者等への**見守り**を提供
介護予防ケアマネジメント （第 1 号介護予防支援事業）	要支援者等に対し、総合事業によるサービス等を適切に提供できるよう、**介護予防**の視点から**ケアマネジメント**を実施

②一般介護予防事業

介護予防把握《はあく》事業	地域の実情に応じて収集した**情報**などを活用し、支援を要する者を把握し、**介護予防活動**へつなげる事業
介護予防普及《ふきゅう》啓発《けいはつ》事業	介護予防活動の**普及・啓発**を行う事業
地域介護予防活動支援事業	住民主体の介護予防活動の**育成・支援**を行う事業
一般介護予防事業評価事業	一般介護予防事業の**事業評価**を行う事業
地域リハビリテーション活動支援事業	**地域ケア会議**や住民主体の通いの場等においてリハビリテーション専門職による**助言**等を実施する事業

包括的支援事業

- 包括的支援事業
  - 地域包括支援センターの運営
    - ・介護予防ケアマネジメント業務
    - ・総合相談支援業務
    - ・権利擁護《ようご》業務
    - ・包括的・継続的ケアマネジメント支援業務
    - ・**地域ケア会議**の充実
  - 在宅医療・介護連携の推進
  - 認知症施策の推進
    - ・**認知症初期集中支援チーム**
    - ・認知症地域支援推進員　等
  - 生活支援サービス体制整備
    - ・コーディネーターの配置
    - ・協議体の設置　等

任意事業

★ **介護給付等費用適正化事業・家族介護支援事業・成年後見制度利用支援事業**　等。

介護保険制度の財源

★ 保険給付の財源構成は、**公費**（国＋都道府県＋市町村）50％＋**保険料**（第 1 号保険料＋第 2 号保険料）50％。

介護保険サービスに対する不満や苦情等の相談

★ **担当**の介護支援専門員（ケアマネジャー）に相談する。

★ **施設・事業所の苦情処理の窓口**に相談する。

★ 受け付けた苦情に対しては適切に対応するとともに**記録**に残す。

★ 施設・事業者との話し合いで解決できなかった場合や直接苦情を伝えにくい場合は、保険者（市町村）、**運営適正化委員会**（都道府県社会福祉協議会）、介護サービス苦情処理委員会（**国民健康保険団体連合会**）に相談する。

事業者と運営適正化委員会を中心とした苦情対応の流れ

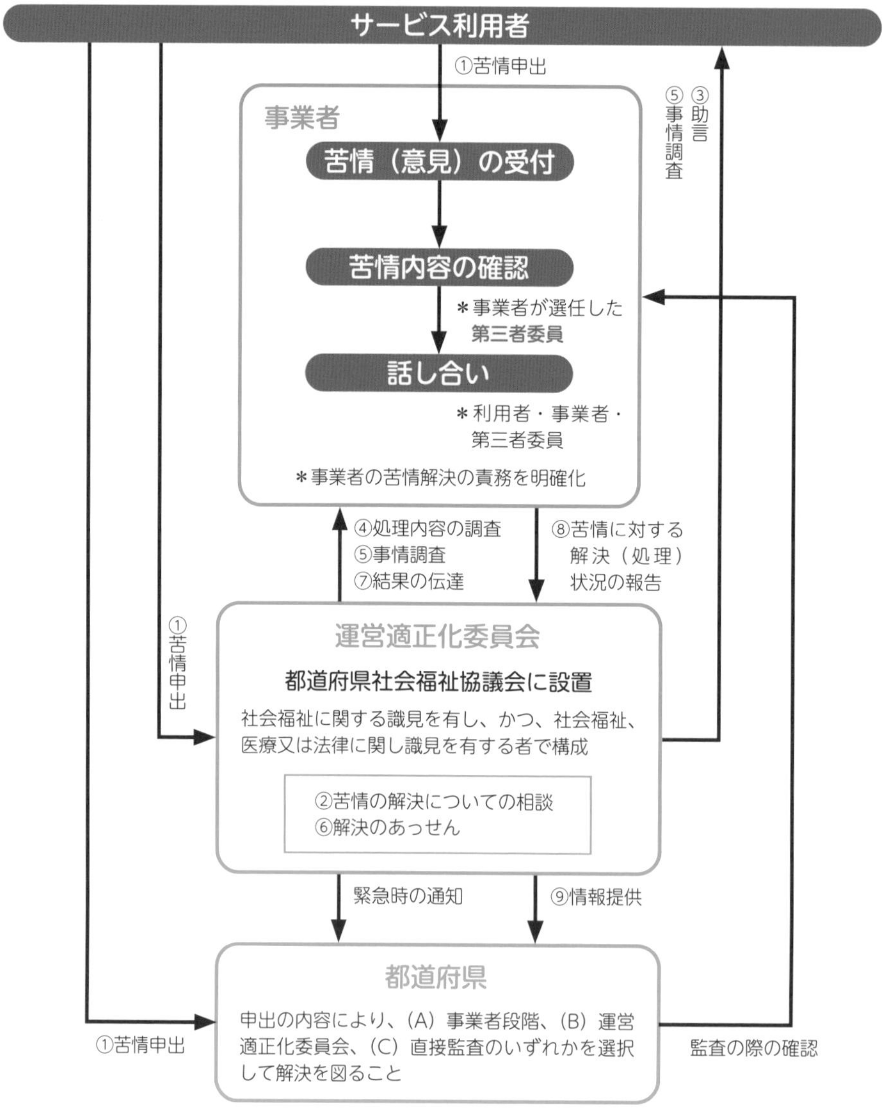

介護保険制度における市町村・都道府県・国の役割

	主たる責務
市町村	・介護保険制度の申請《しんせい》の受付 ・被《ひ》保険者の資格管理 ・要介護認定・要支援認定（**介護認定審査会**を設置） ・保険給付（審査、支払い） ・地域密着型サービス・地域密着型介護予防サービス・介護予防支援・居宅介護支援事業者に対する指定・指導・監督 ・地域支援事業の実施 ・**市町村介護保険事業計画**を３年ごとに策定 ・**保険料**の徴収（第１号被保険者の保険料率を設定、滞納《たいのう》者に対する処分など）
都道府県	・市町村支援（要介護認定審査の受託《じゅたく》、**介護保険審査会**の設置・運営等） ・居宅サービス・介護予防サービス事業者、施設の指定や指導・監督 ・**介護サービス情報**の公表 ・介護支援専門員（ケアマネジャー）の試験・研修の実施、登録管理 ・財政的な支援（財政安定化基金の設置・運営、給付費等の定率負担） ・**都道府県介護保険事業支援計画**を３年ごとに策定
国	・事業者や施設の**基準**、**介護報酬《ほうしゅう》**※など基本的な枠組みの設定 ・**財政的**な支援（調整交付金交付、給付費等の定率負担、財政安定化基金国庫負担） ・事業者、施設、都道府県、市町村、支払基金、国保連に対する**指導・監督**等

※介護報酬とは、施設・事業者が利用者に介護保険サービスを提供した際、その対価として施設・事業者に支払われる報酬のこと

市町村介護保険事業計画と都道府県介護保険事業支援計画

★ ３年を１期として策定される。

★ 市町村介護保険事業計画は、①**市町村老人福祉計画**と一体で、②**市町村計画**との整合性が図られ、③**市町村地域福祉計画**等との調和を保持して策定。

★ 都道府県介護保険事業支援計画は、①**都道府県老人福祉計画**と一体で、②**都道府県計画・医療計画**との整合性が図られ、③**都道府県地域福祉支援計画**等との調和を保持して策定。

ゴロ合わせで覚えよう！　**市町村の責務**

警視庁《けいしちょう》で　妖怪《ようかい》　人気《にんき》

（市町村）　（要介護）　（認定）

07 介護保険法等の改正

介護保険法の改正とその変遷

改正法成立年	主な内容
2005 （平成17）年	・予防重視型システムへの転換（**要支援1・2**の創設） ・**地域密着型**サービス、**地域包括支援センター**の創設 ・介護支援専門員（ケアマネジャー）の資格に**5**年ごとの更新制を導入
2008 （平成20）年	・事業者に**法令遵守《じゅんしゅ》**（コンプライアンス）のための体制整備を義務付け
2011 （平成23）年	・**介護予防・日常生活支援総合事業**の創設 ・**定期巡回・随時《ずいじ》対応**型訪問介護看護の創設 ・複合型サービス（現在の**看護小規模多機能型居宅介護**）の創設
2014 （平成26）年	・一定以上の所得のある第1号被《ひ》保険者の自己負担を1割から**2**割に ・介護予防訪問介護と介護予防通所介護の**地域支援事業**への移行（要支援1・2の人は**介護予防・日常生活支援総合事業**の中の訪問型サービスや通所型サービスを利用） ・**地域密着型通所**介護の創設（2016〔平成28〕年施行《しこう》） ・介護老人福祉施設への新規入所者を原則、要介護**3**以上に限定
2017 （平成29）年	・長期療養のための医療機能を引き継ぎつつ、日常生活を送る上での生活支援機能も兼ね備えた**介護医療院**を創設 ・高齢者と障害児・者が同一の事業所でホームヘルプサービスやデイサービス、ショートステイ等を受けられるよう、介護保険と障害福祉の両サービスに新しく**共生型サービス**を創設 ・第1号被保険者のうち、現役並みの、より所得が高い利用者には**3**割の自己負担を導入
2020 （令和2）年	・**地域共生社会**の実現のための「**社会福祉法等の改正**」の一部として成立 ・市町村に**重層的支援体制整備事業**を創設し、**8050問題**※、育児と介護の**ダブルケア**等の複合化したニーズに対応→要請がなくても必要があれば、本人のもとに出向く**アウトリーチ**が重要 ※80歳代の高齢の親が50歳代で家に引きこもる子どもの生活を支えるなかで、ともに困窮《こんきゅう》し、社会的に孤立した状況 ・医療・介護の**データ基盤**の整備の推進

2023（令和 5）年の介護保険法の改正

★ 2023（令和 5）年の介護保険法の改正は「**全世代対応型の持続可能な社会保障制度を構築するための健康保険法等の一部を改正する法律**」の一部として同年 5 月に成立。

①介護情報基盤の整備

★ サービスの質の向上を図るため、**介護保険者**（市町村）が医療・介護情報の収集・提供等を行う事業を**医療保険者**と一体的に実施。

★ 市町村が実施する介護情報基盤の整備は**地域支援事業**として位置付け、利用者や事業者が**介護情報**を共有・活用することを促進《そくしん》。

②介護サービス事業者の財務状況等の見える化

★ 事業の透明化を図るため、介護サービス事業者が毎会計年度に損益計算書等の**財務**状況を**都道府県**に報告することを**義務付け**。

※未提出・虚偽《きょぎ》の申告→提出・是正《ぜせい》を**命令**。命令に従わなかった場合→業務**停止**・**指定取り消し**。

★ 国が収集・整理（データベース化）し、分析《ぶんせき》した情報を**公表**。

③介護サービス事業所等の生産性の向上につながる取り組みの促進

★ 介護サービス事業所の**生産性の向上**につながる取り組みの促進を**都道府県**の**努力義務**に。

★ 都道府県**介護保険事業支援**計画の任意記載事項に「生産性の向上」に関する事業を追加。

★ **介護ロボット・ICT**（情報通信技術）**・センサー**の導入、人材確保等の支援策を一括して取り扱う**ワンストップ窓口**を都道府県に設置。

④看護小規模多機能型居宅介護のサービス内容の明確化

★ 訪問看護と小規模多機能型居宅介護を組み合わせた**看護小規模多機能型居宅介護**が、多様なサービスを一体的に提供する**複合型サービス**の一つであることを明確に位置付け。

★ 利用者の自宅に加え、サービス拠点での「**通い**」「**泊まり**」でも**看護**サービス（**療養上**の世話・必要な**診療**の補助）を提供可能→ **医療**ニーズの高い中重度の要介護者の療養生活を支援。

⑤地域包括支援センターの体制整備等

★ 要支援者に行う**介護予防支援**（介護予防サービス計画の作成等）について、地域包括支援センターに加え、**居宅介護支援事業所**も市町村からの指定を受けて実施可能に。その際、市町村や**地域包括支援センター**とも連携。

★ 地域包括支援センターが行う**総合相談支援業務**（住民の各種相談に幅広く対応）について、その一部を**居宅介護支援事業所**に委託《いたく》可能に。

08 障害者総合支援法

障害者と障害児の定義

	障害者（児）の定義		根拠法
	年齢	障害等	
障害者	18歳以上	身体障害者、知的障害者、精神障害者（発達障害者を含む）、難病等である者	障害者総合支援法
障害児	18歳未満	身体障害、知的障害、精神障害、発達障害、難病等がある児童	児童福祉法

障害者総合支援法の概要

理念	・個人の尊重、共生社会の実現、社会参加の機会確保、社会的障壁《しょうへき》の除去《じょきょ》 ・障害の有無にかかわらず、国民が相互に**人格**と**個性**を**尊重**し安心して暮らせる地域社会を実現するため、2013（平成25）年4月から施行《しこう》
対象	・18歳以上の①**身体**障害者、②**知的**障害者、③**精神**障害者、④**発達**障害者、⑤**難病等**である者＋児童福祉法に規定する**障害児**
給付	・給付（サービス）内容は、**自立支援給付**と**地域生活支援事業**で構成 ・介護給付や訓練等給付を利用するには、**サービス等利用計画**の作成が必要。サービス等利用計画は**相談支援専門員**が作成する ・障害支援区分の判定は、市町村審査会で判定する。障害支援区分は、**介護給付**を受けるためには必要だが、訓練等給付の利用には**必要ない**
財源	・自己負担分を除《のぞ》き、**全額公費**

★ 障害者総合支援法の正式名称は「**障害者の日常生活及び社会生活を総合的に支援するための法律**」である。

★ 障害児へのサービスとして、児童福祉法では**障害児通所支援**（**児童発達支援**、**医療型児童発達支援**、**放課後等デイサービス**、保育所等訪問支援など）、**障害児入所支援**（**福祉型障害児入所施設**、**医療型障害児入所施設**）、**障害児相談支援**を設けている。

障害者総合支援法におけるサービス体系

- **自立支援給付**
  - 介護給付 …… 生活または療養する上で必要な**介護**を受けた場合に支給
  - 自立支援医療 …… 以前の**更生**《こうせい》医療、**育成**医療、**精神**通院医療を統合したもので、**医療費**の自己負担軽減策として、医療を受けた場合に支給
  - 訓練等給付 …… 生活能力の向上や**就労**《しゅうろう》につながる訓練等を受けた場合に支給
  - 補装具 …… 補装具（義肢・装具・車いす等）を購入・修理・借受《かりう》け（レンタル）した場合に**補装具費**として支給
  - 相談支援 …… 基本相談支援、サービス利用支援のための**計画相談支援**、地域移行支援と地域定着支援のための**地域相談支援**
- **地域生活支援事業**
  - 市町村地域生活支援事業 …… 虐待《ぎゃくたい》防止のための**相談支援**、手話通訳者等を派遣する意思**疎通**《そつう》**支援**、**日常生活用具給付**、**成年後見制度利用支援**、外出のための**移動支援**　等
  - 都道府県地域生活支援事業 …… 高次脳機能障害等に対する専門性の**高い**相談支援、意思疎通支援を行う者の派遣に係る市町村相互間の**連絡調整**　等

障害福祉サービスの利用方法

市町村に支給申請《しんせい》
→（介護給付）①障害支援区分の認定 → ②サービス等利用計画案の作成
→（訓練等給付）②サービス等利用計画案の作成
→ ③支給決定 → ④サービス担当者会議 → ⑤支給決定時のサービス等利用計画の作成 → ⑥サービス利用 →（モニタリング）⑦サービス等利用計画の見直し

利用者の自己負担の比較

法律	負担方法	支払い方法
介護保険法	定率負担	原則 1 割（所得が多い場合、2 割または 3 割）負担というように、利用したサービスに対して同じ割合で支払う。
障害者総合支援法	応能負担	利用したサービスの量にかかわらず**負担能力**（収入が多いか少ないか等）に応じて支払う。

第３章　社会の理解

09 障害福祉サービスの種類と障害者差別の解消

介護給付

種類	サービス内容
居宅介護	**自宅**で入浴、排泄《はいせつ》、食事の**介護**や調理、洗濯、掃除等の**家事支援**を実施
重度訪問介護	重度の**肢体不自由者**や重度の**知的**障害または**精神**障害により行動上著《いちじる》しい困難を有する障害者で、常時介護が必要な人を対象に、**自宅**で入浴、排泄、食事の介護、**外出時**における移動支援等を総合的に実施（区分４以上） ※普段から重度訪問介護を利用している区分 **6** の利用者が入院した場合、その**医療**機関でも支援することが可能
同行援護	**視覚障害**により移動に著しい困難を有する人を対象に、移動に必要な情報の提供（代筆・代読を含む）、**移動**の援助等の外出支援を実施
行動援護	**知的障害**や**精神障害**により行動上著しい困難があり、常時介護が必要な人を対象に危険を回避《かいひ》するために必要な支援や**外出支援**を実施（区分３以上）
重度障害者等包括支援	介護の必要性が**著しく高い**障害者に、居宅介護等、**複数のサービス**を包括的に実施（区分６）
短期入所（ショートステイ）	自宅で介護する人が病気の場合等に、**短期間**、夜間も含め障害者支援施設等で、入浴、排泄、食事の介護等を実施（区分１以上）
生活介護	障害者支援施設等で、常時介護が必要な人を対象に、主に**昼間**、入浴、排泄、食事等の**介護**や**創作的**活動等を実施
療養介護	**医療**と常時介護を必要とする障害者に、主に昼間、**医療機関**で機能訓練や療養上の管理、看護、介護、日常生活の援助を実施
施設入所支援	**障害者支援施設**に入所する人を対象に、主に**夜間**、入浴、排泄、食事の介護等を実施（区分４（50 歳以上は区分３）以上）

障害支援区分は必要とされる支援の度合いです。区分 **1 ～ 6** まであり、数値が**高い**ほどより**多く**の支援が必要となります。区分の違いで受けられるサービスと受けられないサービスがあるため、注意しましょう。

訓練等給付

種類	サービス内容
自立訓練 （機能訓練・生活訓練）	自立した日常生活や社会生活が送れるよう、一定期間、**身体機能**または**生活能力**の維持向上のために必要な**訓練**を実施
就労《しゅうろう》移行支援	**一般企業等への就労を希望する人**を対象に、一定期間、就労に必要な知識や能力の向上のために必要な訓練を実施
就労継続支援 （A 型：雇用型／ B 型：非雇用型）	**一般企業等での就労が困難な人**を対象に、働く場を提供するとともに、知識や能力の向上のために必要な訓練を実施
就労定着支援	就労移行支援等を経て**一般就労へ移行した者**等を対象に、就労に伴《ともな》う生活面の課題を把握《はあく》するとともに、企業や事業所、関係機関との連絡調整等の支援を実施
共同生活援助 （グループホーム）	主に**夜間**、**共同生活を営む住居**で、相談や日常生活上の援助を実施
自立生活援助	障害者支援施設や共同生活援助（グループホーム）等を利用していた障害者で**一人暮らしを希望する者**等を対象に、定期的な訪問や随時《ずいじ》の対応により日常生活に必要な支援を実施

相談支援

基本相談支援		障害者やその家族等からの相談に応じ、**情報提供**や**助言**に加え、市町村や障害福祉サービス事業者との**連絡調整**を行う。ただし、計画相談支援に関する内容を除《のぞ》く。
地域相談支援	地域移行支援	障害者支援施設に入所している障害者や精神科病院に入院している精神障害者に対して住居の確保や地域生活に移行するための相談支援を行う。
	地域定着支援	居宅で単身生活を送る障害者に対して常時の連絡体制の確保や緊急事態等の相談支援を行う。
計画相談支援		障害福祉サービスを利用する障害者や障害児に対し、**サービス等利用計画**の作成や計画の見直し等を行う。サービス等利用計画は**相談支援専門員**が作成する。

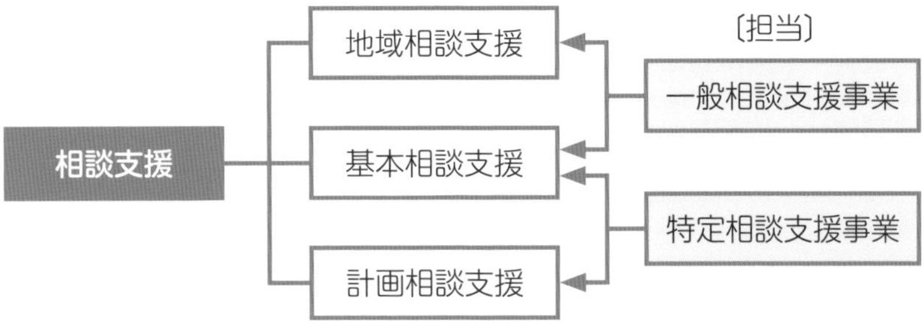

障害者総合支援法における市町村・都道府県・国の役割

●**市町村**……実施主体

●**都道府県**…広域的な見地から市町村の障害福祉政策を**支援**

●**国**…………**基本方針**の策定と**財政的支援**

市町村	・介護給付費、訓練等給付費、サービス等利用計画作成費、自立支援医療費、補装具費等の支給決定 ・市町村が行う**地域生活支援事業**の実施 ・**障害支援区分**（1～6）の認定（**市町村審査会**が審査） ・**市町村障害福祉計画**の策定 ・指定事業者に対する調査 ・**基幹相談支援センター**の設置
都道府県	・都道府県が行う**地域生活支援事業**の実施 ・市町村への**支援**（支給決定や障害支援区分の認定における身体障害者更生《こうせい》相談所、知的障害者更生相談所による判定・意見等） ・障害福祉サービス事業者、自立支援医療機関の指定は、都道府県知事が実施 ・**都道府県障害福祉計画**の策定 ・障害者やその保護者からの審査請求を取り扱うため、障害者介護給付費等**不服審査会**を設置することが可能
国	・障害福祉サービス全般に関する**基本指針**の決定、公表 ・**自立支援給付**について市町村支弁費用の 1/2、**自立支援医療費**について都道府県支弁費用の 1/2 を負担

障害福祉計画と障害者総合支援法における協議会

★ **障害福祉計画**は、国の基本指針に即して**市町村**と**都道府県**がそれぞれ作成する（市町村障害福祉計画、都道府県障害福祉計画）。

★ 障害福祉計画を作成する際、市町村と都道府県は**協議会の意見**を聴くよう努めなければならない。

★「障害児福祉計画」は「障害福祉計画」と**一体のもの**として作成することができるとされ、計画期間はそろって **3 年**となっている。

★ 地方公共団体は、障害者やその家族に加え、福祉・医療・教育・雇用等の関係者で構成される**協議会**を置くように努めなければならない。

★ 協議会の主な機能・役割は、障害者等への支援体制に関する**課題の共有**、相談支援体制の**整備状況やニーズの把握《はあく》**、関係機関の**連携強化**、地域の社会資源の**開発・改善《かいぜん》**に向けた協議である。

障害者差別解消法

目的	・障害を理由とする差別解消の推進 ・共生社会の実現	
対象者	・身体障害、知的障害、精神障害（発達障害や高次脳機能障害を含む）、その他の心身の働きに障害（難病を含む）がある人で、継続的に日常生活や社会生活に相当な制限を受けている人 ・「障害者手帳」の所持者だけではない	
内容	不当な差別的取り扱いの禁止	・障害を理由として、サービスの提供を拒否したり、サービスの提供の場所や時間帯を制限したり、障害のない人にはつけない条件をつけたりすることを禁止
	合理的配慮《はいりょ》	・障害のある人から、社会の中にあるバリア（障壁《しょうへき》）を取り除《のぞ》くために何らかの対応を必要としているとの意思が伝えられた際に、個々の状況に適した対応を周囲の人たちが実施すること ※すべての障害のある人に対して同じ配慮をすることではない。
合理的配慮の具体例	視覚障害	・資料を拡大文字や点字で作成する ・資料の内容を読み上げて伝える
	聴覚障害	・試験の際、試験監督者が口頭で説明する内容を書面で配布する ・窓口で順番を知らせる際は、アナウンスだけでなく、ジェスチャー（身振り・手振り等）や手話によっても伝える
	知的障害	・会議の際、わかりやすい言葉で書いた資料を用意

障害者差別解消法における国・地方公共団体・民間事業者の責務

	不当な差別的取り扱いの禁止	合理的配慮の提供
行政機関等 （国・地方公共団体等）	義務	義務
民間事業者	義務	義務

障害者差別解消支援地域協議会

★ 障害者差別解消支援地域協議会は、**国及び地方公共団体**の機関。

★ 当事者、保健、医療、福祉、教育等の関係者によって組織。

★ 主に①障害者差別の解消に関する**事例共有**、②関係機関の**連携推進**、③差別の解消に資する**効果的な取組**の検討、④障害特性及び障害者への理解を促進《そくしん》するための**普及《ふきゅう》啓発《けいはつ》・研修**等について協議を行う。

PART 1　領域：人間と社会

第 3 章　社会の理解

⑩ 高齢者・障害者の虐待防止

3 つの「虐待防止法」

虐待《ぎゃくたい》		
	子どもへの虐待	児童虐待防止法　2000（平成 12）年施行《しこう》
	高齢者への虐待	高齢者虐待防止法　2006（平成 18）年施行
	障害のある人への虐待	障害者虐待防止法　2012（平成 24）年施行

虐待の 5 つの種類とその状況

種類	主な内容
身体的虐待	**身体**に外傷が生じる暴行、正当な理由がない**身体拘束《こうそく》**
心理的虐待	著《いちじる》しい**暴言**、拒絶的な対応、**心理的外傷**を与える言動
ネグレクト	衰弱させるような著しい減食、長時間の放置、著しい養護の怠慢《たいまん》
経済的虐待	財産を不当に処分、本人から不当に財産上の利益を得ること
性的虐待	わいせつな行為、わいせつな行為をさせること

高齢者虐待防止法と障害者虐待防止法

	高齢者虐待防止法	障害者虐待防止法
対象者の定義	65 歳以上の人	身体障害、知的障害、精神障害、発達障害、その他の**心身の機能の障害**がある者 ※「障害者手帳」の有無は**問わない**。
虐待の種別	・**養護者**（自宅で高齢者を介護する家族、親族、同居人等）による虐待 ・**養《よう》介護施設従事者等**（介護保険施設や居宅サービス事業所等で働く職員）による虐待	・**養護者**（自宅で障害者を介護する家族、親族、同居人等）による虐待 ・**障害者福祉施設従事者等**（障害者支援施設や就労《しゅうろう》継続支援事業所等で働く職員）による虐待 ・**使用者**（事業主等）による虐待

虐待発見者の通報義務	・虐待を発見し、高齢者の生命または身体に重大な危険が生じている場合は、速《すみ》やかに**市町村**へ通報（**義務**） ・虐待を受けたと思われる高齢者を発見した場合は、速やかに**市町村**へ通報（**努力義務**）	・養護者または障害者福祉施設従事者による虐待を受けたと思われる障害者を発見した場合は、速やかに**市町村**へ通報（**義務**） ・使用者による虐待を受けたと思われる障害者を発見した場合は速やかに**市町村**または**都道府県**へ通報（**義務**）
虐待への市町村による対応	・立ち入り調査や、虐待を受けていた場合には一時的な保護を実施 ※立ち入り調査等は、状況によっては**警察署《しょ》長**に援助を求めることも可能	・立ち入り調査や、虐待を受けていた場合には一時的な保護を実施 ※立ち入り調査等は、状況によっては**警察署長**に援助を求めることも可能

養護者（家族等）による虐待の状況

高齢者虐待の状況

（1）虐待の内容

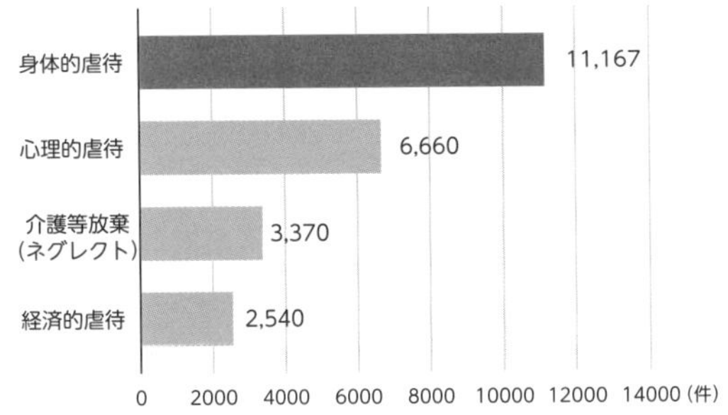

（2）虐待者の続柄

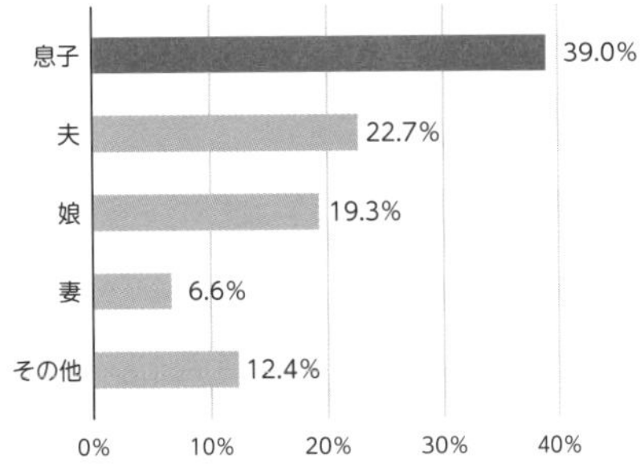

（3）被《ひ》虐待者の性別

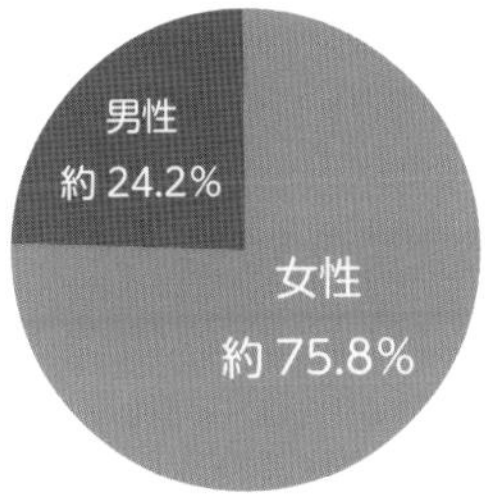

（1）～（3）資料：「「高齢者虐待の防止、高齢者の養護者に対する支援等に関する法律」に基づく対応状況等に関する調査結果（令和4年度）」（厚生労働省）

障害者虐待の状況

被虐待者の障害の種別

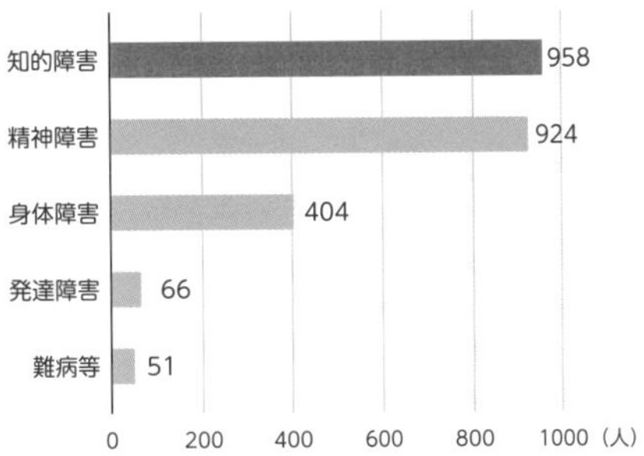

資料：「「障害者虐待の防止、障害者の養護者に対する支援等に関する法律」に基づく対応状況等に関する調査結果報告書（令和4年度）」（厚生労働省）

第3章　社会の理解

11 介護実践に関連する諸制度

成年後見制度

成年後見制度

認知症のある人や知的障害者、精神障害者等、判断能力が不十分で意思決定が困難な人たちの権利を守る制度

- **任意後見制度**……判断能力が**低下する前**にあらかじめ**本人**が支援する人（任意後見人）を選出して契約
- **法定後見制度**……すでに判断能力が**不十分**な状態となった場合に**親族**等の申し立てによって**家庭裁判所**が支援する人（後見人、保佐人、補助人）を選定
  - 補助　判断能力が不十分な人を補助人が支援
  - 保佐　判断能力が著《いちじる》しく不十分な人を保佐人が支援
  - 後見　判断能力が欠けている人を後見人が支援　※申し立ての中で**最も多い**

法定後見制度で申し立てが可能な人は、**本人**、**配偶者**《はいぐうしゃ》、**4親等**《しんとう》**内**の親族、**市町村長**等

★ 法定後見制度では、本人に代わって支援する人（後見人等）が預貯金《よちょきん》を管理する**財産管理**やサービスの利用手続き等の**身上**《しんじょう》**監護**を実施。

★ 介護を行う義務は**ない**。

★ 親族以外で後見人等を担《にな》う職種は**司法書士**が最も多く、以下、弁護士、社会福祉士と続く。

日常生活自立支援事業

対象	・認知症のある人や知的障害者、精神障害者等で判断能力が**不十分**な人たちを支援 ・成年後見制度の対象者と異なる点は、判断能力は不十分ながらも契約内容を**理解できる**能力があること

実施主体	・都道府県社会福祉協議会と指定都市社会福祉協議会 ※相談等については市町村社会福祉協議会も対応	
支援者	専門員	相談や契約、支援計画の作成を担当
	生活支援員	実際のサービスを提供

日常生活自立支援事業で実施される生活支援員によるサービス内容

● **福祉サービスの利用援助**…サービスの利用に関する相談・情報提供、利用手続き等の支援
● **日常的金銭管理サービス**…公共料金（水道代、電気代、ガス代等）の支払い、預貯金の払い戻し・預け入れ等の支援
● **書類等の預かりサービス**…通帳や証書等の預かり

生活保護制度

★ 生活保護の目的は、**最低限度**の生活の保障と**自立**の助長。
※生活保護の対象（受給）者では**なく**、最低限度の生活が維持できなくなる恐《おそ》れがあり、生活保護に至る可能性のある**生活困窮《こんきゅう》者**には**生活困窮者自立支援法**で対応。生活保護の対象とは異なるため、注意！
★ 最低生活費から**収入**を差し引いた差額が保護費として支給。
★ 生活保護制度の利用を希望する場合は、**福祉事務所**に相談する。

4つの原理

① 国家責任の原理	国が国民の最低限度の生活を保障する責任を負《お》う。
② 無差別平等の原理	保護においては、身分や困窮の原因などによる差別をされない。
③ 最低生活保障の原理	すべての国民が、健康で文化的な最低限度の生活を保障される。
④ 保護の補足性の原理	資産や能力の活用、扶養《ふよう》義務者による扶養、他法による救済を優先し、なお不十分な場合に補足的に用いる。

4つの原則

① 申請《しんせい》保護の原則	原則として要保護者、その扶養義務者その他の親族の申請が必要である。
② 基準及び程度の原則	厚生労働大臣が定める基準に基づいて要保護者の必要を計り、保護によって不足分を補う。基準は、年齢・性別・世帯構成・所在地などによって定める。
③ 必要即応の原則	要保護者の実際の必要を考慮して、適切に保護を行う。
④ 世帯単位の原則	保護は原則として**世帯**を単位とする。ただし、状況により、世帯分離もあり得る。

8つの扶助《ふじょ》

扶助の種類	支給範囲	基本的な給付方法
① 生活扶助※1	・衣食等、日常生活で必要なもの（被服費、食費、光熱費等）等	金銭給付
② 教育扶助	・義務教育に伴《ともな》って必要な学用品　等	金銭給付
③ 住宅扶助	・住居（家賃）　・補修　等	金銭給付
④ 医療扶助	・診察　・医学的処置　・移送（通院移送費）　等	**現物**給付
⑤ 介護扶助※2	・居宅サービス　・施設サービス　・住宅改修 ・福祉用具　等	**現物**給付
⑥ 出産扶助	・分べんの介助　・脱脂綿等の衛生材料　等	金銭給付
⑦ 生業扶助	・生業に必要な資金　・就労《しゅうろう》に必要なもの　等	金銭給付
⑧ 葬祭扶助	・検案　・死体の運搬《うんぱん》　・火葬《かそう》　・埋葬《まいそう》　等	金銭給付

※1　65歳以上の生活保護利用者で介護保険料の支払が困難な場合は、生活扶助から支給

※2　生活保護利用者が介護保険サービス費の自己負担分（1割）の支払が困難な場合は、介護扶助から支給

介護扶助のうち、**住宅改修**や**福祉用具**の購入等、現物給付が難しいものについては、**金銭**給付によって支給

個人情報保護法

個人情報とは

生存する個人に関する情報であって、特定の個人を識別できる**氏名**、**生年月日**、**写真**、文書、映像、**音声**、個人識別符号《ふごう》（指紋《しもん》、マイナンバー、基礎年金番号等）等のこと。

★ 本人の同意を得ずに個人情報を取り扱うことは、原則として**禁止**。

★ 一般的に利用者本人から個人情報の開示を求められた場合には、**開示**。

★ 個人が**特定できない**よう、どのように匿名《とくめい》化するのか、その**方法**と**取り扱い**を規定。

開示することで利用者本人や他の人の生命や身体、財産等に**被害**を及ぼす恐《おそ》れがあるときは、その全部または一部を**開示しない**ことができます。

PART 2　領域：介護

PART 2　領域：介護

第４章　介護の基本

01 介護福祉の基本

理念に基づく介護福祉士による実践

実践を支える理念

- 尊厳の保持
- 自立・自立支援
- アドボカシー
- QOL の向上
- インフォームド・コンセント
- ノーマライゼーション
- エンパワメント
- 個別ケア

個別ケア

利用者の個別性

その人らしさは、これまでの生活経験や生活習慣、生活歴、生活環境等から形成され、一人ひとり異なる。

→

個別ケアの展開

・利用者を一括《ひとくく》りにせず、Ａさん、Ｂさん、Ｃさん…というように**個別性**のある存在として尊重。

・利用者一人ひとりの**生活課題**や**状況**に対応した支援を展開。

介護福祉士の定義

「社会福祉士及び介護福祉士法」第２条第２項

介護福祉士の名称を用いて、**専門的知識及び技術**をもって、**身体上**又は**精神上**の障害があることにより**日常生活**を営むのに支障がある者につき**心身**の状況に応じた介護（「喀痰吸《かくたんきゅう》引《いん》等」を含む）を行い、並びにその者及びその介護者に対して介護に関する**指導**を行うことを業とする者

※社会福祉士及び介護福祉士法…国家資格である社会福祉士と介護福祉士の根拠となる法律

業務独占と名称独占

国家資格		
分類	業務独占	名称独占
意味	その資格を持つ人だけが、その**業務**を行うことができる資格	その資格を持つ人だけが、その**名称**を使用できる資格
該当資格	医師、薬剤師、看護師、診療放射線技師　等	**介護福祉士**、社会福祉士、精神保健福祉士、理学療法士、作業療法士、言語聴覚士、管理栄養士、保育士　等
例	医師の資格がなければ、治療等の医業（医行為）を行うことはできない。	介護福祉士の資格を持っていない人が、「介護福祉士」と名乗ったり、名刺等に「介護福祉士」と記《しる》したりすることはできない。

「介護福祉士」の名称を用いるには介護福祉士国家試験**合格後**、介護福祉士登録簿への**登録**が必要です。
介護福祉士は、介護職の**中核的な存在**として**チームを牽引《けんいん》**していくことが期待されています。

「社会福祉士及び介護福祉士法」改正に伴う介護福祉士の定義の変化

1987（昭和62）年 法制定時

専門的知識・技術をもって、入浴、排泄《はいせつ》、食事その他の介護等を行うことを業とする者

→

2007（平成19）年 法改正時

専門的知識・技術をもって、**心身の状況**に応じた介護等を行うことを業とする者

→

2011（平成23）年 法改正

「心身の状況に応じた介護」の中に「**喀痰吸引**その他のその者が日常生活を営むのに必要な行為であって、医師の指示の下に行われるものを含む」を追加

●**喀痰吸引等**：**医療的ケア**として医師の指示の下に行われる**喀痰吸引**（口腔内《こうくうない》吸引、鼻腔内《びくうない》吸引、気管カニューレ内部吸引）と**経管栄養**（胃ろう、腸ろう、経鼻経管栄養）を指す。

介護福祉士が医療的ケアとして行える喀痰吸引《かくたんきゅういん》等の要件

内容	・喀痰吸引（**口腔内《こうくうない》**、**鼻腔内《びくうない》**、**気管カニューレ**内部） ・経管栄養（**胃ろう**または**腸ろう**、**経鼻**経管栄養）
事業者の登録基準	・医療関係者との連携…**医師**の文書による**指示**に基づくこと 喀痰吸引等の実施計画書・報告書を作成 ・安全適正を確保………医師・看護師等による**実地研修**の実施 **安全確保**のための体制の確保（安全委員会等）

介護福祉士の義務規定

誠実義務	個人の**尊厳**を保持し、自立した日常生活を営めるよう、常に利用者の立場に立って**誠実**にその業務を行わなければならない。
信用失墜行為《しんようしっついこうい》の禁止	介護福祉士の**信用**を傷つけるような行為をしてはならない。
秘密保持義務	正当な理由がなく、業務で知り得た人の**秘密**を漏《も》らしてはならない（介護福祉士ではなくなった後も同様）。
連携	利用者の認知症等の状況に応じ、福祉サービス等が総合的かつ適切に提供されるよう、福祉サービス関係者等との**連携**を保《たも》たなければならない。 ※**福祉**サービス関係者だけでなく、利用者やその家族をはじめ、**保健・医療**サービス関係者等との連携も含む。
資質向上の責務※	環境の変化等による業務内容の変化に適応するため、介護等に関する**知識・技能**の向上に努めなければならない。
名称の使用制限	介護福祉士でない者は、介護福祉士という名称を使用してはならない。

※研修等の義務はない。ただし、国家資格である介護福祉士を有する者として、自己研鑽《けんさん》に努める必要がある。日本介護福祉士会では**生涯研修制度**を設け、資質向上の支援を行っている。

義務規定に違反した場合の罰則

秘密保持義務違反	1年以下の懲役《ちょうえき》または30万円以下の罰金 登録の取り消し、または期間を定めて介護福祉士の名称**使用停止**
名称の使用制限違反	30万円以下の罰金
信用失墜行為の禁止違反	登録の取り消し、または期間を定めて介護福祉士の**名称**使用停止

求められる介護福祉士像

★ 2017（平成 29）年、国は「求められる介護福祉士像」として、10 の項目＋高い**倫理性**の保持を示した。

①**尊厳**と**自立**を支えるケアを実践する
②専門職として**自律的**に**介護過程**の展開ができる
③身体的な支援だけでなく、**心理的・社会的**支援も展開できる
④介護ニーズの複雑化・多様化・高度化に対応し、本人や家族等の**エンパワメント**を重視した支援ができる
⑤ QOL（生活の質）の維持・向上の視点を持って、介護予防からリハビリテーション、看取りまで、対象者の**状態の変化**に対応できる
⑥地域の中で、施設・在宅にかかわらず、**本人が望む**生活を支えることができる
⑦関連領域の基本的なことを理解し、**多職種協働**によるチームケアを実践する
⑧本人や家族、チームに対する**コミュニケーション**や、的確な**記録**や**記述**ができる
⑨**制度**を理解しつつ、地域や社会のニーズに対応できる
⑩介護職の中で**中核的な役割**を担《にな》う

＋

高い**倫理性**の保持

介護福祉士の職業倫理と日本介護福祉士会倫理綱領

★ 日本介護福祉士会倫理綱領《こうりょう》は、1995（平成 7）年 11 月 17 日に日本介護福祉士会が定めた介護福祉専門職としての**倫理基準・行動規範**である。

日本介護福祉士会倫理綱領前文

私たち介護福祉士は、**介護福祉**ニーズを有するすべての人々が、住み慣れた**地域**において安心して老いることができ、そして暮らし続けていくことのできる社会の実現を願っています。

そのため、私たち日本介護福祉士会は、一人ひとりの心豊かな暮らしを支える介護福祉の**専門職**として、ここに**倫理綱領**を定め、自らの専門的知識・技術及び**倫理的自覚**をもって最善の介護福祉サービスの提供に努めます。

日本介護福祉士会倫理綱領《こうりょう》

利用者本位、自立支援	介護福祉士は、すべての人々の**基本的人権を擁護《ようご》**し、一人ひとりの住民が心豊かな暮らしと老後が送れるよう**利用者本位の立場から自己決定を最大限尊重**し、**自立に向けた介護福祉サービスを提供**していきます。
専門的サービスの提供	介護福祉士は、常に専門的知識・技術の研鑽《けんさん》に励《はげ》むとともに、豊かな感性と的確な判断力を培《つちか》い、深い洞察《どうさつ》力をもって専門的サービスの提供に努めます。また、介護福祉士は、介護福祉サービスの質的向上に努め、自己の実施した介護福祉サービスについては、常に**専門職としての責任**を負《お》います。
プライバシーの保護	介護福祉士は、**プライバシーを保護**するため、職務上知り得た個人の情報を守ります。
総合的サービスの提供と積極的な連携、協力	介護福祉士は、利用者に最適なサービスを総合的に提供していくため、福祉、医療、保健その他関連する業務に従事する者と**積極的な連携**を図り、協力して行動します。
利用者ニーズの代弁	介護福祉士は、暮らしを支える視点から利用者の**真のニーズを受けとめ**、それを**代弁**していくことも重要な役割であると確認した上で、考え、行動します。
地域福祉の推進	介護福祉士は、**地域**において生じる介護問題を解決していくために、専門職として常に積極的な態度で住民と接し、介護問題に対する深い理解が得られるよう努めるとともに、その**介護力の強化**に協力していきます。
後継者の育成	介護福祉士は、すべての人々が将来にわたり安心して質の高い介護を受ける権利を享受《きょうじゅ》できるよう、介護福祉士に関する教育水準の向上と**後継者**の育成に力を注《そそ》ぎます。

身体拘束の禁止

★ 身体拘束《こうそく》とは、**身体的虐待《ぎゃくたい》**に含まれ、本人の意思に**反して**行動を**制限**すること。

「身体拘束ゼロへの手引き」に示された身体拘束禁止の対象となる具体的な行為の例

①徘徊《はいかい》しないよう、車いす、いす、ベッド等に縛《しば》り付ける。
②転落防止のためベッドに縛り付ける。
③自分で降りられないよう、ベッドを柵（サイドレール）で囲む。
④点滴等のチューブを抜かないよう、四肢を縛る。
⑤皮膚《ひふ》を掻《か》くこと等を抑《おさ》えるため、ミトン型の手袋をつける。
⑥車いすやいすからずり落ちたり、立ち上がったりしないよう、Y字型抑制《よくせい》帯や腰ベルト、車いすテーブルをつける。
⑦立ち上がる能力のある人の立ち上がりを妨《さまた》げるようないすを使用する。

⑧脱衣やおむつ外し等をさせないために、つなぎ（介護服）を着せる。
⑨他人への迷惑行為を防《ふせ》ぐため、ベッドに縛り付ける。
⑩落ち着かせるために、向《こう》精神薬を過剰《かじょう》に服用させる。
⑪自分の意思では開けられない居室に隔離する。

↓

原則**禁止**

★ やむを得ず、おむつを着用させることは、「身体拘束ゼロへの手引き」に示された身体拘束禁止の対象となる具体的な行為には含まれて**いない**。ただし、おむつの着用は本人の**同意**を得て行うことが 原則である。

身体拘束禁止の例外となる「緊急やむを得ない場合」の３条件

①切迫《せっぱく》性
身体拘束しなければ、生命・身体が**危険**

②非代替《ひだいたい》性
身体拘束に代わる**他の方法がない**

③一時性
身体拘束が**一時的**であるもの

↓

「緊急やむを得ない場合」の３条件すべてを満たす

緊急やむを得ず身体拘束する場合であっても、「身体拘束は**虐待**・**権利侵害**《しんがい》で行っては**ならない**」という意識を介護福祉職は忘れてはいけません。

★ 実施上の留意点
・3条件すべてを満たしている場合も、事前に利用者や家族に説明し、**同意**を得た上で身体拘束を実施
・緊急やむを得ず身体拘束を行った場合、その都度、保険者である市町村に報告する義務は定められて**いない**が、身体拘束の理由・内容・方法・時間、利用者の状況等については**記録**することが義務付けられている
・「緊急やむを得ない場合」に該当しなくなった際は、直ちに身体拘束を**禁止**

第4章　介護の基本

02 自立に向けた介護

介護福祉士による利用者への自立支援

★ **自立**支援とは、利用者が自らの意思に基づいて自己選択・**自己決定**を行い、**主体的**な生活や社会参加ができるように支援を展開することである。この自立支援の考え方は、**1960**年代後半からアメリカで展開された **IL(自立生活)** 運動の影響を大きく受けている。

★ 自立支援といった場合、**ADL**(日常生活動作) の回復等、身体的側面だけで考えてはならない。利用者の**精神**面や**社会**的な側面を含め、**QOL**(生活の質) の向上や**自己**実現の観点から総合的に検討する。

日本介護福祉士会倫理基準・行動規範にみる利用者本位・自立支援

利用者本位・自立支援

①介護福祉士は、利用者をいかなる理由においても差別せず、人としての尊厳を大切にし、**利用者本位**であることを意識しながら、心豊かな暮らしと老後が送れるよう介護福祉サービスを提供します。

②介護福祉士は、利用者が自己決定できるように、利用者の状態に合わせた適切な方法で**情報提供**を行います。

③介護福祉士は、自らの価値観に偏《かたよ》ることなく、利用者の**自己決定**を尊重します。

④介護福祉士は、利用者の心身の状況を的確に把握《はあく》し、根拠に基づいた介護福祉サービスを提供して、利用者の**自立**を支援します。

国際障害分類（ICIDH）と3つのレベル

★ WHO（世界保健機関）は、1980年に **ICIDH**（International Classification of Impairments, Disabilities and Handicaps：**国際障害分類**）を発表し、障害を**機能障害**、**能力障害**、**社会的不利**の3つのレベルで考えようとした。

★ ICIDH（国際障害分類）は、疾病《しっぺい》や障害による**マイナス**の側面に焦点を置いた一方向的なとらえ方であったため、批判を受けることに→ ICF(International Classification of Functioning, Disability and Health: **国際生活機能分類**) への改訂へ。

3つのレベル

機能・形態障害	（例）筋力低下、関節拘縮《こうしゅく》、片麻痺《かたまひ》、呼吸機能障害
能力障害	（例）歩行が不安定、衣服の着脱が一人では困難、コミュニケーション障害
社会的不利	（例）外出機会の減少、一般企業への就職が困難、経済的損失

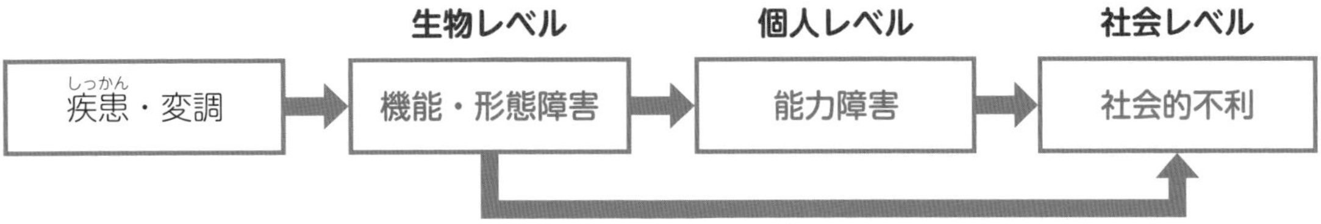

ICF（国際生活機能分類）と6つの構成要素

6つの構成要素		意味・内容	具体例
① 健康状態		疾病：**既往歴**《きおうれき》（以前かかったことがある病気）、**現疾患**《げんしっかん》（現在かかっている病気）、けが、**ストレス**　等	アルツハイマー型認知症、脳性麻痺、糖尿病、ストレスがたまる
生活機能	② 心身機能・身体構造	**精神**や**身体**の働き、身体の一部分の状態　等	幻覚、妄想《もうそう》、手足の切断、物忘れ、見当識《けんとうしき》障害、活力の低下、身体のバランスを崩す、聴力低下、関節拘縮、下肢の運動機能障害、片麻痺、気分の落ち込み
	③ 活動	ADL（日常生活動作）やIADL（手段的ADL）　等 ※「している活動」（実行状況）と「できる活動」（能力）に分けて検討する場合もある。	歩行器での歩行、車いすから便座への移乗、更衣を脱健着患《だっけんちゃっかん》で行う、コミュニケーション、入浴、調理、掃除、服薬管理、金銭管理、買い物、電話の使用
	④ 参加	社会的な出来事への**関与**、生活上の**役割**　等	他の利用者と外食に出かける、家族や地域住民との交流、ボランティア活動、レクリエーションで歌の伴奏を担当する、コンクールへの応募
背景因子	⑤ 個人因子	利用者**個人**に関わる特性：**年齢**、生活歴、趣味、思い、希望、価値観　等	60歳代、町内会長を歴任、コーヒーが好き、趣味は音楽鑑賞、「家庭菜園を行いたい」「おむつは嫌だ」という思い
	⑥ 環境因子	本人**以外**の人、物、建物、制度、サービス　等	家族、ボランティア、民生委員、介護福祉職、人々の社会的な態度、職場による勤務時間の調整、福祉用具、床の性状、介護保険制度、通所介護、認知症対応型共同生活介護

★ WHO（世界保健機関）は、ICIDH（国際障害分類）の改訂版として 2001 年に**ICF（国際生活機能分類）**を採択《さいたく》。

★ ICF（国際生活機能分類）では、医学モデルと社会モデルの**統合**を図っており、疾病《しっぺい》や障害というマイナス面だけでなく、本人の**ストレングス（強み）**等のプラス面も含め、その人を全体的・総合的に把握《はあく》することが可能。

★ ICF（国際生活機能分類）は、6 つの構成要素が相互に関連し合う**相互作用**モデルとなっている。

ICF（国際生活機能分類）の全体像

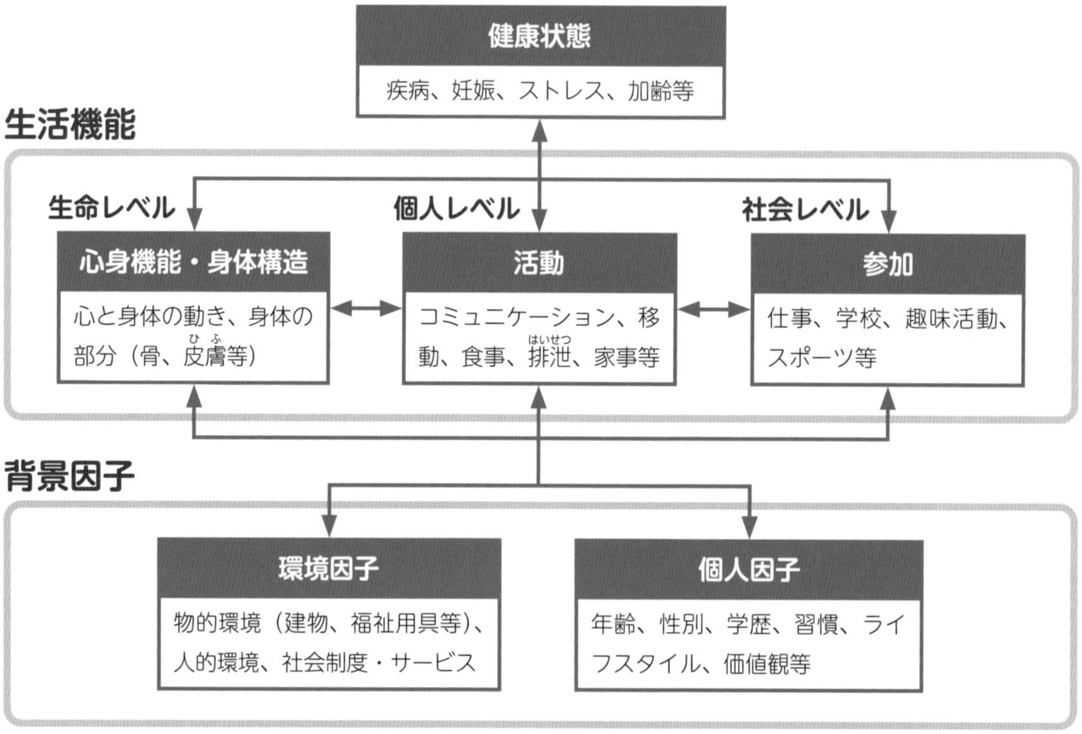

各要因は相互に影響し合う双方向的なものととらえられている（相互作用モデル）

ICF における活動

	している活動（実行状況）	できる活動（能力）
意味	自分で自由に普段からしていること	普段はしていないが、条件が整えば、できること
例	普段は、歩行器を使用して歩行している	普段は、車いすを使用しているが、歩行訓練によって下肢筋力が向上し、歩行器の使い方を覚えることができれば、歩行器歩行できる

リハビリテーションの意味と４つの領域

★ 単なる機能訓練や ADL（日常生活動作）の回復のみではなく、その人が再び人間らしく生きるという**全人間的復権**を目指す。

★ **権利・名誉・尊厳**の回復、QOL（Quality of Life：生命・生活・人生の質）の向上を図るという意味も含まれている。

Rehabilitation
Re（再び）＋ habilis（人間にふさわしい・人間に適した）＋ ation（すること）
➡ 再び人間にふさわしい状態にすること

４つの領域

領域	意味・内容
医学的 リハビリテーション	・主に**病院**や**診療所**において**医師**、**看護師**、理学療法士、作業療法士、言語聴覚士などがチームアプローチを展開し、心身機能の回復・維持・向上を図る。 例）作業療法士による利き手交換訓練
教育的 リハビリテーション	・**障害のある子どもや大人**等に対して、**教育**の機会を提供する。 例）特別支援教育による障害のある児童への学習支援
職業的 リハビリテーション	・職業指導、職業訓練、職業選択を通して、適切な**就職**の確保・継続を図る。 例）うつ病のある利用者へのリワークプログラムの実施
社会的 リハビリテーション	・社会の中で自分のニーズを満たし、最大限の豊かな**社会参加**を実現する権利を行使するという**社会生活力**を高めるための社会的な条件整備を行う。 例）セルフヘルプグループでの活動、バリアフリーやユニバーサルデザインによる環境整備、所得保障や住宅確保のための法整備

●**リワークプログラム**（**復職支援プログラム**）：**うつ病**等が原因で休職している人を対象とした職場復帰に向けた一連の活動のこと。

●**セルフヘルプグループ**（**自助グループ**）：患者会や断酒会等、**同じ**疾病や障害、悩み等のある当事者が**主体的**に集い、**対等**な関係の中で感情や課題を**共有**して支え合う。

●**バリアフリー**：障害のある人や高齢者が生活する上で支障となる**障壁**《しょうへき》（バリア）を後で除去《じょきょ》。

●**ユニバーサルデザイン**：**すべての人**が（誰でも）最初から**使いやすい**ように製品や建物などをデザインすること、またはそのような考え方。

リハビリテーションの展開と３つの時期

★ 一般的にリハビリテーションは、疾病《しっぺい》発症後の病院での**急性期**→その後の**回復期**→退院後の居宅（自宅など）や施設での**生活期（維持期）**という流れで実施。

時期	意味・内容
急性期 リハビリテーション	・脳卒中等の疾病発症後、**できる限り早期**から実施。 ・**早期離床**と**廃用症候群《はいようしょうこうぐん》**（**生活不活発病**）の予防を図る。
回復期 リハビリテーション	・回復力が高い、この時期に**集中的**に実施。 ・**機能**や ADL（日常生活動作）の回復を図り、**居宅復帰**等を目指す。
生活期（維持期） リハビリテーション	・活動や参加に焦点を当てながら**継続的**に実施。 ・ADL（日常生活動作）や IADL（手段的 ADL）の**維持・向上**、QOL（生活の質）の向上、介護負担の**軽減**を図る。 ・訪問リハビリテーション、通所リハビリテーション、介護老人保健施設等、主に**介護保険サービス**の中で展開。

介護予防

<table>
<tr><th>目的</th><td colspan="2">・要介護状態等の発生予防
・要介護状態等の軽減と悪化防止
⬇
・住み慣れた地域での自立した日常生活の継続</td></tr>
<tr><th rowspan="3">種類</th><td>一次予防</td><td>比較的活動的な状態にある人への生活機能の維持・向上を図る。</td></tr>
<tr><td>二次予防</td><td>要支援・要介護状態となるリスクが高い人を早期に発見して対応する。</td></tr>
<tr><td>三次予防</td><td>すでに要支援・要介護状態にある人の要介護状態の改善と重度化防止を図る。</td></tr>
<tr><th>例</th><td colspan="2">・筋力向上
例：介護予防教室に参加し、座位による体操と足踏み等を行い、筋力の維持・向上を図る。
・転倒予防
例：転倒後、利用者と一緒に散歩を行い、下肢筋力の維持・向上とともに歩行に対する不安軽減を図る。
・栄養改善による低栄養状態の予防
・口腔《こうくう》衛生・機能向上による誤嚥性肺炎《ごえんせいはいえん》の予防
例:口腔体操や唾液腺《だえきせん》マッサージ、アイスマッサージを行い、摂食･嚥下《えんげ》機能の維持･向上を図る。
・骨盤底筋《こつばんていきん》体操などによる尿失禁《しっきん》の予防
・身体的活動や社会的活動の不足を補って認知症を予防
・日常生活の動線上にコード類や物を置かない等の環境整備</td></tr>
</table>

★ 介護保険制度においては、要支援１・２の対象者は**予防給付**、要介護１～５の対象者は**介護給付**で、介護予防を図る各種サービスを受けることができる。

★ 介護予防を図る主な介護保険サービスには、自宅で受ける（介護予防）**訪問リハビリテーション**、事業所に通って受ける（介護予防）**通所リハビリテーション**、**介護老人保健施設**に入所して受けるリハビリテーションがある。

介護予防を図る上で注意したい３つの状態

フレイル	**虚弱**《きょじゃく》の状態。病弱で、健康障害を起こしやすい状態。
ロコモティブシンドローム	骨や筋肉などの**運動器**の障害のために、移動機能の**低下**をきたした状態。骨粗鬆症《こつそしょうしょう》などの疾患《しっかん》を原因とするものと、加齢に伴《ともな》う運動機能の低下によるものとがある。
サルコペニア	極端に**筋肉量**が減って、筋力が低下したり歩く速度が遅くなったりして杖《つえ》や手すりが必要な状態。

自立支援・重度化防止のための見守り的援助

★ 介護保険制度において見守り的援助は、訪問介護の生活援助ではなく、**身体介護**に含まれる。

・利用者の自立支援・重度化防止を図る取り組みの一つとして、訪問介護での**見守り的援助**がある。
・見守り的援助では、介護福祉職が利用者の代わりに行うのではなく、安全を確保した上で、利用者と**一緒**に掃除や調理、洗濯等を実施する。

↓

残存能力の維持・向上、**生活意欲**や生きがい、QOL の**向上**にもつながる。

見守り的援助の例

●利用者と一緒にゴミを分別し、ゴミ出しのルールを理解してもらったり、思い出してもらったりする。

●利用者と一緒に冷蔵庫の中を片づけ、利用者の生活上の意欲や役割を奪わないように配慮《はいりょ》する。

●介護福祉職が服薬させるのではなく、利用者が自分で適切に服薬できるよう、そばで確認する。

第 4 章　介護の基本

03 介護を必要としている人の理解

高齢者の死亡原因

65 歳以上の人の死亡原因

1 位	悪性新生物（がん）	4 位	脳血管疾患
2 位	心疾患《しんしっかん》	5 位	肺炎
3 位	老衰《ろうすい》		

資料：「人口動態統計（確定数）2022（令和 4）年」（厚生労働省）

高齢者の家庭内事故の原因

★ 65 歳以上の人の家庭内事故死の原因をみると、**溺死《できし》**が最も多く、以下、**不慮の窒息《ちっそく》**、**転倒・転落**と続く。

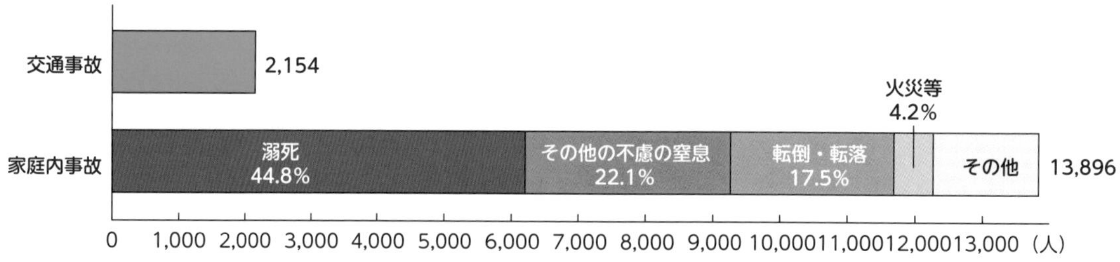

資料：「人口動態統計（確定数）2022（令和 4）年」（厚生労働省）

要介護者等における介護が必要となった原因

★ 65 歳以上の要介護者等について、介護が必要になった主な原因についてみると「**認知症**」が 18.1％と最も多く、次いで「**脳血管疾患（脳卒中）**」15.0％、「**高齢による衰弱**」13.3％、「**骨折・転倒**」13.0％となっている。

★ 男女別にみると、男性は「**脳血管疾患（脳卒中）**」が 24.5％、女性は「**認知症**」が 19.9％と特に多くなっている。

65 歳以上の要介護者等の介護が必要となった主な要因

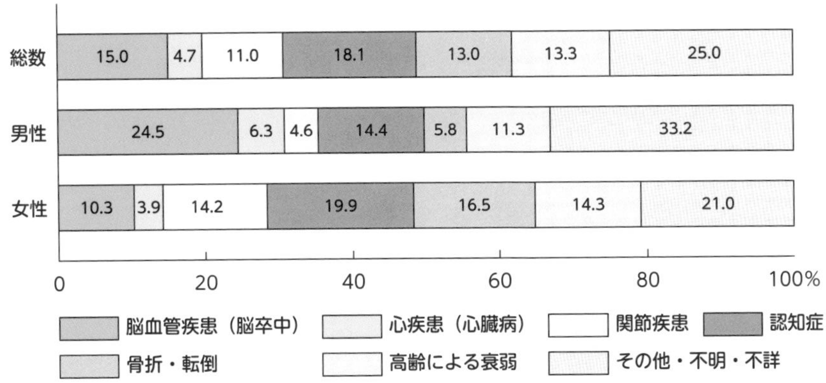

資料：「令和 4 年版高齢社会白書」（内閣府）

介護が必要になった場合に「介護を頼みたい人」

★ 介護が必要になった場合に「介護を頼みたい人」についてみると、男性の場合は「**配偶者**《はいぐうしゃ》」が 56.9%、女性の場合は「**ヘルパーなど介護サービスの人**」が 39.5%と最も多くなっている。

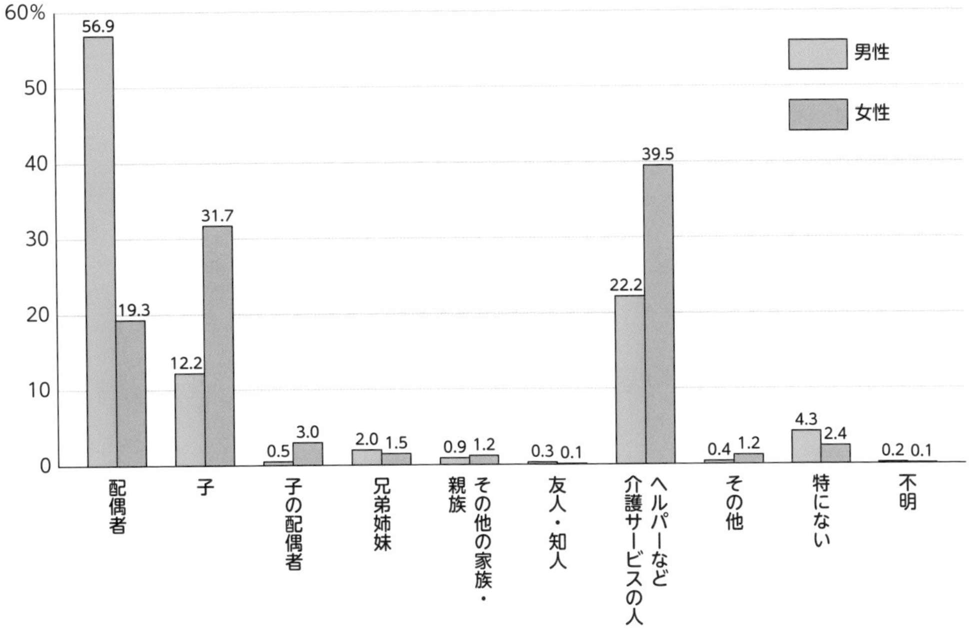

資料：「高齢者の健康に関する調査（平成 29 年）」（内閣府）
（注）調査対象は、全国の 55 歳以上（平成 29 年 1 月 1 日現在）の男女個人（施設入居者は除《のぞ》く）。

介護を受けたい場所

★ 自分の介護が必要になった場合にどこでどのような介護を受けたいかの希望についてみると、条件による差異はみられるものの、**「自宅で介護を受けたい」**と回答した人の割合は全体で73.5%を占めた。

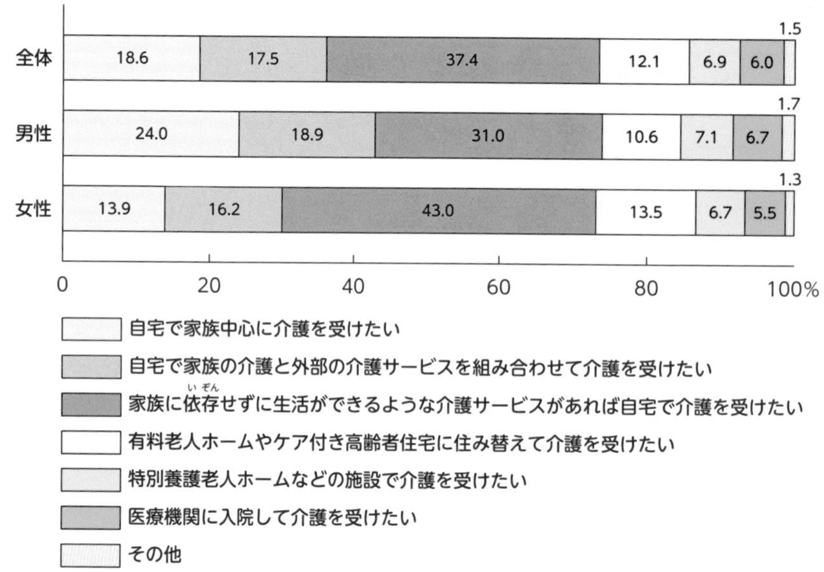

資料：「高齢社会に関する意識調査（平成28年）」（厚生労働省政策統括官付政策評価官室委託《いたく》）
（注）調査対象は、全国の40歳以上の男女。

主な介護者の要介護者等との続柄

★ 要介護者等からみた主な介護者の続柄をみると、**5**割弱が**同居している人**が主な介護者となっている。

★ その主な内訳をみると**配偶者**《はいぐうしゃ》が22.9%で最も多く、次いで**子**が16.2%、**子の配偶者**が5.4%となっている。

★ 性別については、**男**性が31.1%、**女**性が68.9%と**女**性が多くなっている。

★ 要介護者等と同居している主な介護者の年齢についてみると**7**割以上が60歳以上であり、いわゆる**「老老介護」**のケースも相当数存在していることが予測できる。

★ 同居している主な介護者が1日の中で介護に要している時間をみると、要支援1～要介護2までは「必要な時に手をかす程度」が最も多くなっているものの、**要介護4**では42.1%、**要介護5**では63.1%が「ほとんど**終日**」介護を行っている状況にある。

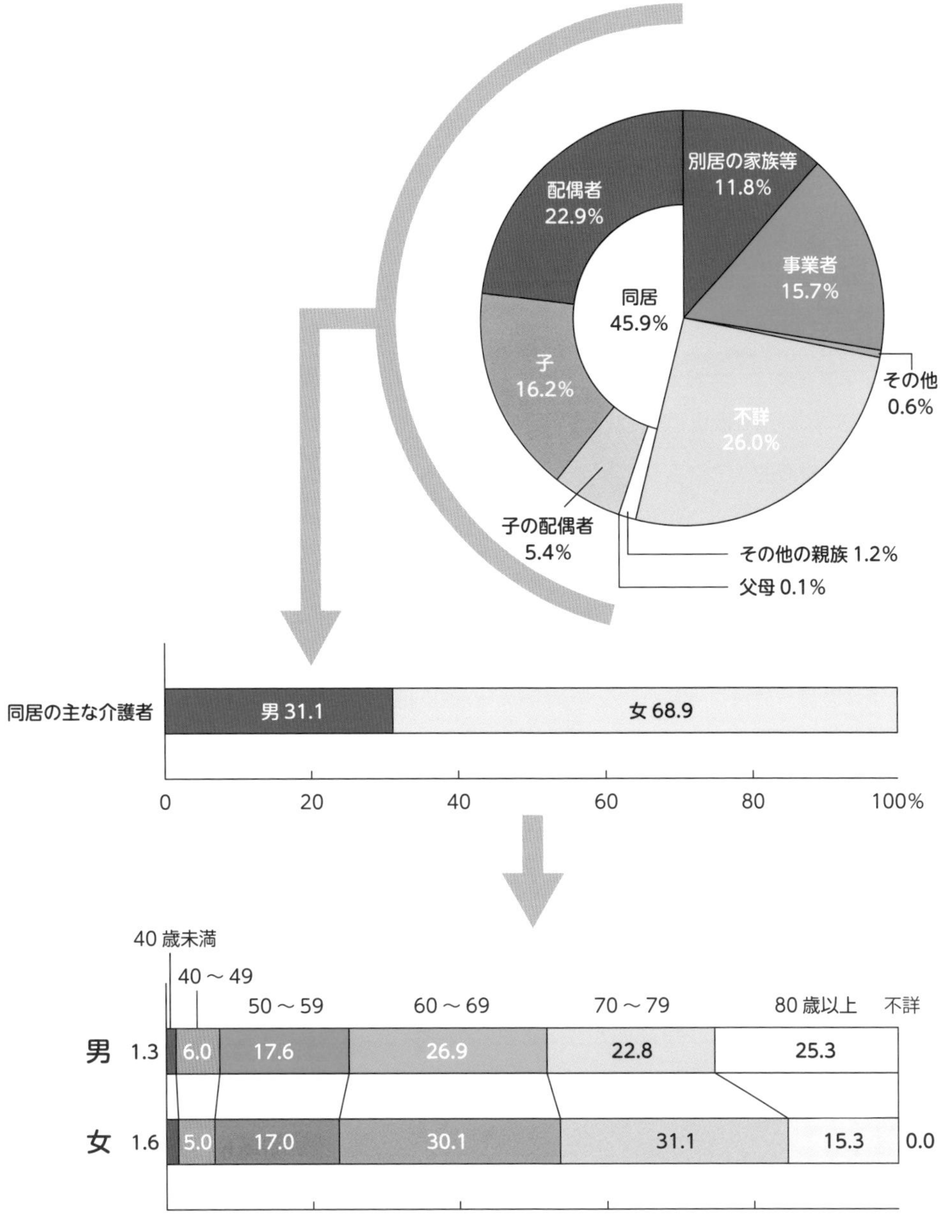

注：2022（令和 4）年調査では、男の「同居の主な介護者」の年齢不詳はいない

資料：「国民生活基礎調査（2022〔令和 4〕年）」（厚生労働省）

同居の主な介護者と要介護者等の組み合わせを年齢階級別の年次推移でみると、60 歳以上同士、65 歳以上同士、75 歳以上同士のいずれの組み合わせも**上昇傾向**にあります（「国民生活基礎調査（2022〔令和 4〕年）」厚生労働省）。

第４章　介護の基本

04 介護を必要とする人の生活を支えるしくみ

地域ケア会議

概要	地域ケア会議は、高齢者個人に対する支援の充実と、それを支える社会基盤の整備とを同時に進めていく、**地域包括ケアシステム**の実現に向けた手法の一つである。
事業内容	**包括的・継続的ケアマネジメント支援事業**の効果的な実施のために、要介護被《ひ》保険者などの支援対象被保険者への適切な支援を図るために必要な検討を行うとともに、支援対象被保険者が地域において自立した日常生活を営むために必要な支援体制に関して検討する。
主催	**市町村**や**地域包括支援センター**が主催するものであり、市町村に対しては、設置するように努めなければならないという努力義務を課している。
構成員	自治体職員、地域包括支援センター職員、**介護支援専門員（ケアマネジャー）**、民生委員、医師など、議題に合わせて必要な**専門職**などが参加する。
機能	①**個別課題解決機能**、②**ネットワーク構築機能**、③**地域課題発見機能**、④**地域づくり・資源開発機能**、⑤**政策形成機能**の５つの機能がある。

地域包括支援センター

目的・特徴	・健康保持や生活の安定のために必要な援助を行うことにより、地域住民を包括的に支援することを目的に、2006（平成 18）年度施行《しこう》の改正介護保険法により創設。 ・**市町村**が主体となり、**日常生活圏域《けんいき》**（おおむね人口２～３万人に１か所）に設置。 ・実施は市町村または市町村から委託《いたく》を受けた法人等となる。
事業内容	①**総合相談支援業務**、②**権利擁護《ようご》**、③**包括的・継続的ケアマネジメント支援業務**、④**介護予防ケアマネジメント**を実施する。 ※総合相談支援業務では、**介護保険制度**の申請《しんせい》方法や介護保険サービスの内容等、その人に必要な制度やサービス等の相談や情報提供を実施。
配置職種	①**社会福祉士**、②**保健師**、③**主任介護支援専門員**を配置する。 ※担当区域の第１号被保険者数がおおむね 3,000 人以上 6,000 人未満ごとに、①～③の職種を各１人ずつ配置。

★ 地域包括支援センターは、市町村が設置した**地域包括支援センター運営協議会**の意見を踏まえて、適切・公平・中立な運営を確保する必要がある。

地域包括支援センターの義務・責務

基準の遵守《じゅんしゅ》	包括的支援事業を実施するために必要なものとして**市町村**の条例で定める基準を遵守しなければならない。
事業の質の向上	自ら実施する事業の質の評価を行うことなどにより、その実施する事業の**質の向上**を図らなければならない。
連携保持	設置者は、包括的支援事業の効果的な実施のために、介護サービス事業者、医療機関、民生委員などとの**連携**に努めなければならない。
秘密保持	地域包括支援センターの設置者や職員などは、正当な理由なく、業務上知り得た秘密を漏《も》らしてはならない。

介護保険サービスの利用方法

1 要介護・要支援の認定を受ける

・**要介護等認定申請**…本人のほか、家族、地域包括支援センター、介護保険施設・指定居宅介護支援事業者などのうち厚生労働省令で定める事業者等が代行可能。
・**申請後**…市町村の調査員による訪問調査や主治医の意見書などをもとに、市町村が要介護度等を認定。

↓

2 ケアプランの作成

・**要介護者**…指定居宅介護支援事業者の**介護支援専門員**（ケアマネジャー）に**居宅**サービス計画の作成を依頼。
・**要支援者**…**地域包括支援センター**や指定居宅介護支援事業所に**介護予防**サービス計画の作成を依頼。
・**施設入所者**…介護老人福祉施設、介護老人保健施設、介護医療院に入所する場合は、当該施設の介護支援専門員が**施設**サービス計画を作成。
※要介護認定で**非該当**（自立）と判定され、**市町村**による介護予防・生活支援サービス事業を利用する場合は、地域包括支援センターが**介護予防ケアマネジメント**を実施。

↓

3 サービス事業者と契約

サービスは、居宅サービス計画等に基づいて、要介護者等本人が選択。
事業所は契約の内容について説明し、契約の際に書面を交付する義務がある。

↓

4 サービスの利用

給付対象サービスの費用は、本人の所得に応じて１～３割負担、残りは介護保険制度の給付から支給。

訪問介護の特徴

★ **介護支援専門員（ケアマネジャー）**が作成した**居宅サービス計画**に基づき、訪問介護事業所の**サービス提供責任者**が**訪問介護計画書**を作成。

★ 訪問介護計画に基づき**訪問介護員（介護福祉士等）**がサービスを提供。

★ 介護保険制度では訪問介護のサービス内容を**身体介護**と**生活援助**に区分。

身体介護

移動・移乗介助、食事介助、排泄《はいせつ》介助、衣服の着脱介助、入浴介助、清拭《せいしき》、身体整容（洗顔や整髪《せいはつ》等）、通院・外出支援、特段の**専門的配慮《はいりょ》**をもって行う調理、その他

↓

医師の指示に基づく腎臓病食、糖尿病食、嚥下《えんげ》困難な人のための流動食等の調理は生活援助ではなく、**身体介護**の区分

生活援助

掃除、洗濯、衣類の整理、被服の補修、買い物、病院や薬局での薬の受け取り、**一般的**な調理、配膳《はいぜん》・下膳、その他

↓

ごく**日常的**な普段の食事の調理
※正月や節句等のために特別な手間をかけて行う調理は**含まれない**

介護保険制度における訪問介護の内容に含まれない行為

利用者本人の援助に該当しない行為

・**利用者以外**の者にかかる洗濯、調理、買い物等
・利用者が使用する居室等**以外**の掃除
・**来客**の応接（お茶出し、食事の手配等）
・利用者不在の留守時の対応

日常生活の援助に該当しない行為

・**草むしり**、花木の水やり、犬の散歩等の**ペットの世話**
・家具や家電製品等の**移動・修繕**、**模様替え**
・大掃除、ペンキ塗り、家屋の修理、部屋の壁紙《かべがみ》の貼り替え
・植木の剪定《せんてい》等の**園芸**
・地域のお祭りに一緒に行くこと
・特別な手間をかけて行う**行事食**（お節《せち》料理等）の調理

→ これらは訪問介護の**対象外**

通所介護の特徴

★ 食事、入浴等の支援に加え、**社会的**な**孤立感**を解消・緩和《かんわ》し、心身機能の**維持・向上**を図ることも可能。

★ 家族介護者を介護から一定時間解放することができるため、**介護負担**の**軽減効果**が期待できる。

★ レスパイトケアとしての役割もある。

レスパイトケア

★ 介護を担《にな》う**家族**等の休養や休息につながるサービス。

★ 介護保険制度では、**通所介護**、**通所リハビリテーション**、**短期入所生活介護**、**短期入所療養介護**等がレスパイトケアに該当する。

小規模多機能型居宅介護と看護小規模多機能型居宅介護の特徴

小規模多機能型居宅介護

★ **地域密着型サービス**の一つであり、指定された**市町村**の区域内に住所がある要介護者（介護予防小規模多機能型居宅介護の場合は要支援者）が対象。

★ 利用者の選択に応じて①事業所への**通い**、②**短期間**の**宿泊**、③利用者の自宅への**訪問**を組み合わせて利用できるサービス。

※**長期間**の宿泊や**訪問入浴**介護のサービスは目的としていないため、提供していない。

★ 利用登録定員は **29** 人以下。1 日あたりの利用定員は「通い」が **18** 人以下、「短期間の宿泊」が 1 日あたり **9** 人以下。

看護小規模多機能型居宅介護

小規模多機能型居宅介護 ①～③の機能 ＋ **訪問看護**の機能 → 看護小規模多機能型居宅介護

★ 管理者は、介護老人福祉施設や介護老人保健施設、通所介護等で**認知症**の利用者に対する 3 年以上の介護経験があり、厚生労働大臣が定める**認知症対応型サービス事業管理者研修**を修了した者または**保健師**もしくは**看護師**とされている。管理者は**医師ではない**ため注意。

★ 介護機能と看護機能を組み合わせた**複合型**サービスであり、利用者の状況に応じて**介護**と**看護**の一体的なサービスを提供することも可能。

夜間対応型訪問介護と定期巡回・随時対応型訪問介護看護

	夜間対応型訪問介護	定期巡回・随時《ずいじ》対応型訪問介護看護
提供時間	22 時～ 6 時を含む**夜間**の時間帯 ※ 8 ～ 18 時を含めてはならない。	**24 時間**
サービス内容	夜間における**訪問介護**	日中・夜間における**訪問介護＋訪問看護** ※**訪問看護**を利用した場合のほうが、利用しなかった場合よりも介護報酬《ほうしゅう》は高くなる。

定期巡回サービスと随時対応サービスによって提供。**要支援 1・2 の人は利用できない。**

定期巡回サービス

事前に相談して決めた回数・時間・サービス内容等に基づきサービス提供時間帯に定期的に訪問
➡おむつ交換や安否確認等を実施

＋

随時対応サービス

サービス提供時間帯に**オペレーター**が緊急時の相談等に応じ、必要時は速《すみ》やかに訪問
➡ベッドからの転落や急な体調不良等の際に対応

認知症対応型共同生活介護の特徴

★ 要介護 1 ～ 5（介護予防認知症対応型共同生活介護の場合は要支援 2）の**認知症**の利用者が利用可能。なお、要支援 1 の場合は認知症があっても利用でき**ない**。

★ 1 事業所につき **3** ユニットまで開設可能。1 ユニットの定員は **5** 人以上 **9** 人以下。

★ **家庭的な環境**の中で利用者の希望等に応えながら、**その人らしさ**を尊重した支援を展開。

★ **運営推進会議**を概《おおむ》ね **2** か月に **1** 回以上開催しなければならない。

介護老人福祉施設と介護老人保健施設と介護医療院の特徴

	介護老人福祉施設 （特別養護老人ホーム）	介護老人保健施設	介護医療院
根拠法	介護保険法（老人福祉法）	介護保険法	介護保険法
機能	**生活支援**機能	**居宅復帰支援**機能	**長期療養**のための**医療**機能＋**生活支援**機能
対象者	**常時介護**が必要な者	**居宅での生活に向けた支援**が必要である者	**長期**にわたり**療養**が必要である者
入所条件	原則要介護 **3** ～ **5**	要介護 **1** ～ **5**	要介護 **1** ～ **5**

サービス内容	入浴、排泄《はいせつ》、食事等の介護、その他の**日常生活**上の世話、健康管理、療養上の世話等	**看護、医学的管理**、介護、機能訓練、その他の必要な医療、日常生活上の世話等	療養上の管理、**看護、医学的管理**の下における介護・機能訓練、その他必要な医療、日常生活上の世話等

※施設サービスは、都道府県・指定都市・中核市が指定（許可）・監督を行う。

ユニットケアの特徴

★ 他の利用者や介護福祉職等と一緒に家庭的な雰囲気の中で暮らせるよう、原則おおむね **10人以下（15人を超えない）**のグループを一つの生活単位（**ユニット**）として支援。

★ **全室個室**が基本だが、食事や趣味活動等は、**共有スペース**（リビングスペース）を利用することも可能。

★ 担当職員を一定期間**同じ**にする等、**なじみの関係**が形成されやすい配慮《はいりょ》が必要。

★ ユニットケアを採用している個室ユニット型施設では、プライバシーの保護や感染症予防等の観点から、多床室《たしょうしつ》や新たに個室的多床室を設置することは**禁止**。

有料老人ホームとサービス付き高齢者向け住宅の特徴

	有料老人ホーム	サービス付き高齢者向け住宅
根拠法	老人福祉法	高齢者の居住の安定確保に関する法律
概要	・高齢者を入居させ、入浴、排泄、食事の介護、**食事**の提供、洗濯、掃除等の家事、健康管理のいずれかのサービス（複数も可）を提供 ・設置者は都道府県への**届出**が義務	・義務付けられているサービスは、**安否確認**と**生活相談** ・食事の提供や入浴・排泄等の介護、買い物等の支援については個々の利用者や住宅によって実施状況が**異なる** ・都道府県に**登録**が必要
居室のスペース等	・個室 ・入居者1人当たり $13m^2$ 以上	・原則 $25m^2$ 以上（ただし、共用の居間、食堂、台所その他の部分が十分な面積を有する場合は $18m^2$ 以上でも可） ・バリアフリー
対象者	・**60**歳以上の者 ・要介護認定もしくは要支援認定を受けている60歳未満の者 ※具体的には、各施設で入居条件や対象者も異なるため、確認が必要	
共通事項	・条件を満たせば「**特定施設入居者生活介護**」として介護保険サービスを提供できる ・特定施設入居者生活介護の指定を受けた場合、**訪問介護**や**通所介護**等の**居宅サービス**の利用も可能	

第４章　介護の基本

05 福祉用具の貸与と販売・住宅改修

福祉用具貸与の特徴

★ 介護保険制度で以下①～⑬の福祉用具を貸与《たいよ》（レンタル）する場合、原則その費用の１割（一定以上所得者は２割、現役並み所得者は３割）負担。

★ 要介護度に応じた利用限度額（支給限度基準額）を超えて福祉用具を貸与した場合、その限度額を超えた分については**全額自己負担**（10 割負担）。

★ **要介護度**の違いによって、原則、貸与できない福祉用具もあるので、事前に介護支援専門員（ケアマネジャー）と相談して確認を！

要介護４・５

⑬**自動排泄《はいせつ》処理装置**（本体部分）

要介護２・３

⑤車いす　⑥車いす付属品　⑦**特殊寝台《とくしゅしんだい》**（介護用ベッド）

⑧特殊寝台付属品（特殊寝台と一体的に使用されるもの）　⑨床ずれ防止用具

⑩体位変換器　⑪移動用リフト（**吊《つ》り具**を除《のぞ》く）　⑫認知症老人徘徊《はいかい》感知機器

要支援１・２、要介護１

①手すり（**工事不要**のもの）　②スロープ（**工事不要**のもの）

③**歩行器**（歩行車を含む）　④歩行補助杖《づえ》

※ 2024（令和 6）年度介護報酬《ほうしゅう》改定で、固定用スロープ、歩行器（歩行車を除く）、単点杖（松葉杖《まつばづえ》を除く）、多点杖《たてんづえ》（多脚杖《たきゃくづえ》）について貸与と販売の選択制が導入される。

特定福祉用具販売の特徴

★ 同じ**年度内**（４月から翌３月）につき **10** 万円を上限とし、次ページの①～⑥の特定福祉用具を購入した場合、費用の９～７割が**特定福祉用具購入費**として支給（**償還《しょうかん》**払い）。

★ 特定福祉用具は直接、身体に触れる排泄や入浴等の場面で用いられるため、**貸与**（レンタル）には**適さない**福祉用具が対象。

① 腰掛《こしかけ》便座	和式便器を洋式便器に変えるもの、高さを変えるもの、ポータブルトイレ　等
② 特殊尿器	自動排泄処理装置の交換可能部品
③ 排泄予測支援機器	膀胱《ぼうこう》内の状態を感知し、尿量が一定量に達したと推定された際に、排尿の機会を利用者本人や家族等に自動で通知
④ 入浴補助具	入浴用いす、入浴台、浴槽内いす、入浴用介助ベルト　等
⑤ 簡易《かんい》浴槽《よくそう》	空気または折りたたみ式等で容易に移動できるものであって、工事を伴《ともな》わないもの
⑥ 移動用リフトの吊り具部分	身体に適合するもので、移動用リフトに連結可能なもの

住宅改修費支給制度の特徴

★ 要支援 1・2、要介護 1 ～ 5 と認定された人が対象。

★ 以下の①～⑥の住宅改修を行った場合、原則 20 万円を上限に、利用者の負担割合に応じて改修費用の 9 割（一定以上所得者は 8 割、現役並み所得者は 7 割）を支給（償還払い）。

①**手すり**の取付け

②**段差**の解消

③**滑《すべ》りの防止**および移動の円滑化等のための**床**または**通路面**の材料の変更

④**引き戸**等への扉の取替え

⑤**洋式便器**等への便器の取替え

⑥その他①～⑤の住宅改修に付帯して必要となる住宅改修

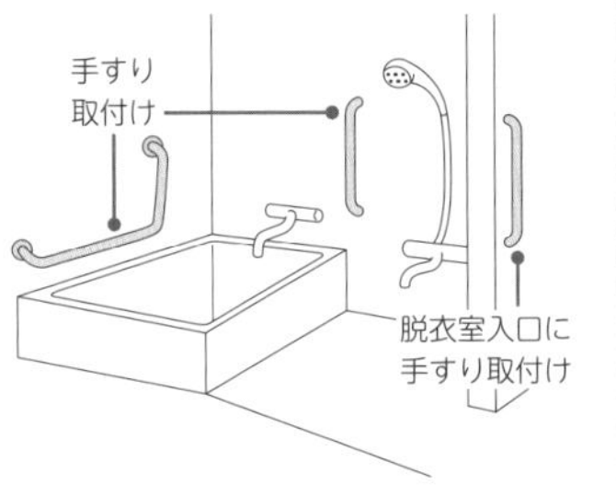

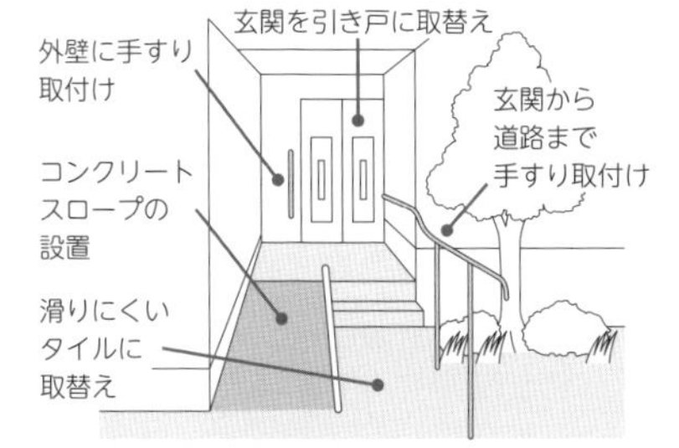

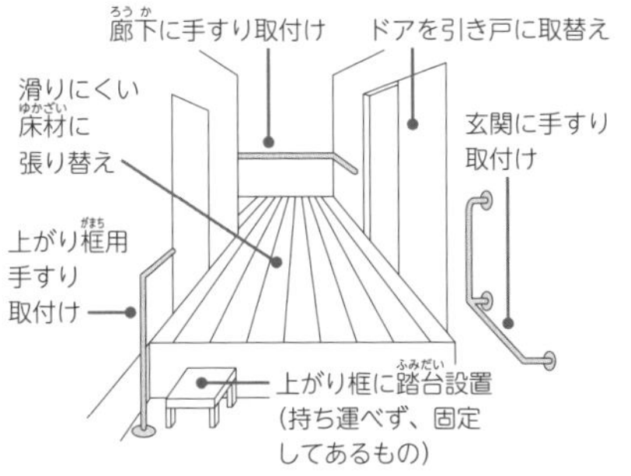

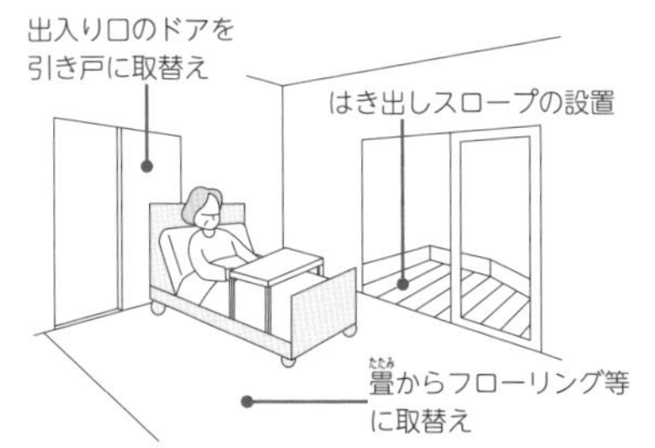

06 協働する多職種の役割と機能

施設・事業所で働く専門職

対象	専門職	配置・業務内容等
要介護者（高齢者）等	介護支援専門員（ケアマネジャー）	・**居宅介護支援事業所**や**介護保険施設**等に配置 ・ケアプラン（居宅サービス計画や施設サービス計画等）を作成
要介護者（高齢者）等	生活相談員／支援相談員	・生活相談員 ➡ **介護老人福祉施設**や**通所介護事業所**等に配置 ・支援相談員 ➡ **介護老人保健施設**に配置 ・入退所に関する相談や連絡調整等
要介護者（高齢者）等／障害者・障害児	サービス提供責任者	・介護保険制度に基づく**訪問介護事業所**や障害者総合支援法に基づく**居宅介護事業所**に配置 ・**訪問介護**計画や**居宅介護**計画を作成
障害者・障害児	相談支援専門員	・**一般相談支援事業所**や**特定相談支援事業所**等に配置 ・**サービス等利用計画**を作成
障害者・障害児	サービス管理責任者	・障害者総合支援法に基づく**障害福祉サービス事業所**に配置 ・**個別支援計画**を作成
障害者・障害児	生活支援員	・**障害福祉サービス事業所**に配置 ・身体介助や利用に関する相談、連絡調整等
障害者・障害児	職業指導員	・**就労《しゅうろう》移行支援**や**就労継続支援 A 型・B 型**の事業所に配置 ・就労に関する支援や技術習得のための訓練・指導等
障害者・障害児	児童発達支援管理責任者	・**障害児入所施設**や**障害児通所支援事業所**に配置 ・**児童発達支援計画**を作成

主な福祉関連職

資格／根拠法	主な役割等
介護支援専門員（各都道府県が認定する公的資格※）／介護保険法	・資質向上を図るため、介護支援専門員の資格は **5 年ごとの更新制** ・要介護認定の申請《しんせい》に加え、利用者や家族の相談に応じ、適切なサービスが利用できるよう、各サービス事業者と連絡調整を図りながら**ケアマネジメント**を展開 ・**居宅サービス計画**や**施設サービス計画**等のケアプランを作成

社会福祉士（国家資格）／社会福祉士及び介護福祉士法	・ソーシャルワーカーとして**介護保険**施設や**障害者支援**施設等で利用者・家族等からの相談に応じ、各サービス事業者と連絡調整を図りながら支援を展開 ・**病院**で医療ソーシャルワーカーとして退院支援等に携《たずさ》わっている場合もある
精神保健福祉士（国家資格）／精神保健福祉士法	・**精神障害**がある人の**社会復帰**を支援するために、本人とその家族に対し、相談に応じ、助言、指導、訓練その他の援助を実施 ・ソーシャルワーカーとして、精神科病院や**地域活動支援センター**、就労継続支援事業所、**精神保健福祉センター**等で活動している
介護福祉士（国家資格）／社会福祉士及び介護福祉士法	・利用者に身近な生活場面で**心身の状況**に応じた支援、家族等への介護**指導** ・利用者の居宅（自宅等）を訪問し、**身体介護**や**生活援助**（調理・掃除・洗濯等）を行う**訪問介護**に携わっている場合もある

※公的資格とする見方がある一方、国家資格との意見もみられる。2003（平成15）年に政府が閣議決定した答弁書によれば、介護福祉士や社会福祉士等と並んで介護支援専門員も国家資格の中に明示されている。

主な保健・医療関連職

資格／根拠法	主な役割等
医師（国家資格）／医師法・医療法	・医師の中でも、その利用者（患者）を日頃から診断し、治療方針に対して主たる責任を持つ医師を「**主治医**」「**かかりつけ医**」と呼ぶ ・居宅療養管理指導や要介護認定等に必要な「**主治医意見書**」の作成 ・訪問看護や訪問リハビリテーション等への**指示**
看護師（国家資格）／保健師助産師看護師法	・医師の指示の下、病院や診療所で診療の補助や**療養上**の世話等を実施 ・自宅等で生活する慢性疾患《まんせいしっかん》がある利用者には**訪問看護**を実施 ・膀胱《ぼうこう》（尿道）留置《りゅうち》カテーテルや在宅酸素療法（HOT）を使用し在宅生活している利用者等には訪問看護や訪問入浴で看護師が関わる機会が多い
理学療法士（国家資格）／理学療法士及び作業療法士法	・PT（Physical Therapist）と略す ・**身体機能**改善《かいぜん》や基本的な**動作能力**の回復等を目指し、**関節可動域**（ROM）訓練や歩行訓練、温熱や電気等による**物理療法**等を実施
作業療法士（国家資格）／理学療法士及び作業療法士法	・OT（Occupational Therapist）と略す ・**応用的**な動作の回復等を目指し、**ADL（日常生活動作）**や調理等の訓練、手芸や園芸等のアクティビティ・サービス等を実施
言語聴覚士（国家資格）／言語聴覚士法	・ST（Speech-Language-Hearing Therapist）と略す ・失語症や難聴等のコミュニケーション障害のある人に加え、**摂食・嚥下《えんげ》機能**が**低下**している人へのリハビリテーションや支援を展開
視能訓練士（国家資格）／視能訓練士法	・医師の指示の下、**視機能**検査を行うとともに、斜視や弱視等、両眼視機能に障害のある者に対し、**視機能向上**のために訓練を実施
義肢装具士（国家資格）／義肢装具士法	・医師の指示の下、**義肢**（義手・義足）や**装具**（上肢装具、体幹《たいかん》装具、**短下肢装具**等の下肢装具）の採寸・採型、製作、身体への適合調整を実施

07 介護における安全の確保とリスクマネジメント

ハインリッヒの法則

★ 1 件の重大事故の背後には 29 件の**軽微**な事故があり、その背景には 300 件の**ヒヤリ・ハット**が存在。

★ アメリカの**ハインリッヒ**（Heinrich, H.）が約 5,000 件の労働災害を調査して明らかにした。

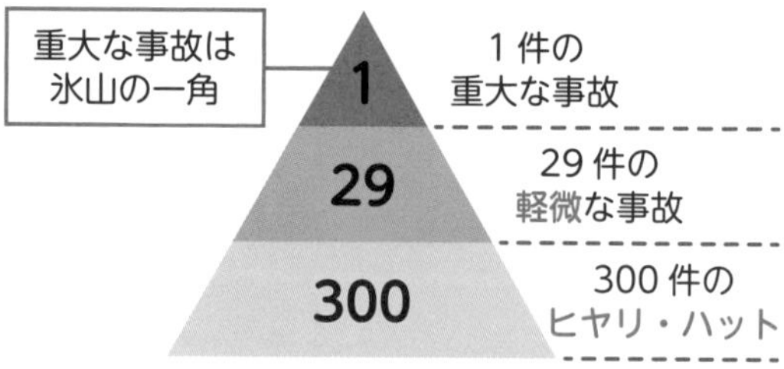

介護保険施設における安全対策

★ **職員**に対して安全に関する研修を**定期的**に実施。

★ 消防法に基づき年 **2** 回以上の**消火**訓練・**避難**訓練が義務付けられている。

★ **認知症対応型共同生活介護**、介護老人福祉施設、介護老人保健施設、障害者支援施設などには、**スプリンクラー**設備、**自動火災報知**設備、**火災通報装置**の設置が義務付けられている。

★ 施設での安全な生活環境や職場環境を整備する最終責任者は**施設管理者**。

★ BCP（Business Continuity Plan：**業務継続計画**）の策定が義務化。感染症や自然災害が発生した場合であっても、介護サービスが安定的・継続的に提供できるよう、事前に対応方針や対応**手順・方法**、職員の**体制・役割分担**等を決めておく。

防火対策の例

・ガスコンロ周辺に物品は**置かない**。燃え移って火災が発生する恐《おそ》れがある。

・ガスコンロの火が衣服に燃え移って火災が発生する**着《ちゃく》衣《い》着《ちゃっ》火《か》**を防《ふせ》ぐため、調理の際は**袖口《そでぐち》**を**絞った**衣類を着たり、衣服を**防災製品**にしたりする。

要配慮者と避難行動要支援者

★ 災害対策基本法では、特に支援が必要な人を把《は》握《あく》するため、市町村長が**避難行動要支援者名簿**を作成することを義務付けている。

	対象者	例
要配慮《はいりょ》者	必要な情報を迅速・的確に把握して安全な場所に避難する等、災害時に一連の行動をとるのに配慮が必要な人	高齢者、障害者、乳幼児、外国人　等
避難行動要支援者	要配慮者のうち、自ら避難することが困難で、その円滑・迅速な避難の確保を図るために特に**支援**を必要とする人	一人暮らし高齢者、要介護者　等

避難所

指定避難所	・災害により被害を**受けた**、または受ける**恐れ**がある人が対象
福祉避難所	・高齢者や障害のある人、乳幼児、妊産婦、傷病者、内部障害者、難病患者、要介護者等の**要配慮者**とその**家族**が対象 ・少なくとも小学校区に 1 か所程度の割合で指定 ・原則、土砂災害特別警戒区域外であること ・原則、**バリアフリー化**されていることが望ましい。ただし、バリアフリー化されていない場合は、障害者用トイレやスロープ等の設置、物資等の備蓄を図ることを前提とする

防災に関する図記号　JIS Z8210：2022

避難所　広域避難場所　土石流《どせきりゅう》注意　洪水《こうずい》／内水氾濫《ないすいはんらん》　津波・高潮注意　津波避難場所

ヒヤリ・ハット報告書と事故報告書の違い

ヒヤリ・ハット報告書 （インシデント報告書）	・事故に**ならなかった**ものの、危うく事故に**なりそう**な「ヒヤリ」「ハッ」とした出来事についての記録 ・**事故予防**と**再発防止**を目的とするため、客観的な事実に加え、考えられる予防策も記載するとよい
事故報告書 （アクシデント報告書）	・実際に**発生した**事故についての記録 ・事故後の**速**《すみ》**やかな対応**と**再発防止**が目的 ・事故の状況や事故時の対応等、事故報告書は保険者（市町村）に**提出**する義務がある ・事故報告書等を含め、介護の提供に関する記録は、サービス完結の日から 2 年間、または自治体によっては 5 年間の保存**義務**がある

第４章 介護の基本

08 介護従事者の安全

育児・介護休業法

★ 1992（平成 4）年に「育児休業法」が施行《しこう》され、1995（平成 7）年に「育児休業法」の一部を改正して「育児・介護休業法」が成立。

★ 介護休業と介護休暇の対象家族 → **配偶者**《はいぐうしゃ》、**父母**、子、**配偶者の父母**、**祖父母**、**兄弟姉妹**、**孫**。

分類		制度の概要
育児関係	育児休業	・労働者が原則 **1** 歳に満たない子を養育するためにとる休業 ・保育園に入れない等の理由があれば、最長 **2** 歳まで延長可能 ・両親がともに育児休業を取得する場合、子が **1 歳 2 か月**に達するまで延長可能（パパ・ママ育休プラス） ・**契約社員**等であっても、一定の要件を満たしている場合は**育児休業**の対象となる。
	子の看護休暇	・**負傷**や**病気**にかかった**小学校就学前**の子の世話を行う労働者に与えられる休暇 ・年 **5** 日間（小学校就学前の子が 2 人以上いる場合は 10 日間）の看護休暇が**時間単位**で取得可能
介護関係	介護休業	・労働者が**要介護**状態（**2 週間**以上の期間にわたり常時介護を必要とする状態）にある対象家族を介護するためにとる休業 ・対象家族 1 人につき、通算 **93** 日まで、**3** 回を上限として**分割**して取得可能
	介護休暇	・**要介護**状態にある対象家族の介護（通院時の付き添いを含む）を行う労働者に与えられる休暇 ・対象家族 1 人につき、年 **5** 日（対象家族が 2 人以上であれば年 10 日）まで、**時間単位**での取得が可能

※雇用主に育児休業中の給与支給義務はない。一定の要件を満たせば、雇用保険から**育児休業給付**が支給される。介護休業については雇用保険から**介護休業給付**が支給。

2021（令和 3）年 6 月に成立した「改正育児・介護休業法」の主な内容

★ 法改正のポイントは、妻の出産直後に**夫**が育児休業を取得しやすい**環境**を整えること。

①**男性**が子どもの出生《しゅっしょう》後 8 週間以内に 4 週間まで**育児休業を取得できる**ようになる。

②原則 1 回の育児休業を男女とも**分割**して **2** 回まで取得できるようになる。

③従業員が育児休業を取得することを会社側が**積極的に働きかける**ことが義務付けられる。

・育児休業の申出や取得をしやすい雇用環境を整備する。

・妊娠、出産の申出をした従業員（本人および配偶者）に対して、会社から制度の説明や取得意向を確認する。

④従業員数 1,000 人超の会社に対して育児休業の**取得状況の公表**を年 1 回義務付け。

労働者の状況に伴う労働条件と事業主の義務

労働者の状況		事業主の義務	
3 歳未満の子を養育、または要介護状態の対象家族を介護し、条件を満たした場合	請求 →	所定労働時間の**短縮**措置《そち》等	勤務時間の短縮、時差勤務、フレックスタイム等の措置を講じなければならない。
小学校就学前の子を養育、または要介護状態にある対象家族を介護し、条件を満たした場合	請求 →	**時間外**労働の制限	1 か月 24 時間、1 年 150 時間を超える時間外労働をさせてはならない。
	請求 →	**深夜**労働の制限	午後 10 時～午前 5 時の労働をさせてはならない。

労働基準法

★ 労働者における**労働条件**（賃金、労働時間等）の**最低基準**を定めた法律。

労働時間	休憩時間を除《のぞ》き 1 週間 **40** 時間、1 日 **8** 時間を超えて労働をさせてはならない。
休憩時間	労働時間が 6 時間を超える場合は少なくとも 45 分、8 時間を超える場合は少なくとも 1 時間の休憩時間を労働時間の途中に与えなければならない。
休日	労働者に対して、毎週少なくとも **1** 回の休日か、4 週間を通じて **4** 日以上の休日を与えなければならない。
産前産後の休業	本人の請求があれば産前 **6** 週間の休業、請求の有無にかかわらず産後 **8** 週間の休業を義務付け。ただし 6 週間経過後は本人の請求により就業可。
有給休暇	年 10 日以上の年次有給休暇が付与される労働者に対し、年次有給休暇の日数のうち年 **5** 日については、使用者が時季を**指定**して取得させるようにする。

労働安全衛生法

★ 第４条には「労働者は、労働災害を防止するため必要な事項を守るほか、事業者その他の関係者が実施する**労働災害の防止**に関する措置《そち》に協力するように努めなければならない」と明記され、労働災害の防止に向けた**労働者**の協力を定めている。

従業員が常時 50 人以上の事業所 ➡ **義務**
- **衛生管理者**および**産業医**の配置
- **衛生委員会**の設置
- **ストレスチェック制度**の実施

ストレスチェック制度	
目的	労働者のメンタルヘルス不調を**未然に防止**すること
方法	・1 年以内ごとに 1 回のストレスチェックを**義務付け** ・労働者に対して医師や保健師等による**心理的な負担の程度**を把握《はあく》するための検査（ストレスチェック）を実施 ・検査結果は**直接本人**に通知 ※検査結果を本人の同意なく事業者に提供することは**禁止**

精神面の健康管理

ストレスによる影響

★ ストレス等によって、**うつ病**や**バーンアウト**（燃え尽《つ》き症候群）になる場合もある。

★ 予防のためには、各個人に適した対処法の実践に加え、**職場組織**として介護福祉職の心の健康（メンタルヘルス）を支える**ストレスマネジメント体制**の整備が重要。

うつ病	精神的なストレス等が原因で発症し、気分の**落ち込み**や**意欲低下**、**倦怠感**《けんたいかん》等で日常の生活に支障が生じる
バーンアウト （燃え尽き症候群）	長期間のストレスや理想と現実のギャップ等で発症し、今まで熱心に仕事をしてきた人が、急に**無気力**になる

ストレス対処行動としてのコーピング

★ ラザルスとフォルクマンによって提唱され、「**ストレスコーピング**」とも呼ばれる。

★ ストレスコーピングとは、ストレスの**解決・軽減**を目指し、ストレスに**対処**するための行動のこと。

	問題焦点型コーピング	情動焦点型コーピング
特徴	・ストレスやトラブル等の要因（原因）に働きかけて、その要因（原因）を**根本的に除去《じょきょ》**したり、その要因（原因）の**解決・改善《かいぜん》**を図ったりする方法	・問題そのものの解決が難しい場合、問題をとらえる**自分自身の感情**に焦点を当て、引き起こされたストレスの**受け取り方や感じ方を変えて**、ストレスの軽減を図る方法
例	・同僚との人間関係に誤解やトラブルが生じたが、先輩や友人に相談して**対処法を助言**してもらい、問題の解決を図った。	・仕事でミスがあったが、**その辛い気持ちを同僚や友人に話して**、**気分転換**を図った。

★ 死別体験で生じるストレスへの対処、つまり**死別へのストレスコーピング**として、ストローブとシュトは、**喪失《そうしつ》志向コーピング**と**回復志向コーピング**による**二重過程モデル**を提唱。

	喪失志向コーピング	回復志向コーピング
特徴	・喪失の現実に向き合い、**喪失自体**への対処を図る方法	・喪失に伴《ともな》う**日常生活や人生の変化**への対処を図る方法
例	・家族の死による悲しい気持ちを**他の人に語る**中で、**喪失の意味**について考える。	・家族の死後、自分の将来に向けて、**新しい生活や役割に徐々に慣れる**ようにする。

身体面の健康管理

腰痛とその予防策

★ **不適切**な姿勢が腰痛の原因になる。また、長時間、**同じ姿勢**をとらない。

★ **静的ストレッチング**を行い、筋肉をゆっくりと伸ばし、関節可動域（ROM）を広げる。

★ **腰痛予防体操**を行ったり、腹筋等によって筋力強化を図ったりする。

★ **ボディメカニクス**を活用し、身体に負担をかけない。

★ **福祉用具**を適切に活用し、人力のみで持ち上げない、抱《かか》え上げないようにする。

感染症とその予防

★ 感染症予防の３原則…①感染**源**をなくす、②感染**経路**を断つ、③感染しないよう**抵抗力**をつける。

★ 感染症の**標準予防策（スタンダードプリコーション）**では、あらゆる人々の**血液**や**体液**、**粘膜《ねんまく》**等には感染性があるととらえて扱うことを基本としている。

★ 感染対策の基本は**手洗い**。爪《つめ》は短く切っておき、**流水下**で**液体石鹸《せっけん》**を使って丁寧《ていねい》に洗う。よく洗い流した後、タオルの共用は**避《さ》け**、使い捨ての**ペーパータオル**等を使用して拭《ふ》く。

★ **嘔吐物《おうとぶつ》**等を処理する際は、使い捨ての**マスク**と**手袋**、**エプロン**等を着用。

第5章 コミュニケーション技術

01 介護を必要とする人とのコミュニケーション

双方向の交流としてのコミュニケーション

★ コミュニケーションは、一方的な情報伝達ではなく、**双方向**のやり取りであることが重要。

★ 介護福祉職は利用者の言葉だけでなく、**表情**や**しぐさ**、視線等も確認しながら、利用者の**感情**の理解に努める。

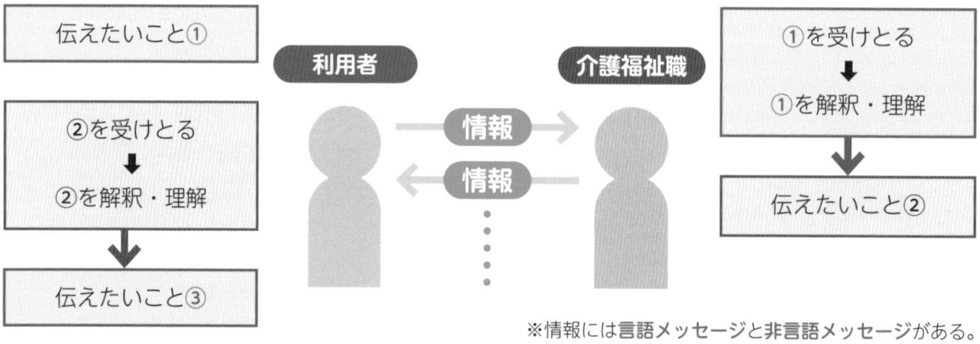

※情報には**言語メッセージ**と**非言語メッセージ**がある。

コミュニケーションの技法

明確化	**質問**等して、相手が伝えたい内容を**明らか**にする。相手の表情等からその人の考え等を先読みし、代わりにその伝えたい内容を言葉で表現する場合もある。
要約	利用者が話した内容やその意味、利用者の思い等について**整理**して伝える技法。相手が理解できるよう、端的に**まとめ**て伝える。
言い換え	利用者が話した内容を**別の言葉**を使って簡潔に返す技法。
直面化	利用者の感情と行動の矛盾点を指摘したり、心の葛藤をうかがわせる態度について話題にしたりする中で、利用者が**自分自身**と向き合う機会を提供する技法。
焦点化	利用者自身の気づき等を促すため、援助者は利用者の話す内容を受け止めた上で、重要な部分に**焦点を絞って**質問等を行う。
繰り返し	利用者の話を聴き、それを**繰り返す**こと。
反射	利用者の言葉や表情等から相手の**感情**を受け取り、それを相手に**伝える**こと。 ※繰り返しの技法のように利用者の言葉を単にオウム返しするのではないため、注意。
沈黙《ちんもく》	利用者が話したくないときや考えているとき等、援助者は**黙った**まま、寄《よ》り添《そ》って**待つ姿勢**が求められる。

SOLER（ソーラー）の5つの基本姿勢

★ SOLER（ソーラー）は、**イーガン**が提唱したコミュニケーションの基本姿勢。

S（Squarely）	利用者の**斜め前**に位置（**直角**法）し、まっすぐに向かい合う。 ※**初対面**の利用者等、**真正面**《ましょうめん》に座る（**対面**法）と**緊張**させてしまう場合もある。
O（Open）	利用者に対して**開いた姿勢**をとる。 ※利用者に背を向けたり、腕組みをしたりすると、利用者を**拒絶**している印象や**威**《い》**圧**《あつ》**感**を与えてしまう恐《おそ》れがある。
L（Lean）	やや**前傾姿勢**をとる等、利用者の方へ少し**身体**を傾ける。 ※近づきすぎると、かえって**威圧感**を与えてしまう恐れがある。
E（Eye contact）	凝視《ぎょうし》せず、利用者と適度に**視線**を合わせる。 ※**凝視**すると、**監視**されている印象を与えてしまう恐れがある。
R（Relaxed）	緊張せず、**リラックス**して話を聴く。 ※**緊張**しすぎると、利用者にその緊張が伝わり、利用者自身も緊張してしまう恐れがある。

ジョハリの窓

★ **ジョハリの窓**（Johari Window）は、以下に示す「4つの窓」を通して自己への気づきを促し、他者とのコミュニケーションの円滑化を図る心理学のモデルである。

★ **自己開示**では、「4つの窓」のうち、自分だけでなく他の人も知っている「**開放の窓**」を大きくする。

※自己開示では、相手との**信頼関係**を形成するためにも、自分自身の情報（考えや気持ちも含む）を相手に対して**ありのまま**素直に伝えることになる。自分をよく見せることを目的とはしていない。

	自分は知っている	自分は知らない
他人は知っている	**開放の窓** (Open self) 自分も他人も知っているあなた	**盲点の窓** (Blind self) 自分は気づいていないが 他人は知っているあなた
他人は知らない	**秘密の窓** (Hidden self) 自分は知っているが 他人は気づいていないあなた	**未知の窓** (Unknown self) 誰からもまだ知られていないあなた

第５章 コミュニケーション技術

02 障害の特性に応じたコミュニケーション

視覚障害のある利用者とのコミュニケーション

★ 全盲《ぜんもう》の場合、**介護福祉職**から名乗って声かけする。

★ 情報を整理して具体的にわかりやすく説明する。「これ」「それ」「あれ」「どれ」等の「こそあど」言葉は避《さ》ける。

★ 代読する場合は内容を省略せず、相手の理解度に合わせ、読むスピード等を調整。

★ 視覚障害のある利用者は相手の表情や態度等を確認することが難しいため、声の**強弱**や**長短**、抑揚《よくよう》等の準言語の活用も重要。

★ 中途失明者等、点字を完全に使いこなせる人は少ないため、その人の状況に応じて、**音声案内**等での情報伝達や IC レコーダー等を活用。

主なコミュニケーション手段

★ **点字器**や**点字図書**、**点字ディスプレイ**は、障害者総合支援法における**日常生活用具**の給付対象である。

聴覚機能の活用	録音図書、ボイスレコーダー、スマートフォンやパソコン等による読み上げ機能
点字	６個の点のうち、点字器や点字タイプライター等によって浮き上がった点（凸《とつ》点）を指先の感触を使って読みとる。
視覚障害者用拡大読書器	印刷物や写真等を拡大できる。**ロービジョン**（視機能に障害があり見えにくい状態）の人が使用することが多い。
クロックポジション	食事の際等、どこに何が置いてあるかを時計の文字盤にたとえて説明する。 

聴覚障害のある利用者とのコミュニケーション

難聴者	会話の場面：**静かで明るい場所**、対面で会話の速さは**自然に** 重要項目の伝達：口頭だけでなく、**文書**で手渡して説明 福祉用具：**補聴器**、**聴覚障害者用屋内信号装置**など
中途聴覚障害者	**筆談《ひつだん》**の場合：情報提供には優れるが、労力と時間がかかる **読話**の場合：1 ～ 1.5m の距離で行う。聞き手の疲労が大きい
先天性聴覚障害者	一般的には**手話**が有効

主なコミュニケーション手段

手話	・言語の一種で、手の形や位置、動き等を組み合わせて意味を伝える。
読話・口話	・話している相手の口の動きや表情から話の内容を読みとる。 ・相手の**正面**で口をはっきり動かして話す。
筆談	・互いに文字を書いて意思を伝え合う。 ・短時間で微妙な**ニュアンス**を伝えることが難しい。
要約筆記	・話している内容を要約し、それを文字として伝える。

難聴の種類とその対応

種類	障害部位	症状	対応	補聴器の適応
伝音《でんおん》性難聴	外耳《がいじ》～中耳《ちゅうじ》	小さな音が**聞こえにくい**が、音を大きくすれば**聞き取れる**。	**耳元**で、その利用者が聞き取れる大きさの声で**ゆっくり**話す。	比較的語音明瞭度《ごおんめいりょうど》※が**高く**、効果がでやすい。
感音《かんおん》性難聴	内耳《ないじ》～聴覚中枢《ちゅうすう》	音が**歪《ゆが》み**、聞き取りにくい。 小さい音は**聞こえにくく**、大きい音は**うるさく**聞こえる。	**顔を見て**、**ゆっくり**と話す。 筆談、**ジェスチャー**（身振り・手振り等）、非言語的コミュニケーションも活用する。	伝音性難聴に比べ、語音明瞭度が**低く**、効果が思うように**出ない**場合もある。

※語音明瞭度…音を言葉として聞き分ける能力

ゴロ合わせで覚えよう！　**難聴の種類と補聴器の適応**

歩調《ほちょう》を　合《あ》わせ、家電王《かでんおう》に　外注《がいちゅう》します
（補聴器）（適応＝合う）　（伝音性）　（外耳～中耳）

加齢（老人）性難聴とその対応

原因	状態	対応
・加齢 ・**感音**《かんおん》性難聴の一つ	・音が**歪**《ゆが》**ん**で響く。 ・大声で話されると余計に言葉が認識できない。 ・**耳鳴り** ・**高音域**から聞こえにくくなる。	・耳元ではなく、**正面**で口の形や表情を見せながら、**ゆっくり**と話す。 ・**筆談**《ひつだん》や写真、絵等を併用

盲ろう者（視覚と聴覚の両方に障害がある人）とのコミュニケーション

触《しょく》手話	手書き文字
盲《もう》ろう者が手話を習得している場合、通訳者が**手話**を表し、盲ろう者が、その手に触れて読みとる。 	相手の**手のひら**（手《しゅ》掌《しょう》）に文字を書いて伝える。 

言語機能障害のある利用者とのコミュニケーション

	種類と特徴		主なコミュニケーション方法
構音《こうおん》障害	・口唇《こうしん》、舌、声帯《せいたい》等、**発声・発語**に関係する**器官**が障害され、呂律《ろれつ》がまわらない等、発声や発音がうまくできなくなる。 ・他の人が話す**内容**等、言葉の**理解**はできる。		・聞き取れなかった際は、わかったふりをせず、再度**確認**。 ・**閉じられた**質問、筆談、五十音表、トーキングエイド等の携帯用会話補助装置を活用。
失語症	**運動性失語** （ブローカ失語） ：前頭葉《ぜんとうよう》にあるブローカ領域が障害	・言葉の理解は比較的**できる**が、うまく**話せない**ことが多い。 ・仮名よりも**漢字**のほうが理解しやすい。	・**閉じられた**質問や絵・写真等を活用。 ・相手が**ゆっくり**落ち着いて話せる雰囲気づくり。
	感覚性失語 （ウェルニッケ失語） ：側頭葉にあるウェルニッケ領域が障害	・流暢《りゅうちょう》（スムーズ）に話せるが、言葉の**理解**が困難で、意味を**伴**《ともな》**わない**内容が多い。 ・言い間違いが多い。	・**ジェスチャー**（身振り・手振り等）を活用。 ・相手の表情や態度等、**非言語的**メッセージに注目。

認知症のある利用者とのコミュニケーション

中核症状	行動・心理症状（BPSD）
記憶障害、見当識《けんとうしき》障害、判断力の低下、実行機能障害　等	幻覚、妄想《もうそう》、徘徊《はいかい》、抑《よく》うつ、不安　等

認知症のある利用者とコミュニケーションをとる際の留意点

★ 後ろや横から急に話しかけると利用者に不安感や恐怖感を与えてしまう。認知症ケアの１つである**ユマニチュード**の考え方からも、利用者の**正面**から**徐々**に近づき、声をかける。

★ 理解力・判断力が低下しているので、できるだけ**短い**文章で、**ゆっくり**伝える。

★ 記憶障害や見当識障害、抑うつや不安といった状況にある利用者本人のつらい気持ちを**受けとめる**ことが重要。特に「頑張って思い出して下さい」等の言葉や安易な励《はげ》ましは利用者に負担をかけ、精神的に追い詰《つ》めてしまう。

★ 計画を立てて物事を順序よく実施していくことが難しくなる**実行機能障害**（遂行《すいこう》機能障害）がある場合、介護福祉職は**手順**を示したメモを利用者と**一緒**に見ながら順を追って説明したり、利用者と手順を確認しながら**一緒**に物事を進めたりするとよい。

精神障害のある利用者とのコミュニケーション

疾患《しっかん》	症状		コミュニケーションの留意点
統合失調症《とうごうしっちょうしょう》	幻覚・幻聴	見えないものが見えたり（幻視）、聞こえない音が聞こえたりする（幻聴）。	・話の内容が理解できなくても、**否定も肯定《こうてい》もしない。** ・安易に話の内容を詳しく聞こうとしたり、解決策を提示**したりしない。**
	妄想	**非現実的**なことやあり得ないことなどを信じ込む。	
双極性《そうきょくせい》障害	躁《そう》状態	気分が**高揚《こうよう》**して、開放的になったり、怒りっぽくなったりする。	・話を遮《さえぎ》らず、**受容的**な態度で接する。 ・必要以上に話を引き出さない。 ・時には「いつもより気分が高ぶっていますよ」等、利用者が自分の状況を客観的にとらえることができるような声かけを行う。
	うつ状態	気分が強く**落ち込み**、憂うつになったり、やる気がでなかったりする。	・安易に**励まさない。** ・話の内容を否定せず、**受容的**な態度で接する。 ・沈黙《ちんもく》した場合は、その理由を問うのではなく、利用者のペースを**尊重**し、**共感的態度**で見守る。
うつ病	うつ状態		

第５章　コミュニケーション技術

03 介護におけるチームのコミュニケーション

報告・連絡・相談（「ほう・れん・そう」）

介護福祉職チームでの連携・多職種連携を推進

報告《ほう》

要点を押さえながら具体的に、まず**結論**から伝える。**客観**的な情報を**正確**に。

★ **苦情・トラブル・事故**等があった際は、すぐに**上司**に報告する。

連絡《れん》

必要な情報を**速《すみ》やか**に。情報を伝えるべき人に**直接**伝える。

相談《そう》

業務上の**悩み**や**不安**、**疑問**など一人で解決できないときは上司や同僚に相談する。

★ 施設での業務が滞《とどこお》りなく継続するよう、夜勤者が日勤者に報告・連絡を行う等、前任者から後任者に業務を引き継ぐことを**申し送り**と呼ぶ。

会議（カンファレンス）

★ ベテランや特定の職種の意見だけで物事を決定せず、利用者の視点から各職員が**対等**な立場で議論する。
★ 議題によって司会者が変わる等、特定の職員がいつも司会者を務めるとは**限らない**。
★ **記録**を作成。不参加者や途中退席者に会議の内容を伝える上でも重要。
★ 会議（カンファレンス）も業務に含まれるため、できる限り**勤務時間内**に実施する。

介護福祉士との関連が強い会議（カンファレンス）とその種類

会議の分類	種類	内容
地域の関連職種・団体に関する会議	障害者総合支援法の**協議会**	・障害者総合支援法の規定で**地方公共団体**が設置する協議会 ・関係機関・関係者によるネットワークの構築に向けた協議と課題の情報共有等
	地域ケア会議	・市町村や**地域包括支援センター**に加え、地域の保健・医療・福祉・介護に関わる多職種が参加

組織運営に関する会議	各種委員会	・感染症対策、安全対策、虐待《ぎゃくたい》防止等について施設・事業所の各委員会が検討
利用者支援のための会議	サービス担当者会議	・**介護支援専門員**（ケアマネジャー）が招集し、各サービス担当者と支援内容・方法を検討
	ケアカンファレンス	・利用者に関する**情報共有**や**生活課題**等の解決に向けて検討 ・介護福祉士や看護師、介護支援専門員（ケアマネジャー）等の専門職に加え、チームの一員として**利用者本人**や**家族**の参加を促し、利用者の意向をケア方針に反映させる

カンファレンスの展開

①**事前**に資料を配布
②**目的・目標**についての共通認識
③話し合いの**ルール**を確認
④まとめと今後の予定

参加者が自由に意見を出し合う**ブレインストーミング**を活用する場合もあります。意見の質よりも**量**を重視するほか、発言した人の意見を**批判・否定しない**というルールがあります。

介護に関する記録

記録の種類

フェイスシート	利用者の氏名、年齢、性別、要介護度、生活歴、家族構成等、その利用者がどのような人物かを把握《はあく》することができる基本情報をまとめた記録。
アセスメントシート	アセスメントの内容を記録したもの。具体的には、情報収集から得られた利用者の健康状態、心身機能・身体構造、活動、参加、個人因子、環境因子といった情報を記載した上で、それらの情報を整理・統合・解釈する中で利用者の生活課題を見出すためのツールとして活用。
介護計画書	アセスメントに基づいて、長期目標と短期目標を定め、それの達成に向けて立てる支援の計画。具体的に介護内容・方法を記載することが重要。「個別介護計画書」「個別援助計画書」と呼ばれることもある。
経過記録	利用者に対する日々の支援内容・方法や、それに対する利用者の反応等を 5W1H（いつ、どこで、誰が、何を、なぜ、どのように）に基づき記載したもの。
業務日誌	利用者に実施した直接的な支援内容に加え、家族等への対応、ケアカンファレンスや各種委員会への参加等、その日に実際に行った業務内容を記載したもの。
ケア（ケース）カンファレンス記録	利用者を支援するチームとして実施したケアカンファレンスの結果について記載したもの。ケアカンファレンスを通して共有された利用者の意向や生活課題、検討された介護計画の内容・方法、今後の支援の方向性や課題等が記載される。

記録の意義・目的と留意点

意義・目的	・職員間で**情報共有**でき、利用者支援に役立つ。 ・実践内容・方法の**振**《ふ》**り返**《かえ》**り**ができるとともに、実践した証拠となる。 ・事故が起きて裁判となった際、その**裁判の資料**となることもある。 ・事故や**ヒヤリ・ハット**の防止等、**リスクマネジメント**につながる。 ・研修に加え、**調査・研究**等で使用される場合もある。発表する際は、利用者の同意や利用者が特定できないよう**匿名**《とくめい》**化**が必須となる。
留意点	・**その日**のうちに、**客観的**な情報を 5W1H に基づき記載する。 ・**主観的**情報と**客観的**情報は区別して記録する。 ・他《ほか》から得た情報については、その**情報源**も明記。 ・記録の書き換え防止のため、鉛筆の使用は控え、**ボールペン**等を使用。 ・修正する際は、原則、修正液等を用いず、二重線を引き、訂正印を押す。 ・利用者やその家族は、介護記録（事故報告書を含む）を閲覧**可能**。 ・介護の提供に関する記録は、サービス完結の日から 2 年間あるいは自治体によっては 5 年間の保存**義務**がある。

介護記録の形式

叙述《じょじゅつ》体	利用者の変化等を**時間**の流れに沿いながら記録
逐語《ちくご》体	利用者と介護福祉職のやりとりを省略せずに**そのまますべて**記録
要約体	支援内容や問題点等について**要点**を**整理**して記録
説明体	生じた出来事とそれに対する介護福祉職の**解釈**や**考察**を記録

SOAP《ソープ》方式の記録

S（Subjective data）	**主観**的情報…利用者の**主訴**《しゅそ》・思い・考え等
O（Objective data）	**客観**的情報…利用者に関する**事実**、介護福祉職が**観察**した情報
A（Assessment）	**アセスメント**…S（主観的情報）と O（客観的情報）から介護福祉職が**判断**したこと、導き出したこと。介護過程では、**生活課題**を導き出す。
P（Plan）	**計画**…介護福祉職の場合、A（アセスメント）に基づき**介護**計画を作成

マッピング技法

ジェノグラム	家族構成や家族の関係性を図に示したもの
エコマップ	利用者を中心に**社会資源**（インフォーマルサービス：家族、友人、知人、地域住民、ボランティア等、フォーマルサービス：介護福祉士、介護保険制度、訪問介護、介護老人福祉施設、地域包括支援センター等）との関係性を図に示したもの

記録の保管とその留意点

個人情報保護、情報の漏洩《ろうえい》防止、**プライバシー**の保護

↓

- 個人情報は**鍵**のかかる**所定の場所**に保管する。記録は机等に置いたままとせず、所定の場所にその都度片づける。
- 施設・事業所における記録の保管場所に職員以外の者を**入れない**。
- 施設・事業所の外への記録の**持ち出し禁止**である。利用者のデータを自宅に持ち帰ってはならない。
- パソコン等で個人情報を管理する際は、**パスワード**を使用する。設定の際は、単純な数字だけの羅列《られつ》（例：123456）、生年月日（例：197704XX）、電話番号（0361XXXX）といったものは特定されやすいため、使用を**避《さ》ける**。

利用者と家族の意向が対立する場面の考え方と支援

利用者と家族の意向調整の目的は、利用者の望む生活や利用者のより良い生活の実現を目指し、**利用者**だけでなく、**家族の意向**も確認する中で、両者が互いに**協力し合える**関係を形成すること。

↓

- **話し合い**の機会を丁寧《ていねい》に持つ。
- 利用者と家族の意向が対立する場面では、介護福祉職は利用者や家族がそれぞれの思いを話し出せるきっかけとなる問いかけを行うとともに、両者が話しやすい**雰囲気・場づくり**を心がける。
- 利用者または家族、どちらかの意見を聞くのではなく、**それぞれの意見**を聞いて確認。
- 利用者または家族、どちらかに従わせるのではなく、介護福祉職は話し合いを進める中で、両者が**共通点**や**妥協《だきょう》点**を見出し、最終的にお互いが納得できる方向性で意向の調整を図る。
- 介護福祉職は家族間の関係性の把握《はあく》に努める。ただし、利用者と関わる家族の様子を知るだけで、家族のことを理解できたと思わないようにする。
- 介護福祉職だけで解決しようとせず、**多職種連携・協働**の中で解決。

第 6 章　生活支援技術

01 自立に向けた住環境の整備

高齢者等にとっての安全・安心な環境とその整備

場所	望ましい条件
居室	・1 階にあること（外出しやすくなる、階段での危険性がなくなることにつながる） ・トイレ・浴室・洗面所が近いこと ・寝食《しんしょく》分離や家族とのだんらんがしやすいこと
玄関	・扉が**引き戸**であること ・車いすを使う場合は**段差**がなく、十分な広さがあること（場合によってはスロープや段差解消機を活用） ・手すりなどつかまるところがあること ・上がり框《がまち》が高くなく、段差がわかりやすいこと（場合によっては踏台《ふみだい》を活用） ・床が**滑《すべ》りにくい**こと ・靴を履《は》くためのいすがあること
廊《ろう》下《か》	・手すりなどつかまるところがあること（床から 75 ～ 80cm 程度の高さに設置） ・床が滑りにくいこと ※毛の長い絨毯《じゅうたん》は**転倒**の危険性が高くなる ・**足元灯《あしもととう》（フットライト）**があり、十分な照明があること ※足元灯（フットライト）は、足元を**直接**照らすため、間接照明では**ない**。 ・**段差**がないこと
階段	・**勾配《こうばい》**が緩やかなこと ・階段の一段の高さ（**蹴《け》上《あ》げ**）は **11 ～ 16**cm 程度、階段の足をのせる板の奥行《おくゆき》（**踏面《ふみづら》**）は **30 ～ 33**cm 程度とすること ・両側に**手すり**を設置。片側の場合は、下りるときに**健側**または**利き手**で持てる側に ・**足元灯（フットライト）**や、**常夜灯**や**人感センサー**による照明を設置 ・階段の上と下に照明のスイッチがあること ・滑りにくい床材《ゆかざい》で、滑り止めがあること
トイレ	・居室に**近い**こと ・**洋式トイレ**であること ・便座の高さが身体に合っていること ・座る・立つ動作をしやすい位置に手すり（L 型手すり）があること ・室温を暖かく保《たも》てること ・流水レバーが使いやすいこと ・ドアは**引き戸**、やむを得ず開き戸とする場合は**外開き**であること

浴室	・滑りにくい床材であること、場合によっては浴槽《よくそう》内や洗い場に滑り止めマットを設置 ・換気しやすいこと ・室温を暖かく保てること ・入浴用いす（シャワーチェア）、移乗台、バスボードなどが利用できること ・出入り口や浴槽の縁《ふち》、浴槽内などに手すりがあること ・浴槽の縁が高すぎないこと（床から 40cm 程度）

バリアフリーとユニバーサルデザイン

	バリアフリー	ユニバーサルデザイン
意味	高齢者や障害者が生活しづらくなるバリア（障壁《しょうへき》）を除去《じょきょ》すること	年齢や性別、障害の有無等に関係なく、誰もが使いやすいように配慮《はいりょ》されたデザイン（設計・設備等）のこと
例	段差があり、車いすを使用する人が通れない場合は、その段差を取り除《のぞ》いたり、スロープを設置したりする	車いすを使用している人だけでなく、子どもや高齢者等、すべての人が通りやすいように、最初から段差を作らない
対策の視点	後でバリア（障壁）を取り除いたり、対処したりする事後対策	最初からバリア（障壁）をなくしておく事前対策

バリアフリーが対象とする 4 つの障壁（バリア）

①物理的な障壁※ 例：歩道の段差、車いすが通れない狭い通路	②制度的な障壁 例：障害を理由に就学・就業の機会を制限
③文化・情報面での障壁 例：音声案内・点字・手話通訳・字幕放送の欠如《けつじょ》	④意識上の障壁 例：障害者に対する偏見《へんけん》・差別

※①への法的対策として、2006（平成 18）年 12 月に従来のハートビル法と交通バリアフリー法を統合したバリアフリー法（高齢者、障害者等の移動等の円滑化の促進《そくしん》に関する法律）が施行《しこう》

ユニバーサルデザインの 7 原則

1. 誰でも同じように公平に使えること
2. 使い方を選べる自由度が高いこと
3. 使い方が簡単で、すぐにわかること
4. 必要な情報がすぐにわかること
5. 使用時に危険や事故につながらず、安全であること
6. 無理な姿勢をとることなく、弱い力でも使えること
7. 使いやすい十分な大きさと空間が確保されていること

第6章　生活支援技術

02 自立に向けた移動の介護

体位の種類と特徴

立った姿勢	立位《りつい》		
座った姿勢	座位	椅座位《いざい》	・**いす**に座った姿勢。 ・姿勢の悪化に加え、皮膚剥離《ひふはくり》や**褥瘡《じょくそう》**（床ずれ）の原因にもなるため、仙《せん》骨《こつ》座りにならないように注意。
		端座位《たんざい》	・ベッドの**端《はし》**に座った姿勢。 ・背もたれがないため、足底《そくてい》が床にしっかりついているか等、**安定**した姿勢であるかを確認。 
		半座位《はんざい》（ファーラー位）	・上半身を**45°**起こした姿勢。 ・人生の最終段階（終末期）で臥床《がしょう》している利用者が息苦しさを訴えた場合は、**半座位（ファーラー位）**にするとよい。 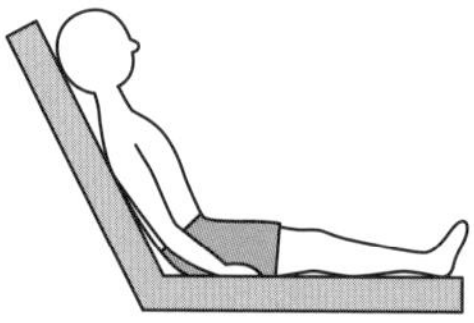 ・**慢性閉塞性肺疾患《まんせいへいそくせいはいしっかん》**（COPD）や**うっ血性《けつせい》心不全**等がある場合、仰臥位《ぎょうがい》よりも呼吸が楽。 ・背中側の胸郭《きょうかく》・肺の動きが制限されやすいため、慢性閉塞性肺疾患（COPD）のある利用者等にとっての楽な姿勢として、起座位よりは不十分。 ・長期臥床で循環機能が低下し、**起立性《きりつせい》**低血圧の危険性がある場合、まずは半座位で様子を確認。
		起座位《きざい》	・起座呼吸体位とも呼ばれる。 ・上半身を約**90°**起こし、オーバーテーブルや机等の上に枕を乗せ、そこに**もたれかかる**ように座らせた姿勢。 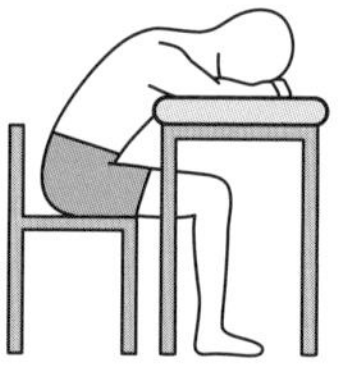 ・慢性閉塞性肺疾患（COPD）等で喘息《ぜんそく》や咳込《せきこ》みが続き、**呼吸が苦しい**状態にある場合、呼吸が**楽**になる。 ・起座位をとると、心臓に戻ってくる血液量が減り、その分、肺活量が増える。
		長座位《ちょうざい》	・背を**90°**に起こして座り、足を**伸ばした**姿勢。

横になった姿勢	臥《が》位《い》	仰臥位	・仰向《あおむ》けの姿勢。 ・うっ血性心不全等がある場合、臥床時に呼吸困難が強くなりやすい。 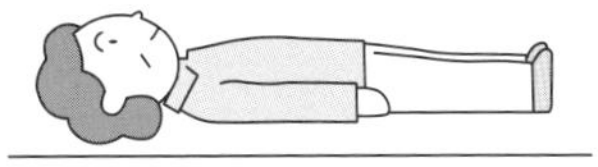
		側臥位《そくがい》	・左右どちらかを下にした**横向き**の姿勢。 ・麻痺《まひ》側（患側）を**下**にしない。 ・左側に横向き→左側臥位、右側に横向き→右側臥位 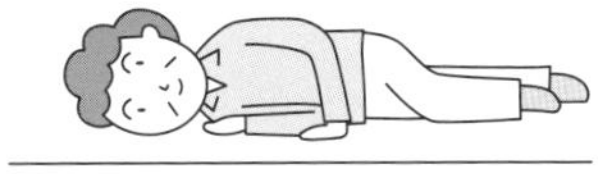
		腹臥位《ふくがい》	・**うつ伏《ぶ》せ**の姿勢。 ・窒息《ちっそく》しないよう、顔は**横**に向ける。 ・仰臥位に比べ、痰《たん》や唾液《だえき》が喉《のど》に溜《た》まりにくく、背中側の胸郭・肺が広がり、呼吸がしやすくなる。 ・起座位に比べると慢性閉塞性肺疾患 (COPD) のある利用者等にとっての楽な姿勢としては不十分。

特殊寝台

★ 介護保険制度では介護用ベッドまたは電動ベッドを「**特殊寝台**《とくしゅしんだい》」、それに取り付ける柵や手すり、マットレス等を「**特殊寝台付属品**」と呼ぶ。

★ 特殊寝台と特殊寝台付属品は、**福祉用具貸与**《たいよ》の対象（要支援 1・2、要介護 1 は対象**外**）。

例：要支援 2 で**杖**《つえ》**歩行**している場合、上半身を起こす**背上げ**機能や姿勢を安定させる**膝**《ひざ》**上げ**機能等がついた特殊寝台は、まだその必要性が**低い**ため、介護保険制度では貸与でき**ない**。

★ **電動**式が主流で、背上げ、膝上げ、高さ調節等の機能があり、利用者の起き上がりや立ち上がり、車いすへの移乗等を支援する。

例：背上げ後は、背中をベッドから一旦《いったん》**離す**方法か、**スライディンググローブ**（マルチグローブ）を活用して背部の**圧抜き**を行う。

★ 個人差はあるが、ベッドの高さは、利用者が足底を床につけやすい **40**cm 程度とする。

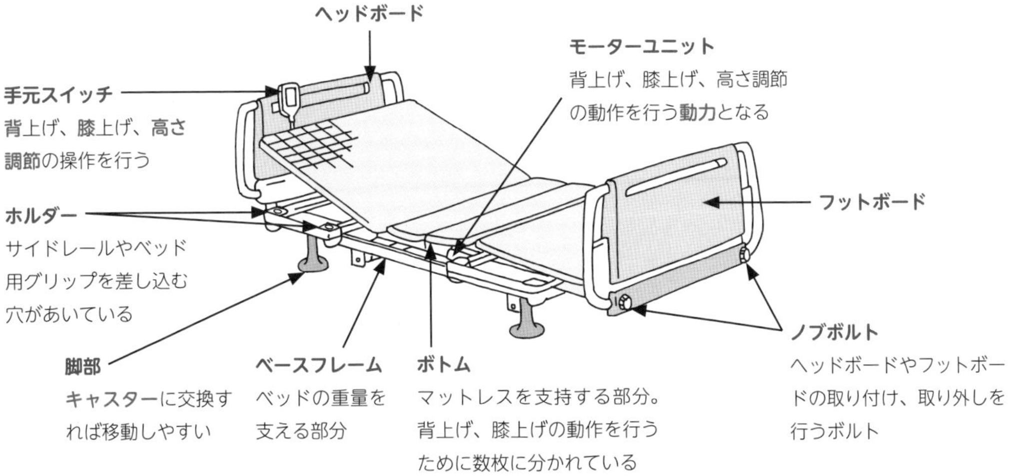

褥瘡予防

★ 褥瘡《じょくそう》を防《ふせ》ぐためには、褥瘡防止用具による除圧のほか、**体位変換**、皮膚《ひふ》の**清潔保持**、**栄養管理**等も含めた総合的な対応が必要。

体位変換	・体位の変換は最低 2 時間ごとに実施。 ・**良肢位**《りょうしい》を意識し、無理のない体位に変換。 ・皮膚を擦《こす》らないように注意する。シーツや寝衣《しんい》に**しわ**をつくらない。 ・和式寝衣の場合、腰紐《こしひも》の結び目が背中に回らないように注意する。 ・エアマットレスや体圧分散効果があるマットレス等、褥瘡防止用具を活用。 ※褥瘡防止用具は介護保険制度の**福祉用具貸与**《たいよ》の対象（要支援 1・2、要介護 1 の者は対象外）
皮膚の清潔保持	・入浴、部分浴、清拭《せいしき》等によって、**身体の清潔**を保《たも》つとともに、**血液循環**を良くする。 ・通気性の良い敷物《しきもの》を使用したり、寝具《しんぐ》を干したり、寝衣をまめに取り替えたり、おむつが濡《ぬ》れたらすぐに交換したりする等、**不潔**になることを防ぎ、**湿潤**を避《さ》ける。
栄養管理	・たんぱく質やビタミン類等を十分に摂取《せっしゅ》し、**低栄養**を防ぐ。

褥瘡になりやすい部位（好発部位《こうはつぶい》）

仰臥位《ぎょうがい》

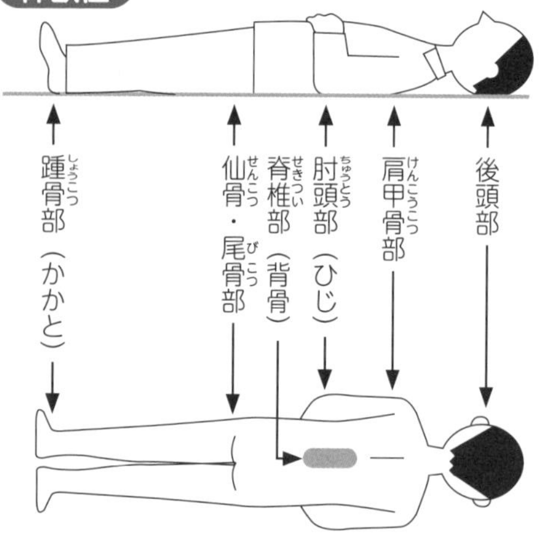

側臥位《そくがい》

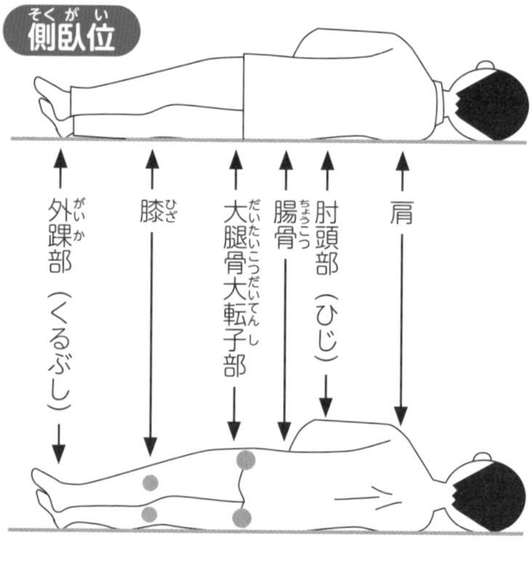

長座位《ちょうざい》

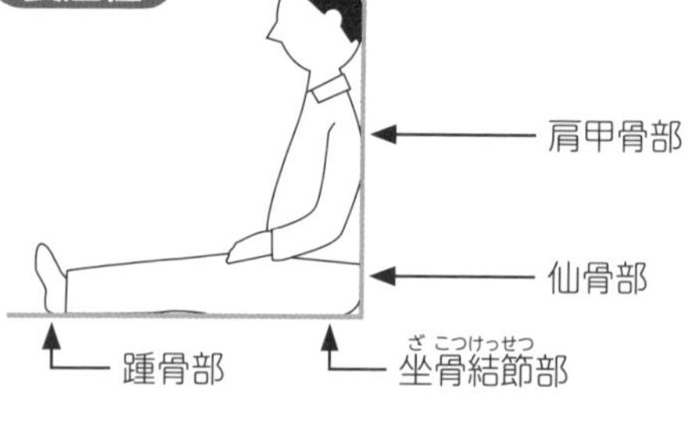

ボディメカニクス

★ ボディメカニクスとは、身体力学に基づき、身体に**負担がかからない**ように身体を使うこと。
★ 主に**移動・移乗**介護の際に活用。
★ 利用者・介護福祉職の**身体**への負担を**軽減**する。

ボディメカニクスを活用した移乗・移動介護の原則

・介護は**声かけ**から始まり、声かけで終わる。**説明**と**同意**、**体調確認**等を忘れない。
・安定した姿勢で介護するため、足を肩幅に開く等、**支持基底面**《しじきていめん》を広くとる。
・膝を曲げる等、**重心**を低くし、できる限り利用者に重心を**近づける**。
・指先や腕の力に頼るのではなく、**大腿四頭筋**《だいたいしとうきん》等、大きな筋群を使う。
・腰痛予防のためにも、身体を**ねじらず**、身体と足先を**移動**方向に向ける。
・**摩擦**《まさつ》による抵抗を少なくして移動しやすくするため、利用者の身体を**小さく**まとめる。
・重力に逆らわないためにも、持ち上げず、**水平**に移動する。
・利用者を**動かす**方向に足先を向ける。
・肘《ひじ》や膝等の位置を工夫《くふう》し、**てこの原理**や**トルクの原理**を応用する。
・前方に押すよりも、手前に**引く**ようにする。

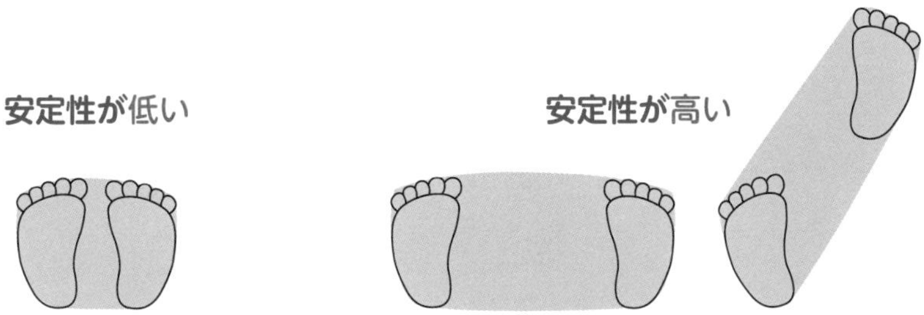

※支持基底面は、身体が床面に接している先端の部分を結んだ範囲

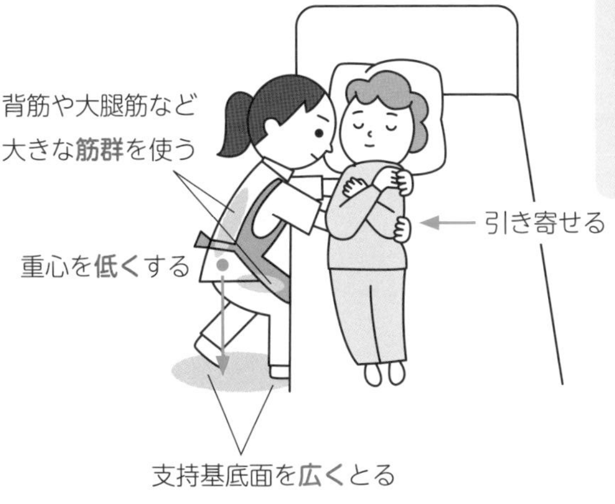

体位変換

仰臥位《ぎょうがい》から側臥位《そくがい》へ

①両膝《ひざ》を**立てる**等、利用者の身体を**小さく**まとめる。

②膝と肩を支えながら、**膝 ➡ 腰 ➡ 肩**の順に体位変換する。

※仰臥位から側臥位への体位変換では、回転させる際、回転軸に近いほど大きい力が必要な一方、回転軸から離れているほど少ない力ですむという、**トルクの原理**を活用する。

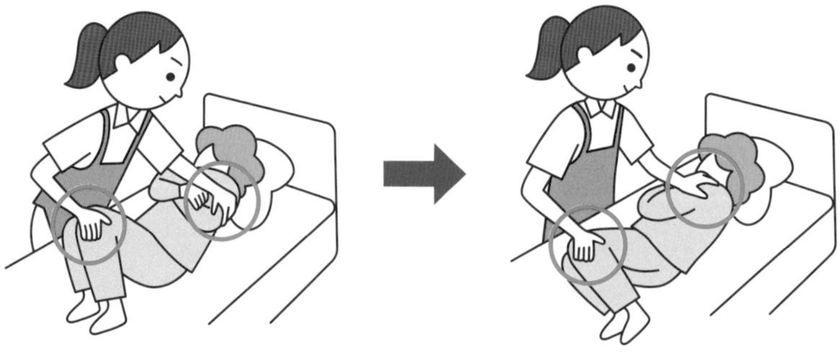

片麻痺《かたまひ》がある場合は、**患側**が**下側**にならないように注意しましょう。

側臥位から端座位《たんざい》へ

①利用者の**下**側から介護福祉職の腕を通し、利用者の頸部《けいぶ》から肩甲骨《けんこうこつ》部分を支える。

②もう片方の腕で**膝裏**を支える。

③**臀部《でんぶ》**を支点とし、弧《こ》を描くように介護福祉職のほうに**引き寄せ**ながら上半身を起こす。

※側臥位から端座位への体位変換では、力点に力を加え、支点を中心に回転運動を起こすことで、作用点に大きな力を与えられるという、**てこの原理**を活用する。

座位から立位《りつい》へ（一人で立つ場合）

①足を肩幅に開く。
②浅く座る。
③足を引く。
④**前傾**姿勢（前かがみ）をとる。
⑤重心移動させながら**臀部**を浮かせ、伸び上がる。

大腿《だいたい》部の前面にある**大腿四頭筋**《だいたいしとうきん》は、立位姿勢を維持するための筋肉（**抗重力**《こうじゅうりょく》**筋**《きん》）の一つで、**膝関節**《しつかんせつ》を伸ばす働きがあります。

片麻痺がある利用者の端座位から立位への支援

★ 介護福祉職は**麻痺**側（患側）に位置する。
①**浅**く座る。
②**健**側の足を**引く**。
③膝折《ひざお》れしないよう患側の**膝**を介護福祉職が支えて保護。
④**前傾**姿勢（前かがみ）をとる。
⑤立ち上がって体調確認。

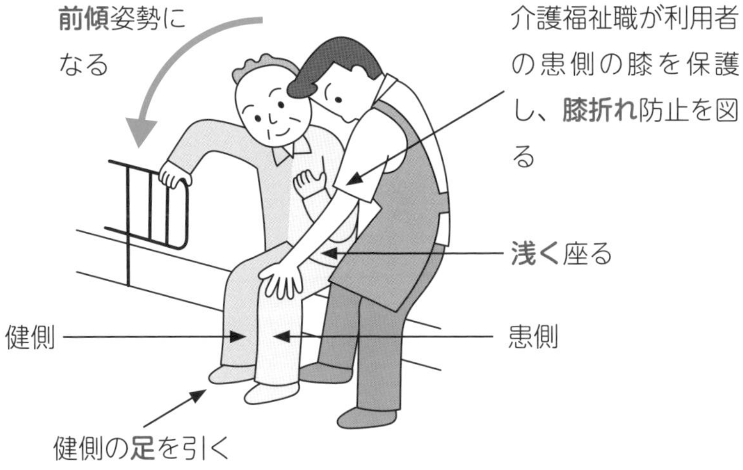

第6章　生活支援技術

03 車いすでの移動の介護

車いすの各部の名称

自走用標準型車いす

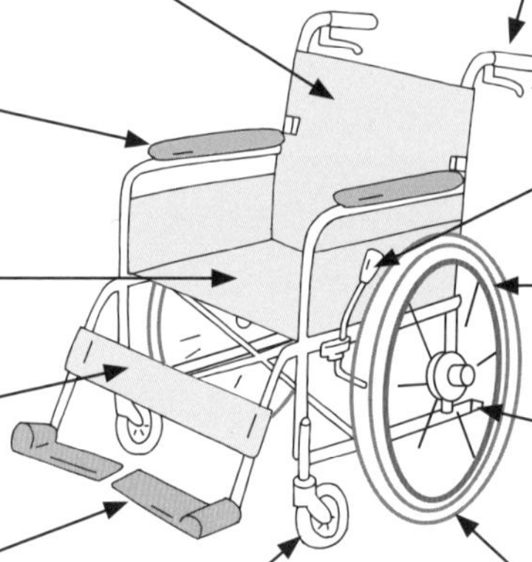

バックサポート（背もたれ）
長時間使用する場合はクッションなどを入れて正しい姿勢を保《たも》ち、体圧を分散して褥瘡《じょくそう》を防《ふせ》ぐ

アームサポート（肘《ひじ》当て）
車いすへの移乗時に活用

シート（座面）
長時間使用する場合には褥瘡予防のクッションを用いる

レッグサポート
両足が巻き込まれるのを防止

フットサポート
両足を上に乗せる。車いすを動かすときには足が乗っていることを必ず確認

前輪（キャスタ）
左右上下に動きやすくするための前輪。常に点検

手押しハンドルグリップ
介護福祉職が介助する際に使用

ハンドブレーキ
停止や緊急時に用いる

ブレーキ
止まっているときは、たとえ短時間でも必ずブレーキをかける

ハンドリム
利用者が自分で車輪を回転させて操作するときに用いる

ティッピングレバー
介護福祉職が足で踏んでキャスタを上げて、段差などを越えやすくする

後輪（駆動輪《くどうりん》・大車輪・タイヤ）
パンク等していないか常に点検が必要

車いすの分類

★ 利用者の**身体状況**や**利用目的**等に応じ、どの種類の車いすを選ぶかという視点が重要である。

分類	主な車いす
自分の手で動かす手動式	自走用標準型車いす
介助者が動かす手動式	介助用標準型車いす、リクライニング式車いす、ティルト式車いす
手指や顎《あご》等を用いれば操作可能な電動式	標準型電動車いす、ハンドル型電動車いす

車いすの種類

主な種類	特徴等
自走用標準型車いす	・自走（自操）するための**ハンドリム**を装備。 ・座シートの幅は臀部《でんぶ》が無理なく入る余裕のあるものを選択。 ・ベッドから車いすへの移乗等で**スライディングボード**を用いる場合は、アームサポートを**跳《は》ね上げられる**タイプか、**取り外せる**タイプの車いすを使用。
介助用標準型車いす	・ハンドリムは**ない**ため、手を使って自走（自操）することは**できない**。 ・後輪が**小さく**小回りが利《き》く。 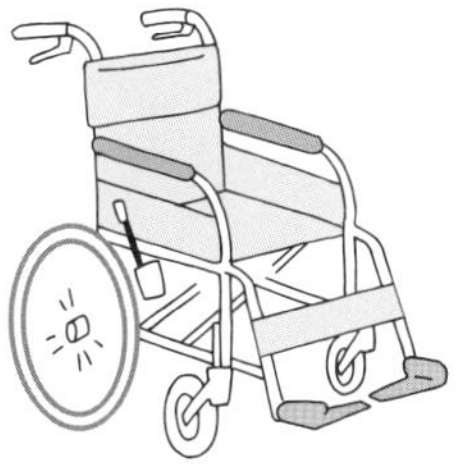
リクライニング式車いす	・シートの角度がそのままで、**背もたれ**が後方に倒れる。 ・要介護度が高く、座位保持が**不安定**な利用者が使用。 ・急に身体を起こすと血圧が下がり、脳に十分な酸素が運ばれず、**起立性《きりつせい》低血圧**になる恐《おそ》れがある。 ・起立性低血圧になった際は、**背もたれ**を倒し、頭部を下げ、脳への血流を促すようにする。
ティルト式車いす	・**背もたれ**と**座シート**の角度をともに変えられるため、座位姿勢の調整がしやすい。 
六輪車いす	・**後方**にもキャスタが取り付けられていて、小回りが利き、操作性が比較的高い。
座席昇降式車いす	・シートを上下に昇降可能なため、床から車いすに乗る際の負担を軽減できる。 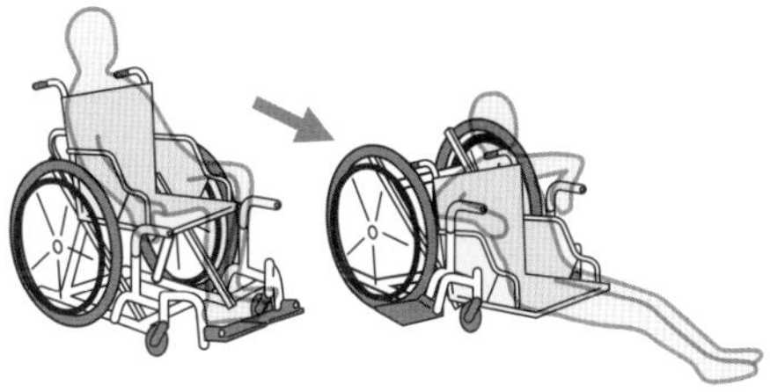
電動車いす	・標準型とハンドル型がある。 ・操作に慣れないと事故の危険性もある。 ・踏切《ふみきり》では線路に対して**直角**に進む。 ・道路交通法では歩行者扱いのため、原則、**歩道**を走行。 ・使用には**バッテリー**への充電が必要。 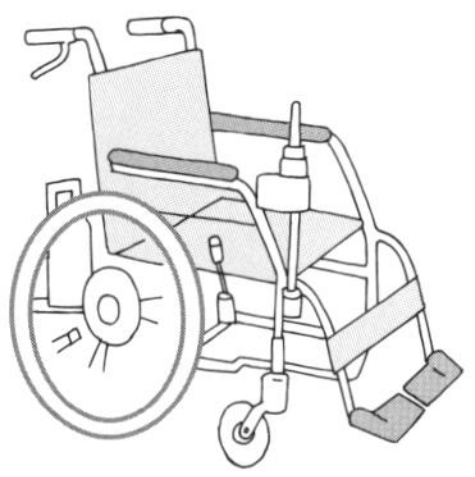

片麻痺がある利用者のベッドから車いすへの移乗介護

★ 移乗の目的を**説明**して**同意**を得た後、利用者の体調確認や車いすの**点検**を行う。

★ ブレーキは**かけた**状態で、**健側斜め**に車いすを用意する。

★ 健側の足を軸にして移乗するため、車いすを端座位《たんざい》になっている利用者の**健**側に置く。車いすはベッドに対して**斜め**につける。このとき、レッグサポートは**外し**、フットサポートは**上げ**、ブレーキを**かけた**状態にしておく。

★ 利用者は浅く座り、**前傾**姿勢をとり、健側の手でアームサポートを握《にぎ》る。

★ 重心移動させながら、**健**側の下肢を軸にして車いすに移乗する。

★ 介護福祉職は利用者の**患**側を保護する。

適切

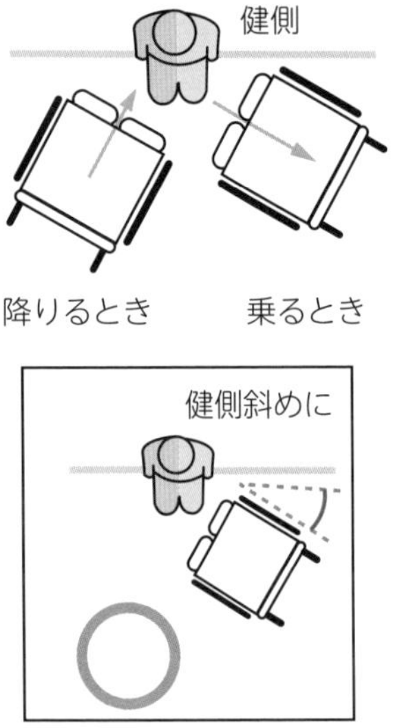

健側を活用し、負担が少なく安全に移乗できる

不適切

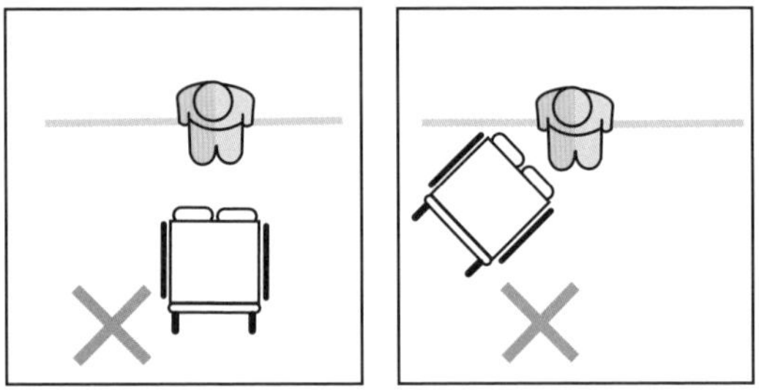

座るまでの距離が遠くなる

車いすの位置が患側になっている

フットサポートを下げたままの状態で立ち上がろうとした場合、車いすごと**前方に転倒・転落**したり、フットサポートに**足をぶつけ**たりする危険性があります。車いすから立ち上がる際や車いすへの乗降時には、フットサポートを**必ず上げて**おきましょう。

車いすでの移動介護の主な留意点

移動前	・事前に悪路（砂利《じゃり》道《みち》など）や危険箇所（側溝《そっこう》・踏切《ふみきり》など）がないかどうかを確認し、**安全なルート**を決めておく ・使用する前に毎回、**ブレーキ**の利き具合や**後輪（駆動輪《くどうりん》）**の空気圧等、車いすの**点検**が必要 ※後輪の**空気圧**が下がっていると操作性が悪い上、ブレーキが利《き》きにくい等、**事故**につながりやすくなる➡使用**前**に最適な空気圧に調整 ・利用者の**体調**確認や**フットサポート**に足が乗っていることを確認 ・介護福祉職が車いすを操作して移動する場合は、**両足**ともそれぞれのフットサポートに乗せる ・片麻痺《かたまひ》があって健側の足で車いすを操作する場合は、**健側**の足底《そくてい》が**床**につくようにし、**患側（麻痺側）**の足は**フットサポート**に乗せる。その際、健側の足の動作を妨《さまた》げないよう、**レッグサポート**は外しておく
移動時	・周囲の**状況**に注意し、**利用者**の状態を常に確認しつつ、**ゆっくり**進む ・移動開始時や停止する時等、動作が変わる際は、その都度、利用者に**声かけ**を行う ・介護福祉職は**両手**を使って1台の車いすを押す。事故につながる危険性が高いため、利用者が乗っている車いすを2台同時に**押してはならない**
移動後	・坂道の途中や悪路ではなく、**安全**で**平坦**な場所で停止する ・停止時や車いすからトイレ等への移乗時は必ず**ブレーキ**をかける ※短時間停止する場合も必ずブレーキ！ ・**体調**確認や水分補給等を行う ※安定した姿勢でなければ、**ずり落ち**や**誤嚥《ごえん》**の危険性が高くなるため、利用者の姿勢が傾いていないか、浅くなっていないか等を確認し、適切な**ポジショニング**を維持

場面に応じた車いすでの移動介護の主な留意点

坂道での走行

上りの場合

車いすが下がらないよう、しっかりと支えながら、**前向き**で進む。

下りの場合

周囲、特に後方の安全確認を行いながら、ゆっくり、**後ろ向き**で下りる。

砂利道《じゃりみち》や踏切《ふみきり》等での走行

★ 砂利道等の悪路や**踏切**はできる限り**回避**《かいひ》する。やむを得ず進む際は、揺れや衝撃《しょうげき》を軽減したり、前輪（キャスタ）が線路に挟《はさ》み込まれたりしないよう、ティッピングレバーを**踏み**、前輪を**上げ**、そのまま**後輪（駆動輪**《くどうりん》**）**のみで進む。

★ 踏切の場合は、踏切手前で**一旦**《いったん》**停止**し、**左右**の安全を確認した後、進む際は線路に対して**車いす**が**直角**になるようにする。

段差の上り下り

上りの場合

★ 段差昇降では恐怖心が強くなるため、利用者への**声かけ**が重要。

①車いすを段差に対して斜めではなく、**正面（直角）**になるよう、**まっすぐ**向ける。
②ティッピングレバーを**踏み**、前輪を**上げ**、そのまま**前向き**で進む。
③**後輪**が段にあたるまで進み、段上に前輪を**乗せる**。
④グリップを**持ち上げ**ながら、段上に**後輪**を乗せていく。

下りの場合

①転落防止のため、必ず**後ろ向き**で後方を確認しつつ、**後輪**から段差を下りる。
②ティッピングレバーを**踏み**、前輪を**上げ**、そのまま**後ろ**に下がる。
③フットサポートが段差に**あたらない**位置になったら、前輪を**下ろす**。

駅のホームから電車への乗降

★ ホームと電車をつなぐ**スロープ**を設置する。

★ 乗車時は**前**向き、降車時は**後ろ**向きで進む。

★ 電車と車いすが**直角**になるようにする。

★ **事前**に利用する駅に連絡し、駅員と**連携**をとる。

エレベーター

	室内が広い場合	室内が狭い場合
乗る	・**前**向きで乗る	・後ろ向きで乗る
降りる	・**前**向きで降りる	・前向きで降りる

エスカレーターの使用

★ 車いすの場合、基本的にエスカレーターではなく、**エレベーター**を使用する。

★ やむを得ずエスカレーターを利用する際は、上りも下りも車いすを**上り**方向に向け、すぐに動けるように車いすのブレーキは**かけない**。

車いすから自動車への移乗

①ドアをしっかり開け、自動車に対して車いすを**斜め**につけ、ブレーキを**かける**。
　※事故につながりやすいため、ドアを片手で押さえながら利用者への介護を**行わない**。
②頭部をぶつけないよう、利用者の**前傾**姿勢を保ったまま、臀部《でんぶ》を座席に移す。
　※片麻痺《かたまひ》がある利用者の場合は、原則、**健**側から座席に移る。
③**両足**を車内に入れる。

＊自動車の中には、座席が昇降・回転して乗り降りをサポートしたり、車いすのまま乗り降りできたりする**福祉**車両もある。

第６章　生活支援技術

04 移動・移乗支援と福祉用具

ノーリフティングケア

★ 2013（平成 25）年６月、厚生労働省が「**職場における腰痛予防対策指針**」を改訂。

★ 人力による**持ち上げる**介護・**抱《かか》え上げる**介護を原則禁止。

↓

ノーリフティングケア※の推進

※押す・引く・持ち上げる・ねじる・運ぶということを身体に**過度**な負担を伴《ともな》う状態で絶対に人力で行わないとする**ノーリフティングポリシー**に基づき、**ノーリフティングケア**では持ち上げない・抱え上げない**介護**を行い、**腰痛**予防や**介護**負担の軽減を図ることを目的としている。

ノーリフティングケアを推進する移動・移乗を支援する福祉用具

主な福祉用具	特徴等
スライディングシート（マット）	・ベッド上の利用者の身体の**下**に敷《し》いて滑《すべ》らせて移動。 ・楽な力で利用者の**移動**（上方移動や水平移動など）や**体位変換**が可能。 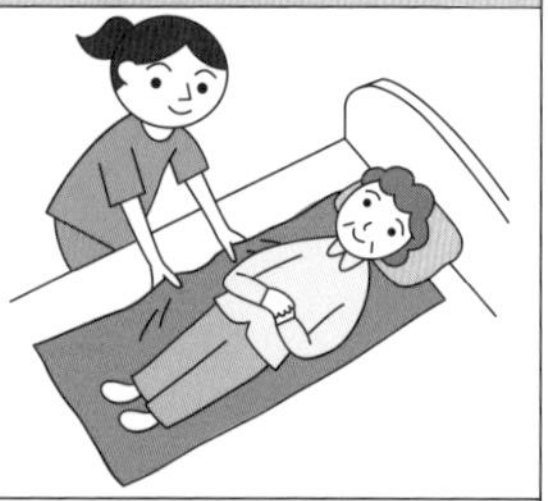
スライディングボード	・臀部《でんぶ》の下に敷く必要はあるが、ベッドから**車いす**等の移乗時、持ち上げず、**座ったまま**の状態で滑りながら移乗できるため、利用者・介護福祉職ともに負担が少ない。 ・主な使用条件は、①**アームサポート**が跳《は》ね上げられる（取り外せる）タイプの車いすを使用、②ベッドの**高さ**調整が可能、③利用者の臀部に**褥瘡《じょくそう》**や**ケガ**がないこと。 
移動用リフト	・利用者を**吊《つ》り上げ**て昇降・移動できるため、介護負担を軽減。 ・設置・移動のための**スペース**が必要。 ・移動を支援する**床走行式**リフトや、立ち上がりを支援する**スタンディング**リフトなどがある。 ※吊り具を除《のぞ》く移動用リフトの本体→**福祉用具貸与《たいよ》**の対象 ※利用者の身体を包み込む吊り具（スリングシート）→**特定福祉用具販売**の対象

杖歩行支援

杖《つえ》の長さ調節

★ 杖は、足先から前に 15cm、横に 15cm の位置に杖を立て、握《にぎ》ったときの肘《ひじ》の角度が 150°程度になる（肘を 30°程度曲げた）長さ。

★ もしくは杖の持ち手（グリップ）が**大転子《だいてんし》部**の位置となる長さ。

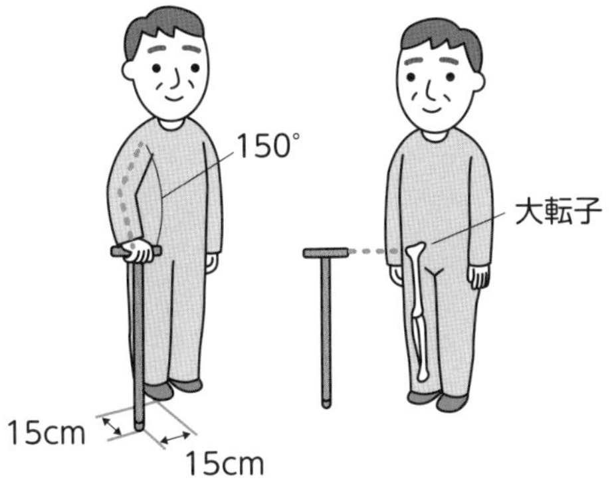

T字杖《じつえ》のほか、**ロフストランドクラッチ**の握りの高さを決める際も、大転子部を目安とします。

杖の種類とその特徴

主な杖	特徴等
T字杖	・杖を振り出しやすいように、握り部が床面に対して、ほぼ平行に支柱に取り付けられている。 ・手指や関節に障害が**ない**人に適する。 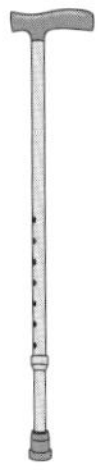
多脚杖《たきゃくづえ》 （4点杖、多点杖《たてんづえ》）	・手指や関節に障害はないが、**立位《りつい》が不安定**な人に適する。 ・杖の支持面が**広く**、T字杖よりも**安定**する。 ・4点杖が主流となっているが、3点杖などもある。 ・凹凸《おうとつ》のある場所や階段等の接地面が狭い箇所では使いづらい。 
ロフストランドクラッチ （前腕固定型杖《ぜんわんこていがたつえ》）	・**脳性麻痺《まひ》**や**脊髄損傷《せきずいそんしょう》**、股関節《こかんせつ》症、片麻痺《かたまひ》のある人や握力が弱い人等に適する。 ・**カフ**と呼ばれる輪の中に前腕《ぜんわん》を通すことで、手指だけでなく、**前腕**も活用して体重を支えることができる。 ・**持ち手（グリップ）**を握るため、手指や手関節に変形や痛みがある**関節リウマチ**のある人には不向き。 

プラットホームクラッチ（前腕支持型杖《ぜんわんしじがたつえ》）	・**関節リウマチ**や関節炎のため、手指や**手関節**に**痛み・変形**がある人等に適する。 ・杖《つえ》の上端《じょうたん》にある平らなスペース（前腕《ぜんわん》受け）で**前腕**部をしっかりと支えるため、その先にある持ち手（グリップ）を強く握《にぎ》る必要がない。	
松葉杖《まつばづえ》	・一般的に松葉杖は２本１組で使用するため、杖を持つ**上肢**の筋力がある程度必要となる。 ・**下肢**の骨折や疾病《しっぺい》等によって片足（患側の下肢）に体重（**荷**《か》**重**《じゅう》）をかけられない場合に**腋窩**《えきか》で支えて使用。	
ウォーカーケイン（歩行器型杖《ほこうきがたつえ》）	・T字杖《じつえ》や多脚杖《たきゃくづえ》などに比べて**安定性**がある。 ・手指や握力に問題は**ない**が、立位《りつい》・歩行ともに**不安定**な人に適する。 ・ほかの杖に比べて重量があるため、**上肢**の力も必要となる。	
盲人《もうじん》安全杖（白杖《はくじょう》）	・**白色**の杖で、**視覚**障害のある人が使用。 ・障害物を**検知**したり、路面の情報を収集したりする。 ・周囲の人たちに視覚障害者であることを知らせる役目も果たす。	

片麻痺《かたまひ》のある利用者の杖歩行と介護福祉職の位置

片麻痺がある利用者は麻痺側（患側）斜め後方に倒れやすい

➡

介護福祉職は利用者の**患側**後方あるいは**患側斜め後方**に位置

2種類の基本動作

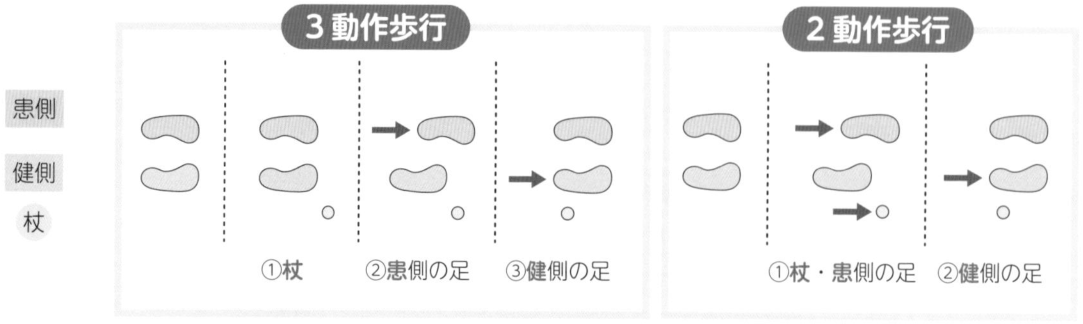

場面別にみる３動作歩行と介護福祉職の位置

状況	順番	介護福祉職の位置
平地	杖 ➡ 患側 ➡ 健側	患側後方に位置
段差・溝越え※	杖 ➡ 患側 ➡ 健側	患側後方に位置
階段を下るとき	杖 ➡ 患側 ➡ 健側	患側**前方一段下**に位置
階段を上るとき	杖 ➡ **健側** ➡ 患側	患側後方に位置

※杖は溝や段差の手前ではなく、溝や段差の**向こう側（奥）**につき、段差や溝を越えた後は両足を**そろえる**。

ガイドヘルプ（視覚障害者への移動支援）

ガイドヘルプの基本	・ガイドヘルプは、介護福祉職の**肘**《ひじ》の上を視覚障害者につかんでもらい、白杖（盲人安全杖）を持っているときは、その**反対**側で、視覚障害者よりも**半歩前**で誘導。 ・周囲の状況（情報）は「これ」「それ」「あれ」「どれ」ではなく、**具体的**に説明。 ・視覚障害者から一時離れる際は、柱や壁等、**触れる物**のある位置まで誘導。 ※障害者総合支援法では、視覚障害者に対するガイドヘルプを**同行援護**として位置づけている。  
狭い所	・これから狭い所を移動することを視覚障害者に**説明**する。 ・介護福祉職は腕を身体の**後ろ**にまわし、視覚障害者が介護福祉職の**真後ろ**に入り、一列になって移動できるように支援する。 
ドア	・**開き**戸か、**引き**戸か、開き戸の場合は**内**開きか**外**開きかを説明する。
階段	・階段の前ではいったん**停止**する。 ・これから階段を**上がる**のか、**下る**のかを説明。
いす	・視覚障害者に、いすの座面と背もたれを確認してもらう。 ・テーブルがある場合は、テーブルの**位置**も確認。
乗り物・路上など	・バスや電車は**介護福祉職**が先に乗る。 ・自動車やタクシーは**視覚障害者**が先に乗る。 ・進行方向を示す**線状**ブロック、注意すべき位置や危険箇所を示す**点状**ブロック、駅のホーム側を示す**内方線**《ないほうせん》付き点状ブロックといった**視覚障害者誘導用ブロック**が敷設してある場合は、それらを白杖や足で確認すれば、より安全な移動につながる。 ・エレベーターがある場合は、安全を考え、エスカレーターよりも**エレベーター**の使用を勧める。

歩行器等

歩行器	固定型歩行器	・フレームが固定されており、歩行器を**持ち上げて**前進する。 ・**持ち上げる**ことができ、前に出すときに**バランス**を**崩さない**ことが適応条件（**片《かた》麻《ま》痺《ひ》**のある利用者には不向き）。 ・**握力**低下がみられる場合は利用しにくい。	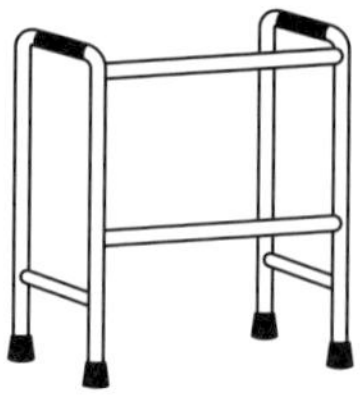
歩行器	交互型歩行器	・フレームに**可動性**をもたせている。 ・歩行器全体を持ち上げる必要はないものの、左右の**握《にぎ》り手**（グリップ）を**交互**に動かしながら前に進むため、**両手**を使えることが使用条件（片麻痺のある利用者には**不向き**）。	
歩行車	二輪歩行車	・前２脚に車輪が付いており、**後部**の**支柱**を持ち上げて前進する。 ・比較的**軽い**力で移動できるなど機動性が高い。 ・**段差**の多いところでは使用が困難。	
歩行車	肘《ひじ》当て付き四輪歩行車（前腕《ぜんわん》支《し》持《じ》歩行車）	・水平の**肘当て**が装備されている。 ・**前腕**を支持台に載せて操作することができるため、負担が少ない。 ・**段差**のある場所では使用が困難。	
歩行車	電動アシスト歩行車	・坂道などで**自動的**に制御《せいぎょ》されるなど操作が容易。	
シルバーカー		・**高齢者**が物品の運搬《うんぱん》や歩行の補助などを目的に使用。 ・疲れたときにいすとして使える**座面**が備わっているものもある。 ・**自立歩行**できる高齢者が補助的に使用するものであるため、からだを十分に支持できる機能をもたない。 ※介護保険制度の福祉用具貸《たい》与《よ》の**対象外**。	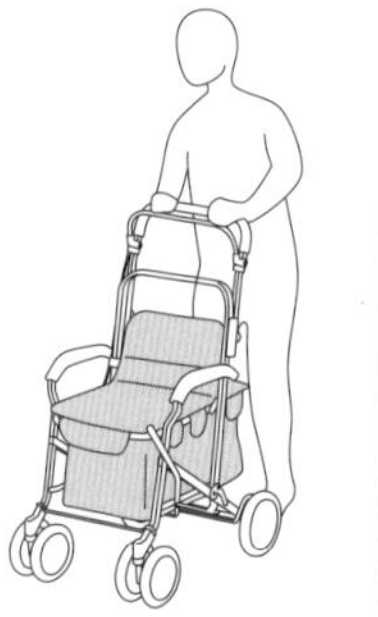

★ 握り部（支持部）、支柱フレーム、脚部からなり、脚部に車輪がないものを「歩行器」、２輪以上の車輪があるものを「歩行車」というが、介護保険制度では「**歩行器**」で統一。

★ 歩行器は杖《つえ》に比べて**安定性**が高いため、歩行時に**バランス**を崩しやすい人や下肢への負担を**軽減**したい人に適している。ただし、**方向転換**にスペースが必要なため、使用環境を確認し、整える。

★ 歩行車は、歩行器に比べて機動性に優れるが、前方に押しすぎて転倒する危険があるため、**歩行能力**を勘案《かんあん》して利用する。

※坂道での利用が多い場合は、歩行する路面状況を自動で判別し、上り坂は**軽く**なり、下り坂は**自動ブレーキ**で減速する**電動アシスト歩行車**を活用することが望ましい。

★ 脚部に高さ調整機能を備えているものが多い。高さ調節は**杖**と同様である。

パーキンソン病のある利用者への歩行支援

パーキンソン病の症状

四大症状（**振戦**《しんせん》、**筋固縮**《きんこしゅく》、**無動・寡動**《かどう》、**姿勢反射障害**）

＋

歩行障害（**突進**歩行、**小刻**《こきざ》**み**歩行、すくみ足、**すり**足）

→ 転倒の危険性

歩行支援のポイント

★ 直角に曲がるとバランスを崩しやすいため、方向転換する際は大きく**円を描く**ように歩く。

★ **すくみ足**があり、最初の一歩をなかなか踏み出せない場合は、片方の足を**一歩引いて**から歩き出す。

★ すり足歩行、小刻み歩行、突進歩行があるときは、足をしっかりと上げながら「1・2、1・2、……」と**リズムをとり**ながら歩く。

★ すくみ足や小刻み歩行等の場合、床に 20 ～ 30cm 間隔《かんかく》で歩行の**目印**となるカラーテープを貼る場合もある。

★ スロープ等の斜面ではバランスを崩しやすいので、**階段**のほうが歩きやすい場合もある。

★ **緊張**する場面では足の運びが悪くなるため、本人が**リラックス**できる環境調整も重要。

すくみ足への対処法の例

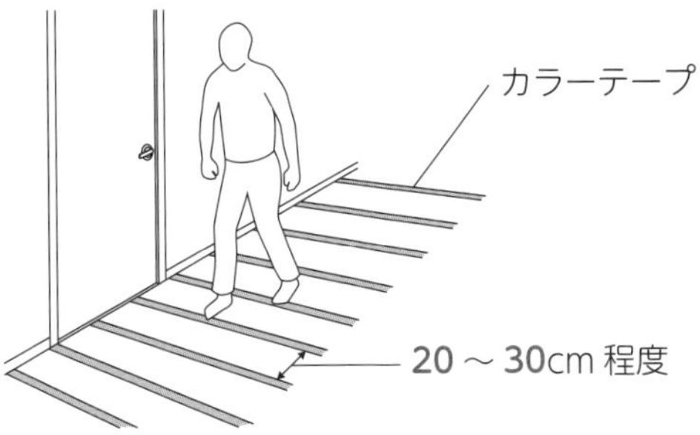

05 自立に向けた食事の介護

食事の意義・目的

生命維持と活動に必要な栄養素の**摂取**《せっしゅ》・生活上の**楽しみ**や**交流**の機会 ➡ 心身の**活性化**

★ 寝たきりを防《ふせ》ぎ、生活の活性化を図るため、食事は寝る場所（寝室やベッド上）とは別の場所（食堂等）で摂る**寝食分離**《しんしょくぶんり》が基本。

★ 食事の際は、利用者が**楽しめる**雰囲気づくりも重要である。

和食の配膳方法と食事バランス

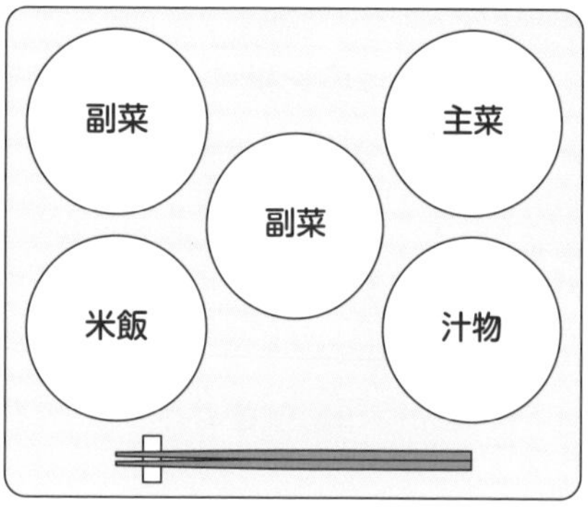

主食（ご飯等）、**主菜**《しゅさい》（焼き魚等）、**副菜**（煮物等）、汁物《しるもの》等から構成され、全体としてバランス良く必要な栄養を摂取できます。

季節の行事と食事

正月	お節《せち》料理、雑煮《ぞうに》、鏡餅《かがみもち》
人日《じんじつ》の節句（1/7）	七草粥《ななくさがゆ》
節分（主に 2/3）	恵方《えほう》巻き、豆、いわし
桃の節句（3/3）	ちらし寿司、蛤《はまぐり》のお吸い物、雛《ひな》あられ
端午《たんご》の節句（5/5）	**柏餅**《かしわもち》、ちまき
七夕（7/7）	そうめん、ちらし寿司

お盆	精進《しょうじん》料理、白玉団子、そうめん
土用の丑《うし》の日	**うなぎ**
冬至《とうじ》	**かぼちゃ**料理
大晦日《おおみそか》	年越しそば

食事の支援

食事前の支援

大きな音や**雑音**がする場所では、集中できなくなり、食事が進まず、食事時間が長くなるほか、不注意から誤嚥につながる恐《おそ》れもあります。

準備

★ 食事を行う場所に移動する。

★ 事前に**排泄**《はいせつ》を済ませておく。

★ **手洗い**や**手指消毒**、**清拭**《せいしき》で手を清潔にする。

★ 嚥下促進《えんげそくしん》や誤嚥《ごえん》防止のため、**口腔**《こうくう》**体操**や**アイスマッサージ**を行う。

★ 利用者の状態に応じた**食器**や自助具を用意しておく。

テーブルで食事する際の留意点

基本	・食堂等で**座位**姿勢による食事が基本 ・食事の際、利用者に声をかけるタイミングは、食べ物を口に入れる**前**か、食べ物を飲み込んだ**後**とする。
いす	・安定して座るため、**背もたれ**のあるいすを使用 ・浅く座ると**ずり落ちる**危険性があるため、いすには**深く**座る。 ・いすの高さは膝《ひざ》が **90°** に曲がる程度で、足底《そくてい》が床に**つく**高さ ※車いすの場合、食事の際はフットサポートから足を**下ろし**、**足底**を床につける
テーブル	・腕を楽に動かすため、テーブルの高さは、腕を乗せて**肘**《ひじ》が 90° に曲がる程度 ※片麻痺《かたまひ》がある場合、患側上肢を膝の上にのせると、患側のほうに姿勢が傾く恐《おそ》れがある。**患側**上肢も**テーブル**の上に置き、上体を安定させて姿勢を保持 ・両膝がテーブルにぶつからず、テーブルの下に収まる高さ ・テーブルと身体の間には、**握**《にぎ》**りこぶし 1 個**分程度の隙間《すきま》を開ける
姿勢	・誤嚥予防のため、顎《あご》を軽く引き、やや**前傾**姿勢 ・体幹《たいかん》は左右に傾かない

介護用食器や自助具の例

ランチョンマット

食器が滑《すべ》らないように滑り止めがついている。

ストローつきコップ

吸う力や握《にぎ》る力が弱くても、押し出して飲める。ストローの長さを調節すれば、口元までコップを運ばなくても済む。

持ち手（取っ手）つきコップ

コップを落としにくいように、持ち手（取っ手）が手にひっかかりやすくなっている。

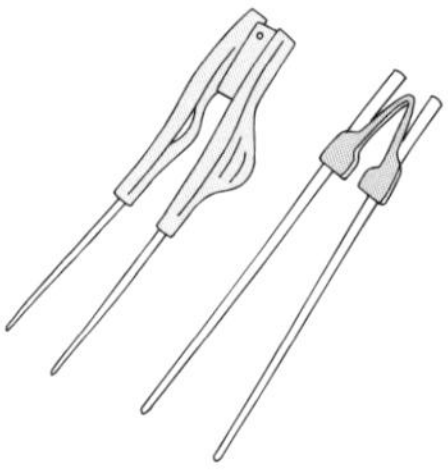

バネつき箸《はし》

関節リウマチ等で手指に拘縮《こうしゅく》がある、痛みや筋力低下で握力が弱いといった理由で通常の箸が上手く使えない場合に使用。右手用と左手用がある。

茶碗ホルダー

茶碗に傾斜をつけて食べやすくすることができる。

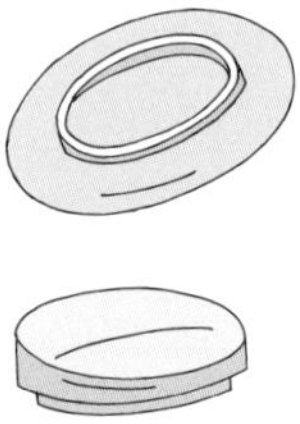

傾斜している皿

底に傾斜がついていて、片方にたまるので、食べ物をすくいやすい。

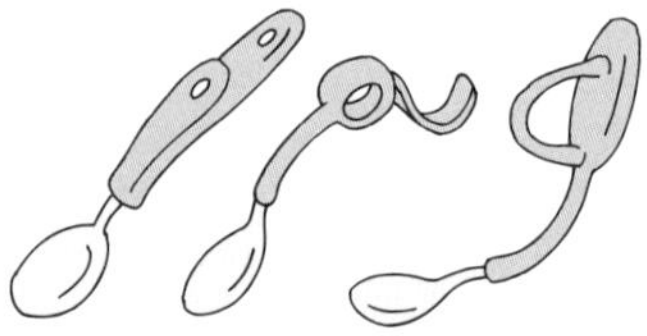

手にひっかけて使う
スプーン・フォーク

握力が弱くても使える。

持ち手の柄《え》の部分が太く
角度を変えられる
スプーン・フォーク

太柄《ふとえ》の場合は握力が弱くても握りやすい。首や柄の部分を使いやすい角度に調整することができる。

柄の部分を変形できる
スプーン・フォーク

柄の部分が形状記憶ポリマーでできている。70 ～ 75℃のお湯に入れて温めると軟《やわ》らかくなり、利用者の手の形に合わせ変形できる。

食事中の支援

★ 食事内容（メニュー）を説明する。

★ 利用者よりも高い位置での介護は誤嚥《ごえん》につながる恐《おそ》れがあるため、介護福祉職は、利用者の顎《あご》が上がらないよう、利用者と同じ目線の高さで介護する。

★ 唾液《だえき》の分泌《ぶんぴつ》を促進《そくしん》し、口の中で食べ物の通過を良くするため、最初にお茶や汁物《しるもの》等で口の中を湿《しめ》らせる。

★ 利用者のペースに合わせ、一口ずつ嚥下《えんげ》を確認しながら介護する。

良い例

利用者の目線より**下**から食べ物を口に運ぶと食べやすい

悪い例

利用者の目線よりも**上**から食べ物を口に運ぶと、上向きになってしまうため**誤嚥**しやすい

食後の支援

★ 消化を助けるため、食後30分程度は**座位**姿勢のままでいることが望ましい。

★ **口腔《こうくう》ケア**を実施。

利用者の状態に応じた食事介護の方法

利用者の状態	食事介護の方法・留意点
片麻痺《かたまひ》	・食物残渣《ざんさ》は**麻痺《まひ》**側（患側）に残りやすい → **麻痺**側（患側）の口腔内に食べ物が残っていないかを確認しつつ、**健**側から食事介護
半側空間無視	・**半側**（右または左）を無視していることに気づかず、料理の半側にあるものしか食べないことがある→声かけによる促しや食器の配置を工夫《くふう》 例：**左**半側空間無視の場合は、意識できる**右**側に配膳《はいぜん》 ※右側か左側のどちらか半側しか見えない**同名半盲《どうめいはんもう》**の場合も同様に対応
慢性閉塞性肺疾患《まんせいへいそくせいはいしっかん》（COPD）	・一気に食事すると胃が膨《ふく》れ、横隔膜《おうかくまく》を圧迫《あっぱく》し、呼吸しづらくなるため、1回の食事量を**減らし**、回数を**増やす** ・繊維質《せんいしつ》の多い芋《いも》類や炭酸飲料も胃が膨れるため、摂取《せっしゅ》は控える ・体力を消耗《しょうもう》しやすいため、**高カロリー**で良質の**たんぱく質**を多く摂取できる食事とする。
視覚障害	・テーブルや食器に触れてもらいながら、料理の位置について**クロックポジション**で説明・確認 ・クロックポジションでは時計盤になぞらえて料理の位置を説明。ただし、「分」で表すことはなく、「6時に箸」「7時にご飯」というように伝える
摂食・嚥下障害	・食事形態を工夫する等、できるだけ自分で安全に食べられるように支援 ・**覚醒《かくせい》**状況を確認し、正しい食事姿勢で、**誤嚥**しやすい食品を避《さ》け、嚥下しやすい食品を提供 ※摂食・嚥下機能の評価は、**言語聴覚士**と連携

嚥下《えんげ》しやすい食品

好ましい食品

プリン状	ゼリー状	マッシュ状	とろろ状
 プリン・豆腐等	 ゼリー・にこごり等	 芋《いも》・かぼちゃ等	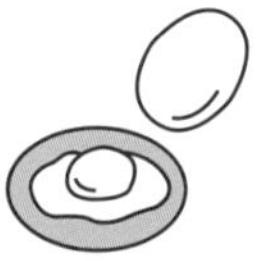 とろろ芋・生卵（よく溶いた状態）等
粥《かゆ》状	**ポタージュ状**	**乳化《にゅうか》状**	**その他**
全粥《ぜんがゆ》・おじや等	ポタージュ類	ヨーグルト等	刺身《さしみ》・ワンタン等

注意すべき食品

水状	繊維《せんい》状	スポンジ状	かまぼこ状	ミンチ状
水・お茶・ジュース・牛乳等	ごぼう・たけのこ・もやし等	凍豆腐《こおりどうふ》・カステラ等	かまぼこ・ちくわ等	ハンバーグ・肉団子等

避《さ》けるべき食品

口腔《こうくう》に粘着《ねんちゃく》するもの	その他
 わかめ・海苔《のり》などの海藻《かいそう》・餅《もち》・菜《さい》類	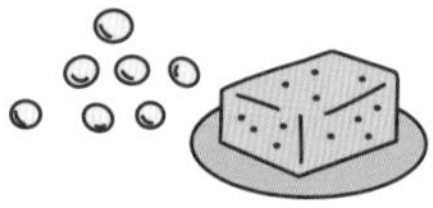 大豆《だいず》・ゴマ・ピーナッツ・こんにゃく等

食べ物を喉《のど》に詰《つ》まらせないための対応と詰まらせた場合の対応

★ **細かく刻んだ食事**は見た目が悪い上、食べたときに口の中でバラバラとなって**食塊《しょっかい》形成**しにくく、かえって誤嚥《ごえん》の危険性を**高める**。

※**管理栄養士**や調理員と連携し、その利用者の摂食・嚥下能力を見極め、それに適した食事形態とすることが重要

★ 介護福祉職は、注意深く利用者の表情を**観察**。喉の動きや食べ物を飲み込む音に注意して、食べ物が**嚥下**されていることを確認しながら次の一口を介護する等、個々の利用者の**ペース**を重視する。

★ 食べ物を喉に詰まらせた場合には、利用者が**むせる**、**苦しそうな顔**をするといった変化があるため、それを見落とさない。

★ 利用者が食べ物を喉に詰まらせた場合には、**背部叩打《こうだ》**法や**ハイムリック**法で詰まった物を吐《は》き出させる。

背部叩打法

ハイムリック法

脱水症状とその予防

★ 脱水症状とは、身体に必要な**水分**や**ナトリウム**等の**電解質**が不足した状態。

症状	・口渇《こうかつ》感、口唇《こうしん》や口腔内《こうくうない》、皮膚《ひふ》の乾燥、尿量の減少、発熱、頭痛、吐《は》き気《け》、めまい、立ちくらみ、食欲低下、活動性の低下、手足の震《ふる》え、倦怠感《けんたいかん》、意識障害等が発生
予防	・1日約2,500ml（食事1,000ml、飲み物1,500ml）の水分摂取《せっしゅ》が必要となるため、こまめな水分補給を心がける ・高齢者は口渇感を感じにくくなるため、口渇感の有無、口唇等の乾燥の有無等を確認し、早めに対応 ・すでに脱水症状がある際は、水分と身体機能の調整に必要な電解質が両方必要となるため、経口補水液《けいこうほすいえき》の摂取が有効 ・熱中症予防のためにも、高温な場所での長時間の滞在や作業、運動等は避ける

利用者の食事支援に関係する主な専門職

資格	主な役割
歯科医師	虫歯（う歯・う蝕《しょく》）の治療、義歯・詰め物等の装着、口腔内の疾患《しっかん》治療、誤嚥の有無を調べる
歯科衛生士	歯科医師の指導に基づく口腔疾患の予防措置《そち》と歯科診療の補助
理学療法士	食べる動作に関連した訓練、姿勢保持の訓練
作業療法士	食べる動作に関連した訓練、箸《はし》やスプーン、食器等の自助具の選定
言語聴覚士	摂食・嚥下の評価と訓練、食事姿勢のアドバイス
管理栄養士	低栄養状態の改善《かいぜん》・予防に向けた献立作成、栄養指導、関連職種と連携して栄養ケア・マネジメント※を展開
介護福祉士	食事介護、口腔体操

※個々人に最適な栄養ケアを行い、その実務遂行《すいこう》上の機能や方法、手順を効率的に行うための仕組み

第６章　生活支援技術

06 自立に向けた身だしなみの介護

口腔ケアとその必要性

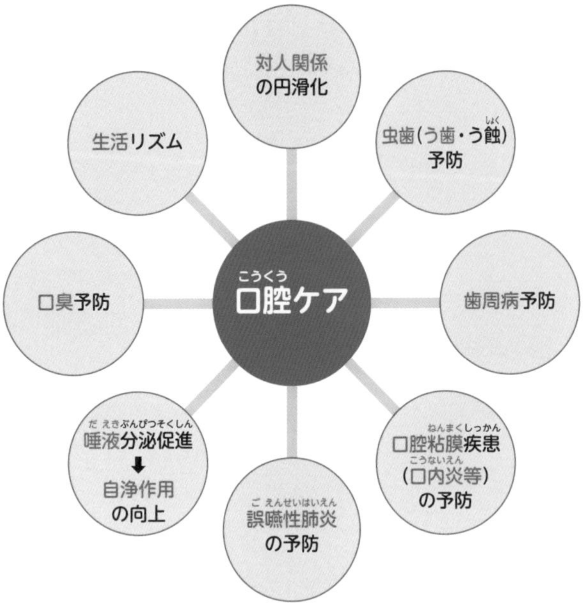

細菌の塊《かたまり》である**歯垢《しこう》**（プラーク）は、虫歯（う歯・う蝕）や歯周病の原因となるため、歯だけでなく、歯と歯肉《しにく》（歯茎《はぐき》）の境目も含めて、丁寧《ていねい》に口腔ケアを行います。

高齢者は唾液の分泌量が**減少**
経管栄養を実施していると咀嚼《そしゃく》の機会が減るため、唾液の分泌量はさらに**減少**

↓

口腔内が**乾燥**して自浄作用が**低下**、細菌が繁殖しやすくなる

↓

口腔ケアが必要

口腔ケアの方法

内容	留意点等
姿勢	・**座位**姿勢で行うことが基本 ・誤嚥を防《ふせ》ぐため、頭部を**前屈《ぜんくつ》**させ、顎《あご》を引く
洗口《せんこう》	・水や洗口剤等による**ブクブク**うがい ・口腔内の食物残渣《ざんさ》を除去《じょきょ》するため、ブラッシング**前**に実施 ※ガラガラうがいの含嗽《がんそう》は、**誤嚥**の危険性を高める
ブラッシング	・**歯ブラシ**や**歯間ブラシ**等を使用 ・硬《かた》い歯ブラシの使用は、歯肉（歯茎）を傷つける恐《おそ》れがあるため、高齢者の場合には**柔らかめ**の歯ブラシが望ましい ・手に力が入りにくい場合は、柄《え》が**太い**歯ブラシを使用 ・鉛筆を持つような持ち方（ペングリップ）で、**軽い**力で**小刻《こきざ》み**に動かす ・洗口だけでは除去できない**歯垢**（**プラーク**）の除去に効果的
舌・口腔粘膜のケア	・スポンジブラシ等を使用し、**奥**から**手前**にケア ・誤嚥予防のため、スポンジブラシの水分はよく**絞って**から使用 ・口臭や食欲低下の原因にもなる舌苔《ぜったい》は、**舌ブラシ**やスポンジブラシを用い、**軽い**力で舌の表面（味蕾《みらい》細胞）を傷つけないよう**少しずつ**除去 ・全部の歯がない場合は、**粘膜用ブラシ**やスポンジブラシを使用
その他	・口腔体操、**唾液腺《だえきせん》**マッサージ ・仕上げとして**保湿剤**の使用も有効

★ **経管栄養**が終わってからすぐの口腔ケアは**避《さ》け**、できる限り**空腹時**に行う。経管栄養が終わってすぐに口腔ケアを行うと、その刺激によって嘔吐《おうと》や嘔吐物による誤嚥の恐れがある。

義歯（入れ歯）

★ **摂食・嚥下《えんげ》**や**発音**の働きを助ける役割や、顔つきを整える**審美性《しんびせい》**の役割がある。

★ **就寝時**以外は装着する。ただし、口腔ケアの際は義歯を**外す**。

★ **食欲低下**の原因の一つに義歯の不具合もあるため、定期的な**歯科受診**が必要。

全部床義歯《ぜんぶしょうぎし》の入れ方・外し方

★ 脱健着患《だっけんちゃっかん》を参考とし、動く**下**顎《かがく》から取り外し、動かない**上**顎《じょうがく》から装着。

★ 全部床義歯（総義歯）を装着する際は、義歯を横に**半回転くらい**させながら口腔内に入れる。口唇《こうしん》よりも義歯の幅のほうが**広い**ため、回転させずに、まっすぐに入れようとした場合、上手く口腔内に義歯を入れることができ**ない**。

★ 外す際は、義歯の**後**方を下げたり、上げたりする。

外し方	下の歯（下顎《かがく》用の義歯）➡上の歯（上顎《じょうがく》用の義歯）の順に取り外し
入れ方	上の歯（上顎用の義歯）➡下の歯（下顎用の義歯）の順に装着

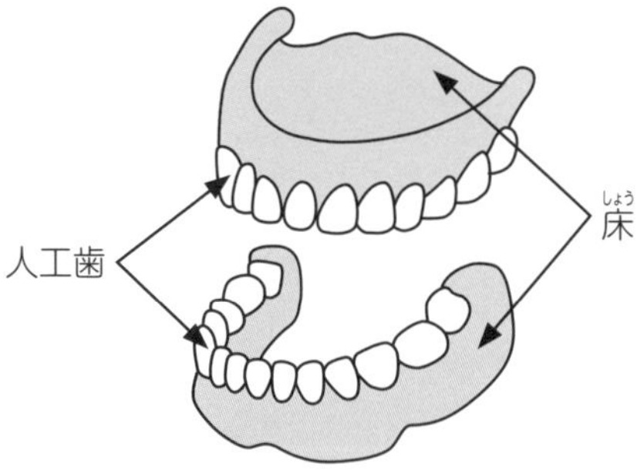

全部床義歯《ぜんぶしょうぎし》（総義歯）

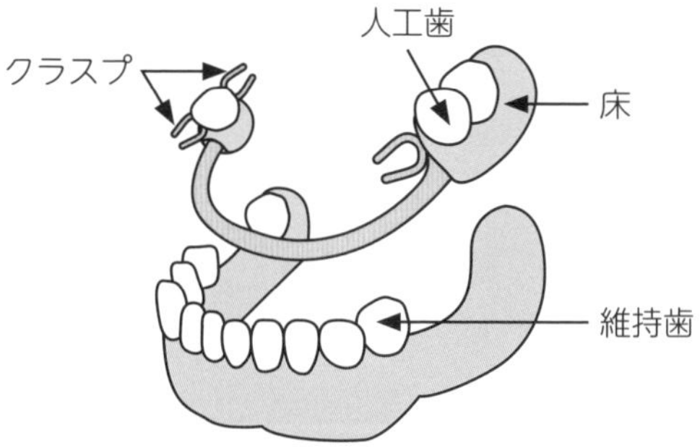

部分床義歯《ぶぶんしょうぎし》（部分義歯）

※部分床義歯（部分義歯）の場合、爪《つめ》や指先を**クラスプ**と呼ばれる部分に引っかけて外す。装着する際は、クラスプをつまんで行う。いずれにしても、**左右均等**な力でクラスプを持つことが重要。

義歯の洗浄・保管

★ **毎食後**、義歯を外し、**流水下**で**義歯専用ブラシ**を用いて洗浄。

★ 義歯の摩耗《まもう》や変形を防ぐため、**研磨剤**が入った歯磨き剤や**熱湯**は使用禁止。

★ クラスプをかける部分は汚れが**残りやすい**ため、より丁寧《ていねい》に洗浄。

★ 就寝時は、乾燥による変形やひび割れを防《ふせ》ぐため、義歯**全体**を清潔な**水**に浸けたり、除菌消臭効果のある浸け置きタイプの**洗浄剤**を使って保管する。

衣服の着脱介護とその留意点

共通事項	・昼と夜とで衣服を替えるように勧めることも**生活リズム**を保《たも》つために重要。 ・着替えの際は、カーテンを閉めたり、肌の露出《ろしゅつ》を防ぐためにタオルケットを活用したりする等、**プライバシー**や**羞恥心《しゅうちしん》**に配慮《はいりょ》。 ・寒くならないよう、室内を温める等、**保温**に留意。 ・衣服の着脱の際には、併せて**皮膚《ひふ》の状態**を確認。 ・衣服の選択は利用者本人の**好み**や**生活習慣**等を優先。 ・座位で行う場合は①**背もたれのある**いすを使用、②**足底《そくてい》**をしっかりと**床**につけること、③介護福祉職は利用者の背後にまわらず、前方や側方への**転落・転倒**に注意しながら支援。
寝たきりの場合	・褥瘡《じょくそう》は衣服の**縫《ぬ》い目**や**しわ**等によっても発生することがある→背縫いのない寝衣《しんい》を選ぶ、縫い目が当たらないようにする、しわを取り除《のぞ》く等の配慮が必要 ・かぶり式の衣服よりも**前開き**の衣服のほうが着脱しやすい。

麻痺《まひ》や関節拘縮《こうしゅく》がある場合	・袖《そで》を通すときは前腕《ぜんわん》部を下から支える等、麻痺や拘縮の部分を引っ張ったり、強くつかんだりして、無理に衣服の着脱を行わない。負担をかけないよう、身体はゆっくりと動かす。 ・ボタンが小さい衣服はボタンを留めることが難しく、着脱しにくくなる。 ・肩関節や肘関節《ちゅうかんせつ》に拘縮がある場合、かぶり式の衣服の着脱は難しくなるため、前開きの衣服や伸縮性のある衣服を選択するとよい。 ・片麻痺《かたまひ》のある利用者がベッド上で前開きの衣服を交換する際は、健側上肢が脱ぎやすいよう、あらかじめ患側上肢の肩口《かたぐち》を広げ、健側に衣服が移動しやすい状態をつくっておく。
認知症の見当識《けんとうしき》障害がある場合	・季節・気温に応じた衣服の調整ができるように支援。例えば、夏に厚着《あつぎ》をして熱中症や脱水にならないように注意。 ・状況を見ながらコミュニケーションを図り、着替えを促す。
高次脳機能障害で着衣失行《ちゃくいしっこう》がある場合	・着衣の手順を示したメモ等を渡し、それを見ながら介護福祉職が一緒に一つずつ着衣に向けた動作を確認していく。 ・衣類の左右を間違えないために印をつける、毎回同じ手順・方法で衣服を着脱する等の工夫《くふう》が重要。間違える恐《おそ》れがあるため、脱いだ衣服を着る衣服の隣《となり》に並べない。

片麻痺《かたまひ》のある利用者の衣服の着脱介護

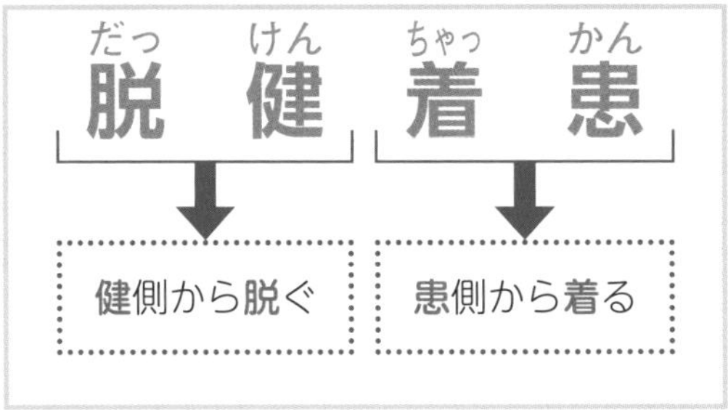

脱ぐ際は、いきなり腕を抜こうとするのではなく、まず肩から衣服を外すことで腕が抜きやすくなります。

★ 半側空間無視がある場合、利用者の正面またはやや健側のほうから声かけを行う。

ベッド上での衣服の着脱

★ 片麻痺がある利用者のベッド上での着脱介護の場合、介護福祉職は利用者の健側に立ち、衣服を健側→患側の順に脱ぎ、患側→健側の順に着るように支援。その際、あらかじめ新しい衣服は患側のほうに置いておく。

★ 袖を抜くときは襟元《えりもと》を緩め、肩関節→肘関節→手関節の順で行う。脱いだ上衣は丸めて身体の下に入れ、健側を下にした側臥位《そくがい》をとり、脱いだ上衣を引き出し、患側の袖を脱ぐ。

★ 利用者の脊柱《せきちゅう》と新しい衣服の背縫いの部分を合わせる。

★ 衣服のしわは寝心地の悪さや褥瘡等の原因となるため、しわが生じないよう引っ張る。

★ 和式寝衣の場合、左前身頃《まえみごろ》が上（「ソ」の字）となるように合わせ、腰紐《こしひも》は横結びとする。

第６章　生活支援技術

07 自立に向けた入浴・清潔保持の介護

入浴の目的・効果

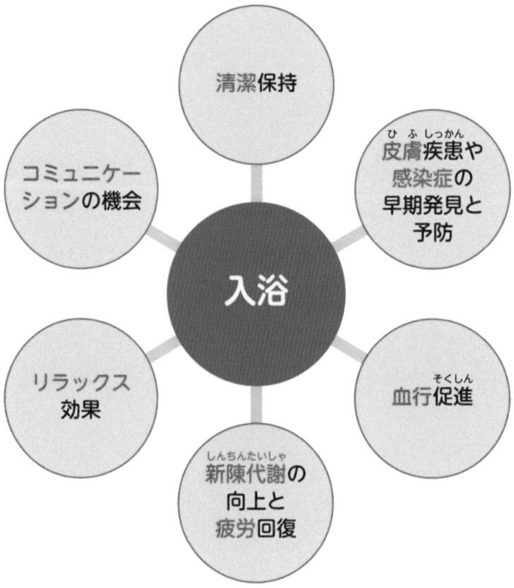

入浴の作用

温熱**作用**……………お湯が身体を温め、**血液循環**や**新陳代謝**を促進させる。
静水圧**作用**…………お湯の深さに応じて**水圧**が身体にかかる。
浮力**作用**……………お湯の**浮力**によって体重が**軽く**感じる。

入浴の留意点

入浴場面ごとの留意点

入浴前	・**空腹時**や食事・飲酒の**直後**（およそ食後１時間以内）は避《さ》ける。 ・脱水症状を予防するため、入浴**前**にも**水分**を摂取《せっしゅ》。 ・**体調**や**バイタルサイン**（呼吸・体温・脈拍・血圧等）、**皮膚**の状態を確認。 ・居室・脱衣室・浴室の**温度差**を小さくし、**ヒートショック**を予防。 ・お湯の温度は 38 ～ 40℃程度。必ず**介護福祉職**の手で確認。

入浴中	・シャワーチェア（入浴用いす）を使うときは、座面を浴槽《よくそう》の縁《ふち》と**同じ**高さに調節する。 ・利用者の**末梢《まっしょう》**（**足元や手先**）から**中枢《ちゅうすう》**（**心臓**）に向かって洗う。 ・**手すり**や**滑《すべ》り止め**マット等を活用し、**転倒**防止を図る。 ・体力を消耗《しょうもう》するため、入浴時間は 10 ～ 15 分程度、お湯につかる時間は 5 分程度に。
入浴後	・**湯冷め**を防《ふせ》ぐためにも、水気はよく拭《ふ》き取る。 ※皮膚についた水滴が蒸発する際に身体の熱を奪う（気化熱）。 ・利用者主体・利用者本位の考え方に基づき着替えの衣服は**利用者**が選択。 ・**発汗《はっかん》**で体内の水分が減るため、**水分**補給により**脱水**を防ぐ。 ・**体調確認**を行うとともに保温に努める。

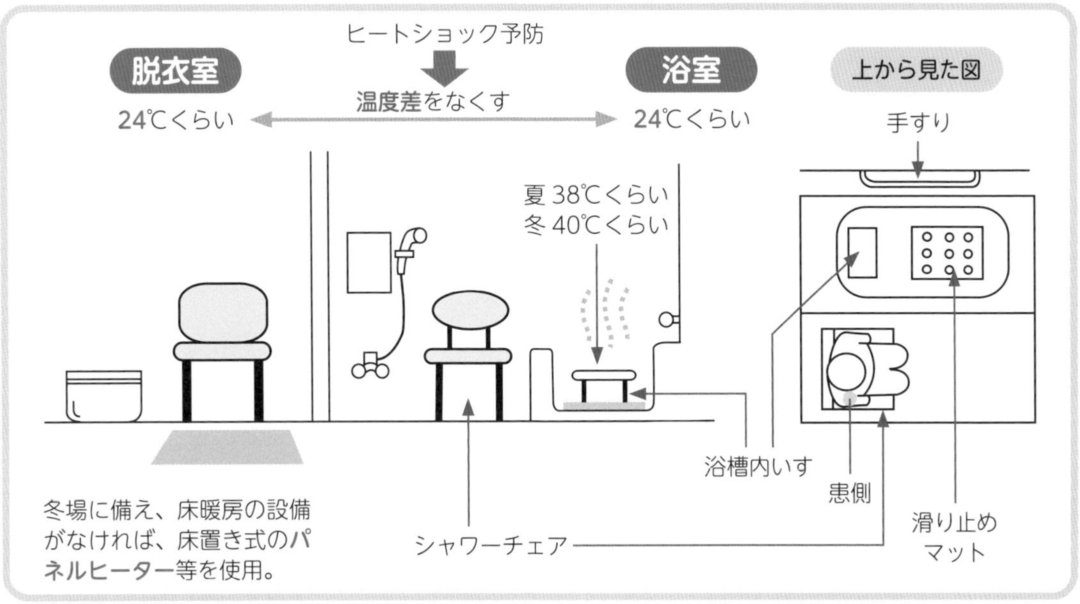

入浴・清潔保持における医療関係職との連携

★ 日頃から**バイタルサイン**（呼吸・体温・脈拍・血圧等）をチェックし、普段と異なる数値であったり、異常を確認した場合は、すぐに医師や看護師等に**連絡**すること。

★ **胃ろう**を造設しても、ろう孔《こう》周囲の皮膚に炎症等がなければ**入浴**は可能。その際は、看護師等と連携し、ろう孔周囲の**清潔保持**を図る。

入浴等で生じやすい危険性

ヒートショックの危険性 ➡ **脳血管疾患**や**心疾患《しんしっかん》**の恐《おそ》れ

転倒の危険性 ➡ **骨折**の恐れ

脱水の危険性 ➡ 意識障害等の**脱水症状**の恐れ

利用者の状態に応じた入浴の留意点

利用者の状態	主な留意点
片麻痺《かたまひ》のある利用者	・浴槽《よくそう》には利用者の**健**側から入り、介護福祉職は**患**側（**麻痺**側）を保護。 ・洗える部分は利用者自身が行い、**健**側等、洗いにくい部分は介護福祉職が支援。 ・浴槽内から立ち上がる際は、利用者が**健**側の膝《ひざ》を立てて、健側の**踵**《かかと》を臀部《でんぶ》に引き寄せるとともに、健側の手で**手すり**をつかんで**前傾**姿勢をとり、臀部を浮かせる。その際、介護福祉職は倒れやすい**患**側（**麻痺**側）を支え、立ち上がりを支援する。
高齢・高血圧・心疾患《しんしっかん》 のある利用者	・入浴は**事故**が起こりやすく、特に**65**歳以上の**家庭内事故死**の原因では溺死《できし》が第１位。 ・特に**冬期**は屋内外の急激な温度の変化によって**血圧**が急激に上下しやすく、身体に負担をかける**ヒートショック**が発生しやすい。 ・ヒートショックは脳出血や脳梗塞《のうこうそく》、**心筋梗塞《しんきんこうそく》**等につながる恐《おそ》れもあるため、居室、脱衣室、浴室内の**温度差**を小さくすることが必要。 ・熱い湯（**42**℃程度以上）は血圧が**上昇**するため、ぬるめ（38～40℃程度）の湯で入浴。 ・お湯に首や肩までつかると**静水圧**作用で心臓への**負担**が増すため、浴槽内の水位を心臓より低くして入浴（**半身浴**）。
皮膚《ひふ》の乾燥等でかゆみが生じる 老人性《ろうじんせい》皮膚《ひふ》掻痒症《そうようしょう》のある利用者	・**熱い**湯を避《さ》け、ぬるめの湯で入浴。 ・**ナイロンタオル**で洗うと皮膚を守る皮脂《ひし》が取り除《のぞ》かれすぎるため、**柔らかいタオル**等で優しく洗う。 ・石鹸《せっけん》は**弱酸性**のものを使用。
人工肛門《こうもん》（消化管ストーマ） のある利用者	・パウチ（ストーマ袋）を装着したままでも、外したままでも入浴は**可能**。ただし、排便の可能性もあるため、**公衆浴場**では装着。 ・パウチを未装備でも水圧よりも腹腔《ふっくう》内圧の方が高いため、お湯が**入ることはない**。 ・**回腸《かいちょう》ストーマ**の場合、水様便《すいようべん》が出やすいため、**食前**に入浴。
血液透析《とうせき》を受けている利用者	・血液透析を行った**後**は、入浴しない。 ※血液透析後は、**血圧**が低くてふらついたり、シャント穿刺部《せんしぶ》から**出血**や**感染**を引き起こしたりする恐れもある。 ・**掻痒《そうよう》感**が出やすいが、強く擦《こす》らず**柔らかいタオル**で優しく洗う。
酸素療法 （在宅の場合は在宅酸素療法： HOT：Home Oxygen Therapy） を受けている利用者	・鼻《はな》カニューレを**外さず**、**つけたまま**入浴。 ・酸素供給器に**水がかからない**ように配慮《はいりょ》。 ・医師の**指示**に基づく酸素量を流す。

シャワーチェア（入浴用いす）やバスボードの活用

★ 洗い場側にスペースがある場合は、浴槽縁《ふち》と同じ高さのシャワーチェア（入浴用いす）や移乗台を洗い場側の浴槽縁横に置く。

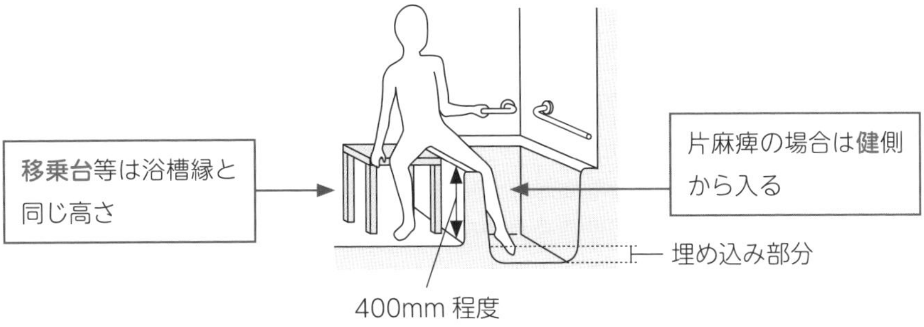

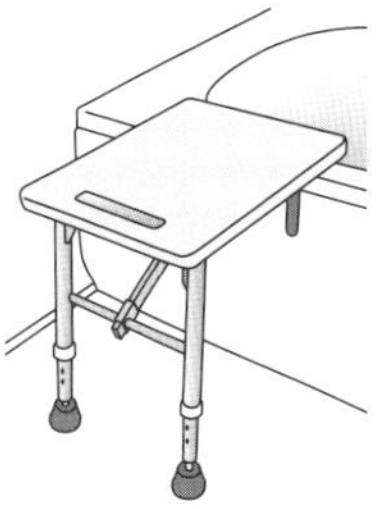

移乗台

★ 浴槽にバスボードを置く。

※片麻痺がある場合、健側から浴室に入れるように配置すると浴槽への出入りが行いやすくなる。

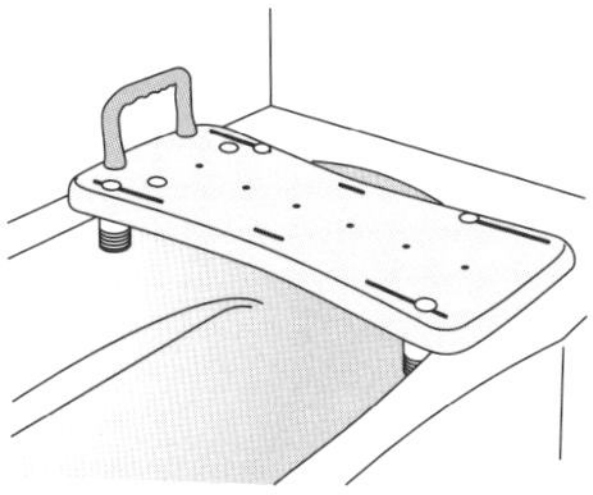

バスボード

シャワーチェア（入浴用いす）、移乗台、バスボード、浴槽内いすなどの入浴補助用具は、介護保険制度の**特定福祉用具販売**の対象です。

シャワー浴と身体の部分別の清潔保持

内容	特徴・方法・留意点等
シャワー浴	・身体的な負担が**少ない**ため、心疾患や術後、体力低下等で入浴困難な場合に行う。 ・シャワーの温度は、まず**介護福祉職**が自らの**前腕《ぜんわん》**内側で確認、次に利用者の手（片麻痺の場合は、健側の手）で確認してもらう。 ・シャワーは、利用者の身体の**末梢《まっしょう》**（足部）から**中枢《ちゅうすう》**（心臓）に向けてかけていく。 ・身体についた水分が蒸発する際に気化熱で体温を**低下**させるので、タオルで水分をしっかり拭《ふ》き取る。
手浴・足浴	・主な効果として、①体力の消耗《しょうもう》が少なくてすむこと、②清潔保持と血行促進《そくしん》、③痛みや関節拘縮《こうしゅく》の症状の緩和《かんわ》、④入眠・安眠につながることがあげられる。 ・**座位**での実施が基本。ただし、身体状況によって臥位《がい》で行う場合もある。 ・四肢麻痺《ししまひ》の場合、**手関節**や**足関節**を支えながら洗う。 ・足をすすぐ際は、バランスを崩さないように**片足**ずつ行う。すすいだ後、すぐに足をバスタオルでくるむ形で**保温**し、もう片方の足をすすいでいく。

洗髪《せんぱつ》	・洗髪前に**ブラッシング**を行い、髪のほつれをとり、頭皮に付着した**汚れ**等を浮かせる。 ・ゆっくりと髪全体に**お湯**をかけ、その後、**シャンプー**を泡立ててから髪になじませ、爪《つめ》を立てず、**指の腹**で**髪の生《は》え際《ぎわ》**から**頭頂部**に向けて頭皮をマッサージするように洗う。 ・頭部を無理に前屈《ぜんくつ》させることは利用者にとって苦痛となるため、後頭部を洗う際には注意する。 ・シャンプーの泡が目に入らないよう、**すすぐ前**にタオルで余分な泡を拭《ふ》き取る。 ・高い位置からお湯をかけると顔にお湯が飛び散る恐《おそ》れもあるため、すすぎの際などは**頭髪**に**近づけ**、丁寧《ていねい》にお湯をかける。 ・ドライヤーは頭皮から **20**cm 程度離し、常に**動かし**ながら使用。 ・ケリーパッドを使用して行う洗髪では無理のない安楽な姿勢が重要➡①ベッドの**対角線上**に仰臥位《ぎょうがい》とし、②襟元《えりもと》にタオルを巻き、③利用者の**膝《ひざ》**を曲げ、その膝下にクッション等を入れる。
耳掃除	・外耳道《がいじどう》の入口から 1cm 程度まで**綿棒**を入れ、耳垢《じこう》（耳あか）をやさしく取り除《のぞ》く。 ・耳垢が乾燥している場合は、**ベビーオイル**等を綿棒につけ、耳垢を柔らかくしてから除去《じょきょ》する。 ・耳掃除を行いすぎると、耳の中を傷つけたり、**中耳炎《ちゅうじえん》**を起こしたりする危険性がある。個人差はあるものの、耳掃除は **2 週間**に 1 回程度を目安に行う。 ・**耳垢塞栓《じこうそくせん》**の除去は医行為となるため、介護福祉職は**行えない**。
爪切り	・高齢者は爪が割れやすいため、**入浴後**等、爪が**柔らかい**ときに少しずつ切る。 ・手の爪を切る際、介護福祉職は利用者の手首を持って切るのではなく、指先が動かないよう、直接**指先**を支える必要がある。 ・巻き爪や陥入爪《かんにゅうそう》、感染症の原因となるため、**深爪**や**バイアス切り**にしない。 ※爪切の際は、爪の先端の白い部分を **1mm** 程度残して切るとよい。 ・足の爪は四角い形で両端を丸く整えた**スクエアオフ**の形に切る。 ・切り終えたら、**端《はし》**から**中央**に向かって**やすり**をかけて切り口を滑らかにする。 ※中央から端に向かってかけると、爪の**両端**が削られすぎてバイアス切りになってしまう恐れがある。  ・一般的な爪切りは介護福祉職も可能。ただし、周囲の皮膚《ひふ》に腫《は》れや傷がある場合や**巻き爪**、**陥入爪**、**糖尿病**等で専門的なケアが必要な際の爪切りは、医行為となるため、介護福祉職は**行えない**➡医師や看護師に報告 

清拭による清潔保持

<table>
<tr><td>意味
効果</td><td>・清拭《せいしき》とは、体調不良等の理由で入浴やシャワー浴ができない場合に蒸しタオルで身体を拭くこと。
・清潔保持や血行促進《そくしん》、新陳代謝《しんちんたいしゃ》の向上、爽快感《そうかいかん》を得られることのほか、褥瘡《じょくそう》や筋萎縮《きんいしゅく》を予防する効果も期待できる。</td></tr>
<tr><td>種類</td><td>・全身を拭く：全身清拭
※全身清拭は時間がかかり、体力を消耗《しょうもう》しやすい→体力が低下している利用者の場合は、一度に全身清拭を行うのではなく、数日に分けて部分清拭を実施して全身の清潔保持を図る。
・身体の一部を拭く：部分清拭
・陰部を拭く：陰部清拭　※感染防止のため、手袋を着用</td></tr>
<tr><td>方法
留意点</td><td>・清拭をする旨《むね》を利用者に伝え、同意を得る。
・カーテンを閉める等、プライバシーに配慮《はいりょ》する。
・入浴時よりも熱めの湯（55 ～ 60℃程度）を洗面器に入れる。
・用意したお湯にタオルを浸《ひた》してしぼった蒸しタオルを使い、末梢《まっしょう》から中枢《ちゅうすう》、上部から下部に向かって拭く。
・顔（目から拭く）→上肢・腋窩《えきか》→胸部・腹部→下肢→背部・腰部→臀部《でんぶ》・陰部の順に拭く。
※タオルの同じ箇所で拭き続けるのではなく、タオルの面を変えたり、新しいタオルに交換したりしながら清拭を行う。
・目元は、感染予防のため、目頭《めがしら》から目尻《めじり》に向けて拭く。
・上腕を拭く際は、肘《ちゅう》関節《かんせつ》を下から支える。
・腹部は、上行結腸《じょうこうけっちょう》→横行結腸《おうこうけっちょう》→下行結腸《かこうけっちょう》→S 状結腸の流れに沿うよう「の」の字を描くように拭く。
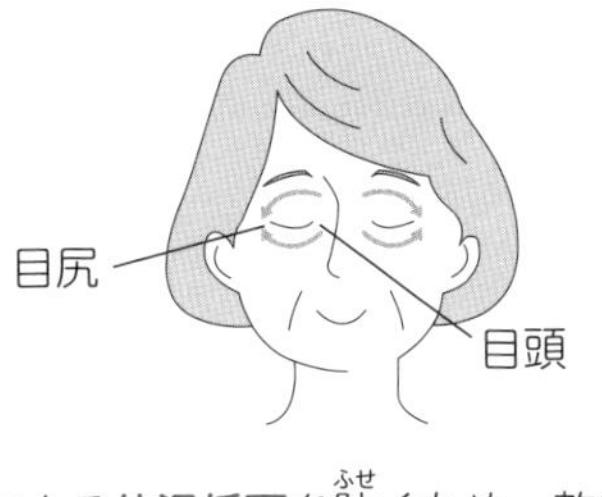

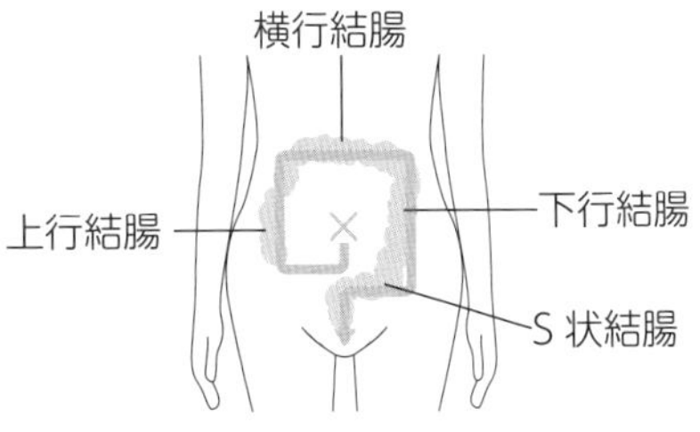

・気化熱による体温低下を防《ふせ》ぐため、乾いたタオルで皮膚についた水分を速《すみ》やかにしっかり拭き取る。
・側臥位《そくがい》で背中を拭く際は、健側を下にする。
・不必要な露出《ろしゅつ》を避《さ》け、タオルで身体を覆う等、プライバシーの保護と保温に努める。
・排便がなくても、汗、垢、皮膚の汚れ等があるため、臀部の清拭は毎日行う。
・排便がなくても、陰部清拭も毎日行う。
・陰部清拭の場合は、37 ～ 39℃のぬるめの湯で洗い流し、女性の場合は前から後ろ（会陰《えいん》または恥骨《ちこつ》から肛門《こうもん》）に向けて拭く。
※女性の場合、尿道や膣《ちつ》が肛門部に近いため、肛門から会陰に向かって拭くと、排泄《はいせつ》物等によって尿道が汚染され、尿路感染症を起こす恐れがある。</td></tr>
</table>

第6章　生活支援技術

08 自立に向けた排泄の介護

排泄とは

★ 排泄《はいせつ》とは、生命維持を図るため、体内の不要な**老廃物《ろうはいぶつ》**を体外に出すこと。
★ **腎臓→尿管→膀胱《ぼうこう》**の順に尿が送られ、成人の場合、膀胱内に尿が 150 ～ 200ml 程度たまると尿意を感じて排尿（1 日 1,000 ～ 2,000ml 程度）。
★ **頻尿《ひんにょう》**とは、朝起きてから就寝までの排尿回数が 8 回以上あること。高齢者の場合、夜間の排尿回数が増える**夜間頻尿**になりやすく、**安眠**の妨《さまた》げとなる。
★ **尿閉《にょうへい》**とは、膀胱内に尿が溜《た》まっても**排出できない**状態。
★ 腸の**蠕動《ぜんどう》**運動で最終的に**直腸**に送られ、便意を感じて排便（1 日 100 ～ 250 g 程度）。

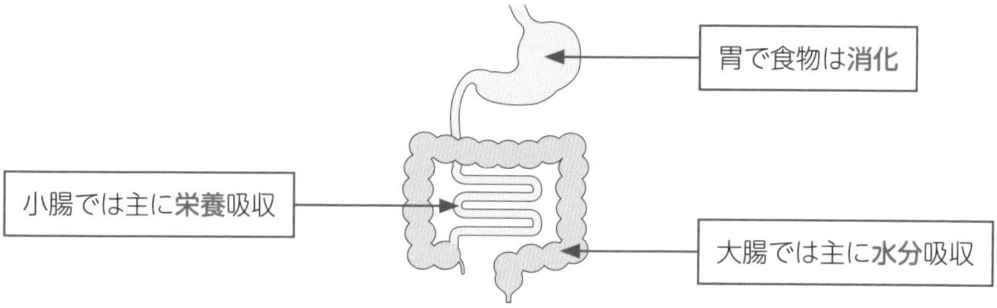

排泄介護の主な留意点

★ カーテンを閉める等、**プライバシー**を守り、羞恥心《しゅうちしん》と自尊心に配慮《はいりょ》する。
★ 弄便《ろうべん》※があったとしても、それだけでつなぎ服を着せることは**身体拘束《こうそく》**にあたるため、原則禁止。
※弄便…認知症の行動・心理症状（BPSD）の 1 つで、便を素手《すで》で直接触ったり、その手で衣服や壁等に便を擦《こす》り付けたりする行為
★ 利用者が尿意・便意を催《もよお》したときは、すぐにトイレ誘導➡いつでも快《こころよ》く応じ、利用者を**待たせない**。
★ **清潔保持**と**感染予防**を心がける。
★ できる限り自然な排泄が**自分の力**でできるように支援（自立支援）。
★ 座位保持ができれば、腹圧がかかりやすい**座位**での排泄が望ましい。
★ ベッド上の場合、**ギャッチアップ**して上体を起こす。

失禁とその対策（p199 参照）

★ 尿失禁《しっきん》や便失禁を繰り返す場合でも、安易におむつを**使用しない**。

★ 失禁があるからといって、水分量を**制限してはならない**。

種類		症状・原因	対策例
腹圧性**尿失禁**		咳《せき》やくしゃみをしたときや重い荷物を持ったときに生じやすい。	・**骨盤底筋群**《こつばんていきんぐん》を鍛《きた》える体操を行う。
切迫性《せっぱくせい》**尿失禁**		突然、強い尿意を感じ、我慢できずに失敗してしまう。	・急な尿意があっても少し我慢し、少しずつ排尿間隔《かんかく》を長くする中で膀胱の容量を大きくしていく**膀胱訓練**を行う。
機能性 **尿失禁**	身体機能 **低下の場合**	**下肢**筋力の低下で歩行に時間がかかり、トイレに間に合わない。	・トイレと居室の位置を**近く**にする。 ・移動の円滑化を図るため、**手すり**を設置する。 ・**歩行訓練**や**足上げ運動**等を行う。
		手指の巧緻性《こうちせい》や握力の低下、関節拘縮《こうしゅく》等によってズボンを下ろすのに時間がかかって間に合わない。	・ズボンのゴムひもを緩《ゆる》いものに変え、ズボンを下ろしやすくする等、**身だしなみ**の工夫《くふう》を行う。
	認知機能 **低下の場合**	認知症による**見当識**《けんとうしき》**障害**によってトイレの場所がわからず、迷っている間に失敗してしまう。	・トイレの場所をわかりやすくするため、**表示**を工夫したり、**目印**をつけたりする。 ・夜間は、トイレの**照明**をつけておく。 ・トイレ**誘導**

下痢とその対策

★ 下痢《げり》とは、ブリストル便形状スケールの水様《すいよう》便のように普通便と比べて**軟《やわ》らかく**、**水分**を多く含む便が何度も排出される状態。

★ 下痢の原因には、①腸管の**感染症**、②**脂質**の多い食事の多量摂取《せっしゅ》による消化不良、③服薬の**副作用**や**下剤**の過剰《かじょう》使用、④**過敏性腸症候群**《かびんせいちょうしょうこうぐん》等の疾病《しっぺい》、⑤精神的な**ストレス**等がある。

★ 体内の**水分**と**電解質**が失われるので、**脱水症状**になりやすい。

※下痢→**脱水**→**意識障害**の順に症状が悪化➡自宅で数日前から下痢を繰り返している利用者がいた場合、まずは、その利用者の**意識**の状態の確認を優先する。

★ 脱水症状の対策として、1日 **1,500ml** 程度の水分を摂取する。その際は**冷たすぎる**水や牛乳、炭酸飲料等は避《さ》け、**経口補水液**《けいこうほすいえき》や**スポーツドリンク**、**白湯**《さゆ》等を摂取する。

便秘とその対策（p200参照）

★ 便秘《べんぴ》の原因としては、①**運動不足**や寝たきり等による**筋力低下**、②**服薬**の副作用や下剤の過剰《かじょう》使用、③**大腸がん**等の疾病《しっぺい》、④精神的な**ストレス**等がある。

※①によって大腸の蠕動《ぜんどう》運動が弱くなって生じやすい**弛緩性《しかんせい》**便秘は高齢者に多い。②で生じる便秘を**薬剤性**便秘、③のように大腸の病気で生じる便秘を**器質性**便秘という。④で生じやすい**痙攣性《けいれんせい》**便秘では、小さくて硬《かた》い便になりやすい。

★ 便秘によって、腹部の張りを感じる**腹部膨満感《ぼうまんかん》**や**頭痛**、**食欲不振**等が発生しやすい。

便秘に対する対策

★ 適度な**運動**や大腸の走行に沿うように**上行**結腸《じょうこうけっちょう》→**横行**結腸《おうこうけっちょう》→**下行**結腸《かこうけっちょう》→**S状**結腸→……の順に「**の**」の字を描くような**マッサージ**をし、腸の蠕動運動を高める。

★ 個人差はあるものの、朝食後は**胃《い》**・**結腸**反射《けっちょうはんしゃ》によって排便しやすい状態にある→たとえ便意を感じなくても、習慣として**朝食**後にトイレに誘導し、排便のリズムをつくれるように支援。起床後に**冷水**を飲むことも胃・結腸反射を利用して**生理的排便**を促す方法となる。

★ 乳酸菌や**食物繊維《せんい》**の多い食事、十分な水分の摂取《せっしゅ》が大切。

★ オリーブオイルなどは便の滑《すべ》りを良くする**滑腸《かっちょう》作用**があるため、油の摂取も有効。

★ 座位姿勢がとれる場合は、**腹圧**をかけやすくするため、トイレに**前傾**姿勢で座る。

★ 便秘の場合、腹部に**温罨法《おんあん》**を行うと、大腸の動きを促進《そくしん》させ、便秘予防につながる。

※温罨法…身体を**温め**、血行を良くしたり、老廃物《ろうはいぶつ》の排出を促したりする方法

★ 下剤を使用する場合、腸を刺激する**刺激性**の下剤を毎日使用すると、徐々に効き目が**なくなってしまう**。**医師**や**薬剤師**と相談し、その利用者の便秘の状況に応じた下剤を使用。

★ 浣腸《かんちょう》を行う場合、浣腸液は**39～40℃**に温め、注入時は**側臥位《そくがい》**をとる。注入後は目安として**3～10**分程度我慢し、**便意**が十分に強まってから排便。

摘便《てきべん》は医行為で実施**不可**ですが、**浣腸**は介護福祉職も実施可能です。ただし、浣腸液を注入しても排便がない等の**異常**がある場合は実施できません。その際は医師に**報告**します。

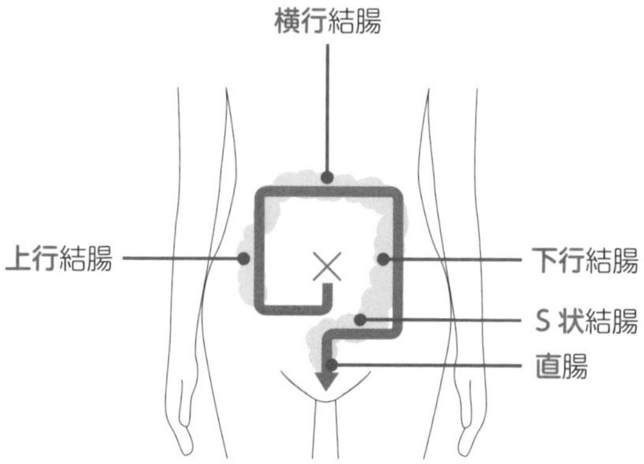

トイレでの排泄とその留意点

尿意・便意がある	＋	歩行や車いす等で トイレまで**移動可能**	➡	トイレでの排泄《はいせつ》

<table>
<tr>
<td>トイレの構造</td>
<td>
・足腰が衰《おとろ》える高齢者等の立ち上がりを考え、和式便器ではなく、洋式便器を使用。
・トイレのドアは開き戸ではなく、引き戸が望ましい。引き戸にできない場合は内《うち》開きではなく外開きとする。
・車いすが通過できるよう出入口の幅は 900mm 以上を確保する。
・トイレ内での車いすの移乗介護がスムーズに行えるよう、トイレの前方と側方にそれぞれ 1,000mm 程度以上のスペースを確保することが望ましい。
・立ち上がりや座位姿勢の際に役立つ L 型手すりを設置。
・しっかりと握《にぎ》れるよう、手すりの直径は細めの 28 ～ 32mm 程度とする。
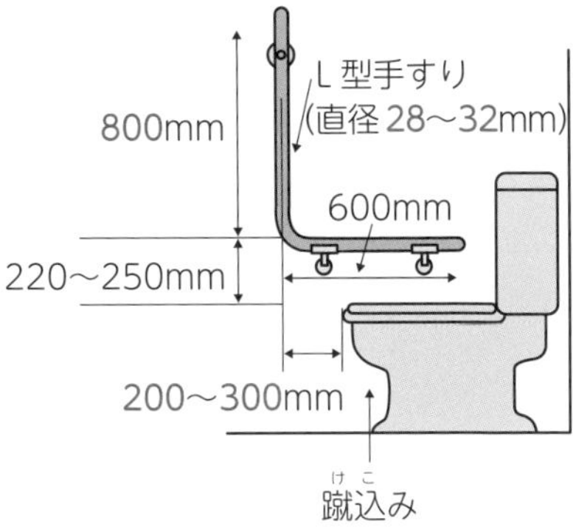

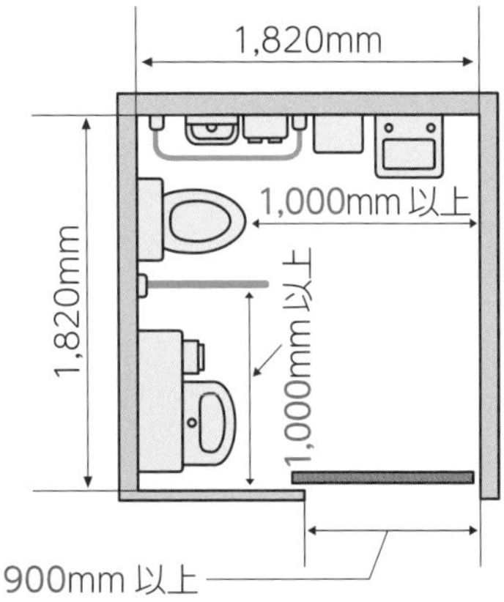

車いす使用全介助の
場合のトイレ環境
</td>
</tr>
<tr>
<td>トイレでの
排泄の留意点</td>
<td>
・足底《そくてい》を床につけて便座に座り、ロダンの「考える人」のイメージで前傾姿勢をとる→腹圧がかかること、肛門《こうもん》の締《し》め付けが緩《ゆる》むことに加え、直腸と肛門が便を排出しやすい位置関係になる。
・排泄後は、便座から立ち上がる前に、下着とズボンを大腿部《だいたいぶ》まで上げておく。
</td>
</tr>
</table>

ポータブルトイレでの排泄介護とその留意点

尿意・便意がある	＋	トイレまでの**移動が困難** で間に合わない場合等	➡	ポータブルトイレ使用

ポータブルトイレの選定	・座った際に**足底《そくてい》**が床につく。高さ調整機能があるタイプが望ましい。 ・立ち上がりやすいよう、足を引けるスペース（**蹴込《けこ》み**）がある。 ・**安定**しており、ぐらつかない。 ・**掃除**のしやすさも選定する上で重要。
ポータブルトイレの排泄《はいせつ》介護の留意点	・移乗しやすいよう、事前にベッドとポータブルトイレを**同じ高さ**に調整。 ・ポータブルトイレは、利用者の**足元**に置くのが一般的。 ※片麻痺《かたまひ》の場合、ポータブルトイレは利用者の臥床《がしょう》時の**健側**の**足元**に置く。 例：右片麻痺の場合、ベッド**左側**の**足元**に設置 ・足元に新聞紙を敷《し》くと**躓《つまず》き**や**滑《すべ》り**の原因に➡専用の滑り止めマットがよい。 ・介助支援バーを設置することで、安定した移乗が行いやすくなる。 ・ポータブルトイレに移乗後、**座位姿勢**の安定を確認。 ・不必要な露出《ろしゅつ》を避《さ》けるため、腹部から膝《ひざ》に**バスタオル**をかける。 ・背もたれに寄りかかると**腹圧**をかけにくく、排泄時に力《りき》めない➡**前傾姿勢**をとる。 ・後始末（排泄物の処理）は、その都度、**介護福祉職**が行う。

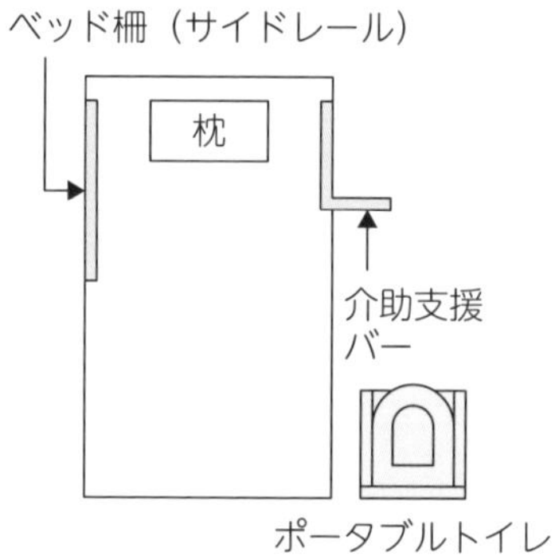

歩行が**不安定**な場合、**夜間**のみポータブルトイレを使用する場合もあります。

腰掛便座

介護保険制度における**特定福祉用具販売**の対象腰掛《こしかけ》便座

ポータブルトイレ

据置《すえおき》式便座

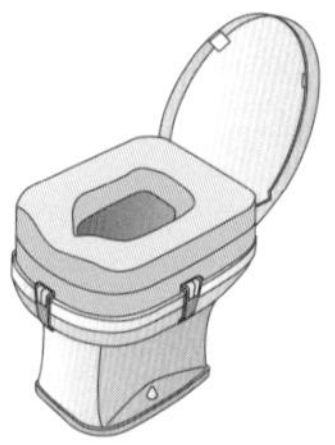

補高《ほこう》便座

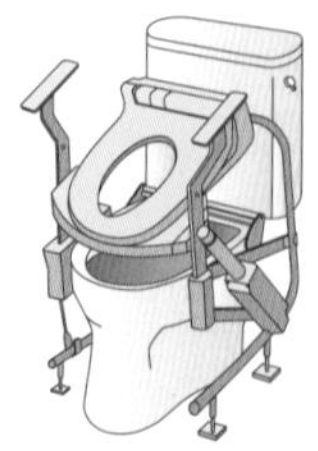

立ち上がり補助便座

腰掛便座の活用

据置式便座	・工事を伴《ともな》わずに和式便器を洋式便器に替えたい場合は、和式便器の上に**据置式便座**をかぶせる。
補高便座・ 立ち上がり補助便座	・**関節リウマチ**や関節痛、関節拘縮《こうしゅく》、膝の**関節可動域**（ROM）制限のある利用者の場合、便座の高さを上げたほうが立ち座り動作を行いやすいため、**補高便座**や**立ち上がり補助便座**を活用する。

尿器・差し込み便器を用いた排泄介護

尿意・便意がある ＋ トイレやポータブルトイレでの**排泄が困難** → ベッド上での**尿器**や**差し込み便器**の使用

尿器

男性用尿器 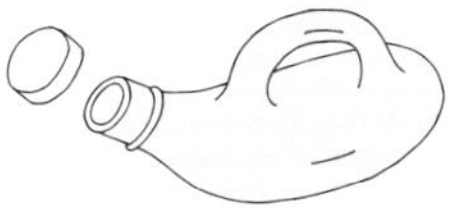	・陰茎《いんけい》を受け口に入れて使用。 ・**側臥位《そくがい》**のほうが使いやすい。 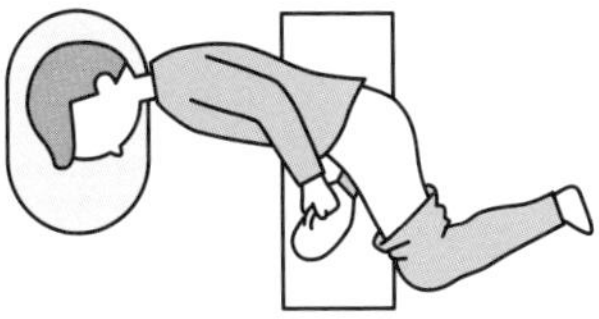
女性用尿器 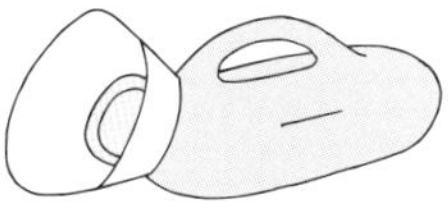	・**仰臥位《ぎょうがい》**の状態で受け口を会陰《えいん》部に当てて使用。 ・尿の**飛び散り防止**のため、**トイレットペーパー**を入れる。 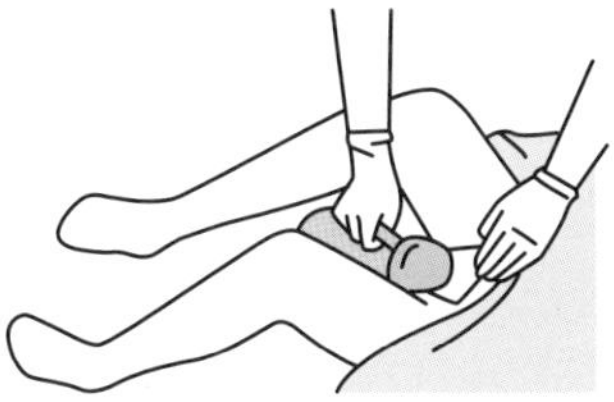

差し込み便器

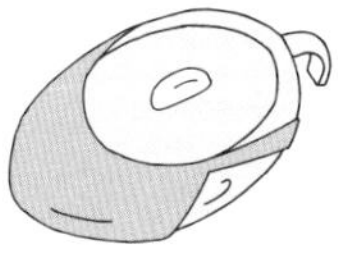

★ **排便**または**女性**の使用時は、腹圧をかけやすくするため、ベッドを**ギャッチアップ**して上体を少し**起こし**、膝をある程度**曲げる**ようにする。

★ 臀部《でんぶ》に便が跳《は》ね返るのを防《ふせ》ぎ、後始末しやすくするため、事前に差し込み便器の中に**トイレットペーパー**を敷《し》いておく。

★ 素材によって異なるが、便器自体が冷たい場合は、便器を**温め**、利用者が冷たいと感じないようにする。

★ **タオル**等の当て物を使用。

★ 差し込み便器は、**仙骨部《せんこつ》**にあてないよう、肛門《こうもん》が便器の**中央**に位置するように調整。

自動排泄処理装置

★ 自動排泄《はいせつ》処理装置は、センサーが排尿・排便を感知し、**自動的**に吸引を行う福祉用具。
★ 特に**夜間**の排泄介護における家族の介護負担の軽減に役立つ。

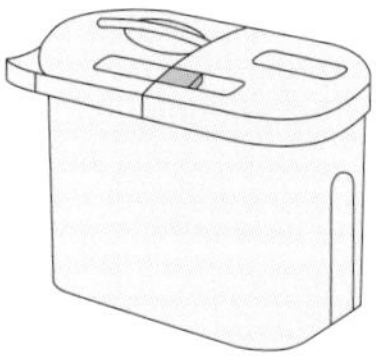

本体部分
➡福祉用具**貸与《たいよ》**

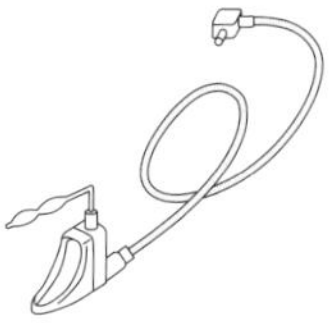

交換可能部分
➡特定福祉用具販売

おむつの交換

ベッド上のおむつ交換

説明と同意、準備、観察等	・おむつを使用する際は、利用者の**同意**を得た上で、利用者個々の排泄パターン（**排泄間隔《かんかく》**）を把握《はあく》し、できる限り汚れたおむつを**早く**交換して尿かぶれ等を防止する。 ・多床室《たしょうしつ》（2 人部屋や 4 人部屋）で他の利用者がいる場所では、自尊心や**羞恥心《しゅうちしん》**に配慮《はいりょ》し、「おむつを替える」等の直接的な表現は**慎《つつし》む**。 ・**カーテン**を引き、**バスタオル**で身体の露出《ろしゅつ》を減らす等、プライバシーを保護する。 ・感染予防のため、使い捨ての**手袋・マスク**を着用。 ・おむつ交換では、尿量や便の量・色・かたさ等に加え、**皮膚《ひふ》の状態**を観察し、**発赤《ほっせき》**等を確認した際は、医師や看護師に**報告**。
体位、感染予防、陰部洗浄	・片麻痺《かたまひ》がある利用者の場合、患側（麻痺側）が下にならないようにする。 ・汚れたおむつは、汚れている部分を**内側**に丸め、**決められた場所**に処分。 ・下痢《げり》が続いている利用者の排泄物は、**感染源**として厳重に取り扱う。感染が広がらないように、汚れたおむつや排泄物はビニール袋に**密封《みっぷう》**して処理し、周囲を**次亜塩素酸《じあえんそさん》ナトリウム**で消毒。その際、介護福祉職は使い捨ての**マスク**と**手袋**、**エプロン**等を着用。 ・陰部洗浄では 38 ～ 39℃程度の**ぬるま湯**（**微温湯《びおんとう》**）を使用（介護福祉職の**前腕《ぜんわん》**内側で温度確認）し、**こすらず**、泡立てた石鹸《せっけん》でなでるように**尿道口**（**恥骨《ちこつ》部**）から洗い、最後に**肛門《こうもん》部**を洗う。洗浄後は**拭《ふ》き取り用ペーパー**や**おしり拭き**等を使用し、優しく**押し当てる**ように拭く（蒸しタオルは**やけど**の危険性があるため、使用しない）。
おむつの装着	・紙おむつの上端《じょうたん》は、利用者の**ウエスト**に合わせる。 ・紙おむつの装着方法は、下のテープを**斜め上**に、上のテープを**斜め下**に向かって、腰前面 4 か所で留める。 ・腹部の圧迫感《あっぱくかん》を防ぐため、おむつと腹部の間には、**指 2 本分**程度の余裕をもたせる。 ・立体ギャザーが内側に倒れていたり、つぶれたりしているとおむつから**尿**が漏《も》れやすい➡**立体ギャザー**が尿漏れを防ぐ堤防の役割を果たすよう、立体ギャザーを**外側**に起こし、大腿部《だいたいぶ》の付け根にあたる鼠径《そけい》部にフィットさせる。 ・足の動きを妨《さまた》げないため、**鼠径部**をきつく**締《し》めすぎない**。

安易なおむつの使用

↓

・尿意や便意を感じなくなる
・**寝たきり**の状態につながる
・**意欲低下**や**うつ状態**を引き起こす

……→

おむつの使用は最後の手段

↓

安易なおむつの使用はできる限り避《さ》け、まずは**使用しない**方向性を検討することが重要

膀胱留置カテーテルの使用とその留意点

★ 膀胱留置《ぼうこうりゅうち》カテーテルは**前立腺肥大**《ぜんりつせんひだい》等によって自力での排尿が**困難**になった場合に使用する。
★ 尿の詰《つ》まりを防《ふせ》ぐため、カテーテルが**折れていない**ことを確認。
★ 尿路感染症を起こしやすいため、尿道口周辺の**清潔保持**に加え、**水分**を十分に摂取《せっしゅ》して尿量を**多く**し、自浄作用を促す。
★ 逆流防止のため、腰や膀胱よりも**低い**位置に固定。
★ 尿の量・色・性状等の**観察**は介護福祉職も行い、尿量の減少や尿の混濁《こんだく》、血尿等の異常が確認されたときには医師や看護師に速《すみ》やかに**報告**する。

自己導尿

★ 自己導尿《じこどうにょう》は、利用者が**自ら**の手で**カテーテル**を尿道から入れて尿を体外に排出する方法。
★ 腹圧をかけやすくするため、利用者が**座位**姿勢で実施する。
★ 介護福祉職がそばにいるのは羞恥心への配慮に欠ける行為となるため、座位が不安定な場合は利用者の**許可**を得た上で身体を支える。

ストーマ造設者※への介護

ストーマの種類	・肛門から便を排泄できない→**消化管**ストーマ（人工肛門） ・尿道から尿を排泄できない→**尿路**ストーマ（人工膀胱）
医行為の有無	・ストーマ装具の**交換**は、**医行為ではない**ため、介護福祉職も実施**可能**
支援内容	・パウチに溜《た》まった排泄物の**廃棄**《はいき》→特に**入浴前**、**外出前**、**就寝前**にはパウチの中身を空にする ・ストーマ装具の交換→消化管ストーマの場合、便が出やすい**食後**は避け、**起床直後**や**食事前**に行う ・ストーマ周辺の**皮膚**の洗浄とケア

※ストーマ造設者のことを**オストメイト**とも呼ぶ。

第６章　生活支援技術

09 調理の支援

食事バランスガイド

★ 食事は、**主食**（ご飯等）、**主菜《しゅさい》**（焼き魚等）、**副菜**（煮物等）、**汁物《しるもの》**等から構成され、全体としてバランス良く必要な栄養を摂取《せっしゅ》する必要がある。

★ **食事バランスガイド**は、わかりやすくイラストで示され、１日に「**何を**」「**どれだけ**」食べたらよいかを考える際に役立つ。

★ 従来の栄養成分表示とは異なり、食事バランスガイドは**料理の組み合わせ**から栄養バランスを見直すことが可能。

★ 「歩くのが遅くなり、疲れやすくなった」等、**筋肉量**の減少が疑われる場合は、肉･魚･卵･大豆《だいず》等を含む**主菜**の摂取を勧める。

１日の目安量	
５～７つ (SV)	**主食（ごはん、パン、麺《めん》）** ごはん（中盛り）だったら４杯程度
５～６つ (SV)	**副菜（野菜、きのこ、いも、海藻《かいそう》料理）** 野菜料理５皿程度
３～５つ (SV)	**主菜（肉、魚、卵、大豆料理）** 肉、魚、卵、大豆料理から３皿程度
２つ (SV)	**牛乳・乳製品** 牛乳だったら１本程度
２つ (SV)	**果物** みかんだったら２個程度

＊ SV とはサービング（食事の提供量の単位）の略

「サービング（SV）」とは「**１食分**として食べる量」という意味です。ごはんなら小盛り１杯、食パンなら１枚が「1SV」になります。

三大栄養素と五大栄養素

栄養素			主な食品	主な役割
五大栄養素	三大栄養素	炭水化物	ご飯、パン、麺	エネルギーの形成、**糖質**と**食物繊維《せんい》**に大別
		脂質	バター、植物油	エネルギーの形成、身体組織の構成 ※脂質は**ホルモン**の原料となる。
		たんぱく質	卵、豆、魚、肉	肉や血液等、**身体組織の形成** ※特に**高齢者**は魚や卵、**大豆**等、良質な**たんぱく質の摂取が重要** ※消化や代謝等に関与している**酵素《こうそ》**の主要成分はたんぱく質
		ビタミン	野菜、果物	身体の**機能調整**
		無機質※（ミネラル）	牛乳、**海藻**	身体組織の形成、身体の機能調整

※無機質には、カルシウム、カリウム、マグネシウム、ナトリウム、リン、鉄、亜鉛《あえん》などが含まれる。

食物繊維

★ コレステロールの吸収を抑制《よくせい》し、**血中コレステロール値**を下げる。
★ **血糖値**の上昇を抑《おさ》える。
★ **糖尿病**を予防する。
★ 大腸の**蠕動《ぜんどう》運動**を促進《そくしん》し、**便秘《べんぴ》**を予防する。
　※腸の蠕動運動が低下して起こる**弛緩性《しかんせい》**便秘は、運動不足のほか、食物繊維の摂取不足が原因➡便秘予防のためにも、特に**不溶性《ふようせい》**食物繊維を多く含む食品を摂取するとよい。

種類	特徴	主な働き	多く含まれている食品
不溶性食物繊維	水に溶《と》けにくい	・便の量を**増やす**。 ・胃や腸で水分を吸収して大きく膨《ふく》らみ、腸を刺激して蠕動運動を**活発**にし、便通を**促進**する。 ・腸内環境が**良く**なり、**整腸**効果がある。	**穀物《こくもつ》**、**野菜**、豆類、キノコ類、果実、海藻 例）ごぼう、切り干し大根、たけのこ、ひじき
水溶性《すいようせい》食物繊維	水に溶ける	・水に溶けて便を**軟《やわ》らかく**する。 ・便の**滑《すべ》り**を良くする。 ・腸内環境が**良く**なり、**整腸**効果がある。	**昆布《こんぶ》**、わかめ、こんにゃく、果物、里いも、大麦、納豆、インゲン豆、かぼちゃ、寒天※

※海藻からつくられる寒天は**低カロリー**（100 gあたり約2～3kcal）で、常温で固まる。

無機質の種類と働き

種類	主な働き	主な食品	不足すると起きる欠乏症の例
カルシウム	骨や歯の形成	小魚、牛乳、乳製品、海藻《かいそう》	骨粗鬆症《こつそしょうしょう》
カリウム	腎臓の老廃物《ろうはいぶつ》の排出	リンゴ、バナナ、夏みかん、納豆	筋肉の脱力感
ナトリウム	カリウムとともに細胞の浸透圧《しんとうあつ》を調整	食塩、醤油《しょうゆ》、味噌	食欲減退、けいれん
マグネシウム	神経の興奮を抑制《よくせい》	アーモンド、大豆《だいず》、納豆、魚介類《ぎょかいるい》	神経の興奮
鉄	血液の成分となり、酸素を運搬《うんぱん》	レバー、ひじき、大豆	鉄欠乏性貧血
亜鉛《あえん》	味覚・嗅覚《きゅうかく》等の機能保持	カキ（貝）、ごま	味覚障害、皮膚《ひふ》炎

ビタミンの種類と働き

種類	主な働き	主な食品	不足すると起きる欠乏症の例
ビタミンA	視力調整	卵黄《らんおう》、レバー、うなぎ、カボチャ、モロヘイヤ	夜盲症《やもうしょう》＝暗い場所で目が見えづらくなる症状
ビタミンD	骨の形成	卵黄、干ししいたけ、さんま、いわし、乳製品、うなぎ	骨粗鬆症 くる病＝骨が弱いため、骨格異常等を引き起こす病気
ビタミンK	止血《しけつ》作用や骨の強化	納豆、海藻、ほうれん草、ブロッコリー、牛乳、肉	血液凝固《ぎょうこ》不良 骨粗鬆症
ビタミンE	老化防止	種実《しゅじつ》類（アーモンド、ナッツ等）、油脂《ゆし》類、穀《こく》類、魚介類、豆類	感覚障害、神経障害
ビタミン B_1	疲労回復	豚肉、うなぎ、豆類、卵黄、玄米	脚気《かっけ》＝倦怠感《けんたいかん》や手足の浮腫《ふしゅ》、しびれ等の症状
ビタミン B_2	皮膚や粘膜《ねんまく》の健康維持	レバー、牛乳、卵、納豆、うなぎ	口唇《こうしん》炎、口角炎
ビタミン B_{12}	造血作用や抹消《まっしょう》神経の修復	あさり、しじみ、さんま、いわし、レバー	貧血、末梢神経障害による手足のしびれ
ビタミンC	鉄分の吸収や免疫《めんえき》機能の向上	果物（みかん等）、芋《いも》類、ブロッコリー	壊血病《かいけつびょう》＝貧血や歯肉《しにく》出血、皮下《ひか》出血等の症状

高齢者や食事療法が必要な人に対する食事

対象	食事に関する主な留意点
高齢者	・低栄養防止のため、十分な栄養を摂取《せっしゅ》 ・便秘《べんぴ》防止のため、**食物**繊維《せんい》を摂取（75歳以上の人には1日に男性20g以上、女性17g以上の摂取を推奨《すいしょう》） ・**骨粗鬆症**予防のため、**カルシウム**、たんぱく質、ビタミンK、ビタミンDを多く摂取する。**カルシウム**は**骨**をつくり、ビタミン**D**がカルシウムの**吸収**を促進《そくしん》し、ビタミンKが骨へのカルシウムの沈着《ちんちゃく》を助ける ※ビタミンDの生成には、食事のほか、適度に**日光**を浴《あ》びることも有効 ・貧血予防のため、**鉄分**を摂取
逆流性食道炎のある人	・胃酸の分泌《ぶんぴつ》を抑《おさ》えるため、**脂肪**《しぼう》の多い食品や**酸味の強い果物**は過剰《かじょう》に摂取しない ・胃酸の量を減らすため、1回の食事は**回数**を分けて**少量**ずつ食べるようにする
糖尿病のある人	・医師の指示に基づく**カロリー（エネルギー**摂取）制限 ・栄養**バランス**の良い食事摂取を朝・昼・夕**3食規則正しく**摂取する ・血糖値を下げる**インスリン**の働きが低下しているため、1回の食事で必要量以上のカロリーを摂取すると**高血糖**状態になる恐《おそ》れがある ・インスリン療法を受けている利用者が体調不良等で食事量が**減少**した場合、冷や汗、動悸《どうき》、吐《は》き気《け》、目のかすみ、意識障害等の**低血糖**になる恐れがある→**食事**量の確認を行い、低血糖の症状がみられた場合は**医師**や看護師に報告
高血圧症のある人	・**塩分**を抑制→1日**6**g未満（日本高血圧学会） ・ナトリウムを排出する**カリウム**（バナナ、ほうれん草、芋類等）を多く摂取
心臓機能障害のある人	・**塩分**、水分を抑制 ・**便秘**《べんぴ》予防のため、食物繊維を多く摂取
腎臓機能障害のある人	・**塩分**、**たんぱく質**、**水分**、**カリウム**、**リン**を制限 ・**人工透析**《とうせき》**（透析療法）**を受けている場合、塩分は1日**6**g以下 ・高カリウム血症《けっしょう》になりやすいため、カリウムを多く含む**生野菜**や**果物**は控える→カリウムは水に溶《と》けやすいため、野菜は**茹**《ゆ》**でる** ・高リン血症の恐れもあるため、リンを多く含む**乳製品**等は過剰に摂取しない ・たんぱく質の制限により摂取カロリーが減るため、植物油等の**脂質**やご飯・パン等の**炭水化物**に加え、砂糖やハチミツ等の**糖質**も摂取し、必要な**エネルギー**を十分に確保
人工肛門《こうもん》（消化管ストーマ）のある人	・消化の悪い**ナッツ**類、きのこ類、**海藻**類を抑制。特に回腸《かいちょう》ストーマの場合、食物繊維が多い食物は、ストーマの出口が詰《つ》まる恐れがある ・回腸ストーマの場合、水分が十分に吸収される前に水様便《すいようべん》として排出→**脱水症状**になりたすいため、十分な**水分**補給が必要 ・**匂**《にお》**い**の強い食べ物や**ガス**が出やすい食べ物は控える

嚥下《えんげ》障害の場合の食品選択（p128 参照）

<table>
<tr><td rowspan="2">好ましい食品</td><td colspan="5">プリン状</td><td colspan="5">ゼリー状</td><td colspan="5">マッシュ状</td><td colspan="5">とろろ状</td></tr>
<tr><td colspan="5">粥《かゆ》状</td><td colspan="5">ポタージュ状</td><td colspan="5">乳化《にゅうか》状</td><td colspan="5">その他</td></tr>
<tr><td>注意すべき食品</td><td colspan="4">水状</td><td colspan="4">繊維《せんい》状</td><td colspan="4">スポンジ状</td><td colspan="4">かまぼこ状</td><td colspan="4">ミンチ状</td></tr>
<tr><td>避《さ》けるべき食品</td><td colspan="10">口腔《こうくう》に粘着《ねんちゃく》するもの</td><td colspan="10">その他</td></tr>
</table>

調理方法

	調理方法	利点	欠点
加熱調理	蒸し料理	・型崩《かたくず》れしにくい ・ビタミンCなどの水溶性《すいようせい》の栄養素の損失が**少ない** ・余分な**脂肪《しぼう》**を落とすことができる ・**大量**調理に適する	・素材の**アク**や**生臭《なまぐさ》さ**が残る
加熱調理	電子レンジ調理	・早く加熱できる ・栄養分の損失が**少ない** ・火事を起こす危険性が**低い**	・風味《ふうみ》を損ないやすい ・水分が蒸発して**硬く**なりやすい ・漆器《しっき》・金属製の食器は使えない
加熱調理	電磁調理器調理	・熱効率が**よい** ・調理器そのものは発熱せず、炎が出ないので、やけどや火事の危険性が**低く**、高齢者に安心	・使用できる鍋が限られる
非加熱調理	酢のもの	・爽《さわ》やかな風味がある ・魚類の**生臭さ**や油っぽさを抑《おさ》える ・**防腐《ぼうふ》作用・殺菌作用**があるため、非加熱調理の中では食中毒にかかる危険性が**低い**	・酸味が苦手な人がいる ・加熱調理に比べると、非加熱調理は**食中毒**にかかりやすい

★ 弱視の場合、①包丁は刃《は》を調理台の**奥**に向けて置く、②まな板は食材と**異なる色**とし、コントラストを付ける、③よく使う調理器具はいつも**同じ場所**に収納する等の配慮《はいりょ》が必要。

食中毒の種類と予防法

食中毒の原因	含有している食物など	症状、調理上の注意など
腸管出血性大腸菌《ちょうかんしゅっけつせいだいちょうきん》 O157	肉・魚・野菜など	**ベロ毒素**を出し、出血性の下痢《げり》を起こす。予防策として、75℃以上で1分以上加熱することが必要

腸炎《ちょうえん》ビブリオ菌	魚介類《ぎょかいるい》、魚介類加工品（**生食**に多い）	**初夏**から**秋**に多い。症状は腹痛・下痢・嘔吐《おうと》・発熱。予防方法は、**真水**《まみず》でよく洗い流す、生魚を調理したまな板や包丁で野菜を調理しない、調理後は速《すみ》やかに食べること
サルモネラ菌	肉類（特に**鶏肉**）、鶏《けい》卵《らん》	8～48時間の潜伏《せんぷく》期間の後、腹痛・下痢・発熱を起こす。予防としては、十分な加熱調理（75℃以上で1分以上加熱）をする
カンピロバクター	肉類、汚染された水	**2～7**日間の潜伏期間の後、下痢・腹痛・嘔吐・発熱が起こる。集団給食による感染が多い。予防としては、生肉の保管に注意すること、十分に**加熱**すること、手洗いを励行《れいこう》すること
黄色《おうしょく》ブドウ球菌《きゅうきん》	**切り傷**などに多い	摂取《せっしゅ》後**3**時間ほどで下痢・腹痛を起こす。加熱調理では分解されない。傷のある人が調理する場合には、傷口が食物に触れないように注意する。調理後は**室温**に放置しない
ノロウイルス	二枚貝（主に**かき**）の**生食**	主に**冬**期に発生。抵抗力の弱い高齢者や幼児では重篤《じゅうとく》な症状になることがある。下痢・嘔吐が起こり、排泄《はいせつ》物から**二次**感染する。二枚貝の場合、中心部が**85～90**℃以上で**90**秒以上の加熱が必要
ウエルシュ菌	肉・魚・野菜を使用した**煮込み料理**	**加熱しても死滅しない**ため、カレーやシチュー等を常温で保存すると大量に増殖し、食中毒を起こす恐《おそ》れが高まる。加熱調理後、速やかに10℃程度以下に冷やして保存する

食中毒予防の6つのポイント

①食品の購入……**消費期限**※を確認。肉や魚などの生鮮《せいせん》食品や冷凍食品は**最後**に買う。肉や魚などは分けてビニール袋に入れる。寄り道をせず、すぐに帰る。

②家庭での保存…持ち帰ったら**すぐに**冷蔵庫や冷凍庫に保管。冷蔵庫は10℃以下、冷凍庫は－15℃以下に保《たも》つ。

③下準備…………調理の前に液体石鹸《せっけん》等で丁寧《ていねい》に手を洗う。食材を流水できれいに洗う。肉や魚、卵を触ったら手を洗う。使用後の調理器具は**洗った**後、熱湯をかけて殺菌する。

④調理……………調理の前に手を洗う。肉や魚は十分に加熱。中心部を**75**℃以上で**1**分以上の加熱が目安。

⑤食事……………**食事前**に液体石鹸等で手を洗う。清潔な食器を使う。作った料理は、長時間室温に放置しない。

⑥残った食品……手洗い後、清潔な容器に**小分け**して保存。温め直すときも十分に加熱。

※その日付までは食べることができる消費期限に対し、**賞味期限**は「おいしく食べることができる期限」を指すため、それを過ぎても、すぐに食べられなくなるわけではない。

第6章　生活支援技術

10 衣類の管理の支援

洗濯表示

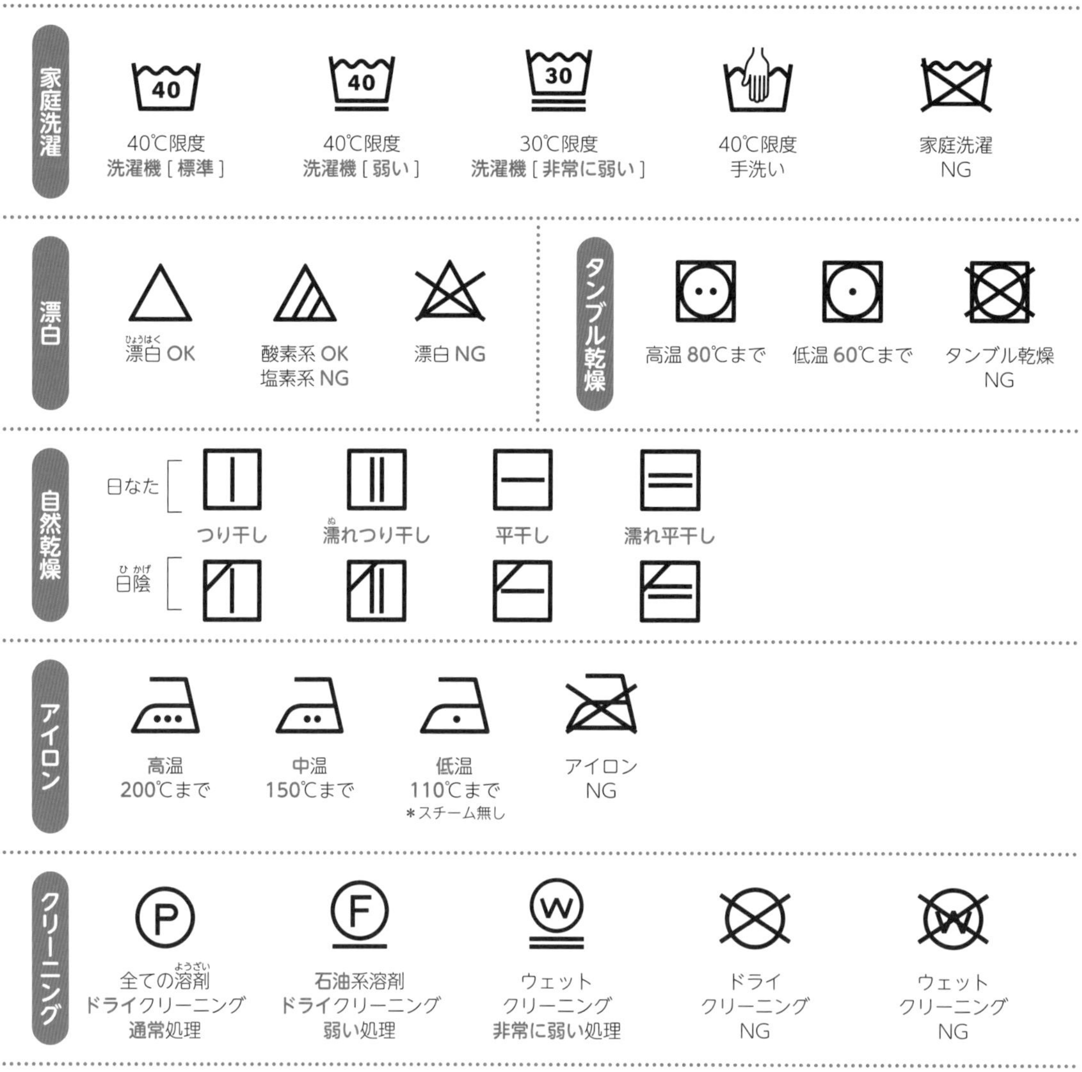

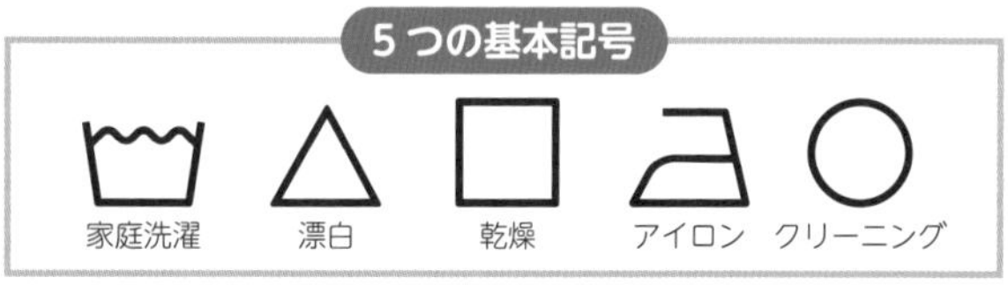

この5つの基本記号に、上限温度（数字）や弱さ（下線）、禁止（×）などの付加記号を組み合わせてつくられています。

JIS L0001：2014

洗濯の方法

★ 衣服にほころびがある場合 ➡ **修理してから洗濯**

★ ファスナーやマジックテープ ➡ **閉めた状態で洗濯**

★ **ノロウイルス**による感染症予防では、ノロウイルスが飛び散らないように**嘔吐物**《おうとぶつ》を拭《ふ》き取り、**次亜塩素酸**《じあえんそさん》**ナトリウム**の希釈液《きしゃくえき》に浸《ひた》し、**85℃以上で1分間以上の熱水**洗濯を実施。

	水洗い	ドライクリーニング
特徴	水溶性《すいようせい》の汚れを落とす	油性の汚れを落とす
対象となる主な汚れ	汗、血液、尿、コーヒー	皮脂《ひし》、チョコレート、口紅

洗剤と適する繊維《せんい》

種類	適する繊維
弱アルカリ性洗剤	綿、麻《あさ》　等 ※毛や絹《きぬ》等の動物繊維はアルカリに弱いので適さない
中性洗剤	毛、絹、綿、麻　等

漂白剤とその特徴

★ 塩素系漂白剤と酸性の洗剤等を**混ぜてはならない**。混ぜると有毒な塩素ガスを発生させる。

	種類	液性	使用可能○	使用不可能×	用途
酸化型漂白剤	塩素系漂白剤	アルカリ性	・白物《しろもの》の衣類 ・綿、麻、ポリエステル、アクリル等の衣類	・色柄《いろがら》の衣類 ・毛、絹、ナイロン等の衣類	コーヒー、紅茶、果汁、醤油《しょうゆ》、血液、汗、皮脂等によるしみ・黄《き》ばみ・黒ずみの漂白
	液体酸素系漂白剤	弱酸性	・白物の衣類 ・色柄の衣類 ・毛や絹を含む製品	・金属ボタン、ファスナー	
	粉末酸素系漂白剤	弱アルカリ性	・白物の衣類 ・色柄の衣類	・毛や絹を含む製品 ・金属ボタン、ファスナー	
還元型漂白剤		弱アルカリ性	・白物の衣類	・色柄の衣類 ・金属ボタン、ファスナー	酸化した鉄サビ等が原因でできた黄ばみやしみの漂白

しみ抜きの方法

しみの主な種類	しみの性質	主なしみ抜きの方法
醤油《しょうゆ》、ソース、コーヒー、ジュース、お茶、紅茶	水溶性《すいようせい》	しみを広げないため、しみの**周辺**から**中心**に向けて、**水**をつけた綿棒や専用のブラシで叩《たた》く。 ※ゴシゴシ擦《こす》ると生地《きじ》が傷《いた》む。
血液		水を溶かした台所用**洗剤**で濡《ぬ》らす→**布**の上に置いて、しみの周辺から中心に向けて叩く。
バター、マヨネーズ、ドレッシング、ミートソース	混合性 （水＋油）	
チョコレート、クレヨン、口紅	油溶性《ゆようせい》	**ベンジン**をつける→しみを布にうつす→洗剤で洗う。
朱肉《しゅにく》		**エタノール**をつける → ブラシで叩く。
墨汁《ぼくじゅう》	不溶性《ふようせい》	**歯磨き粉**をつける→もみ洗いする。
泥《どろ》はね		泥を**乾かす**→叩く、もむ、ブラシをかける。
ガム	その他	氷で冷やす → 剥《は》がす。

衣装ケース等に補充する防虫剤

ピレスロイド系	・無臭《むしゅう》で、他の防虫剤《ぼうちゅうざい》と**併用できる**等、安全性も**高い**。 ➡認知症の利用者等が居住する環境でも使用**しやすい**。 ・常温で揮発《きはつ》するため、衣装《いしょう》ケースの隅々《すみずみ》まで効果が届く半面、**定期的**な補充《ほじゅう》が必要。
パラジクロルベンゼン	・高濃度になると健康被害を引き起こす恐《おそ》れもある。 ➡認知症の利用者等が居住する環境では使用**しにくい**。 ・即効性があり、殺虫効果も**高い**が、においが**強い**。 ・融点《ゆうてん》が 53℃であるため、夏場の保管場所によっては溶《と》けてしまう。
ナフタリン	・コールタールの蒸留《じょうりゅう》で作られており、においが**強く**、肌が触れると炎症を起こす恐れがある。 ➡認知症の利用者等が居住する環境では使用**しにくい**。 ・有効期間が約 6 か月で**長期保管**に適する。
しょうのう	・クスノキ由来の防虫成分で、においが**あり**、誤って飲み込むと精神や神経等の異常を起こす恐れがある。 ➡認知症の利用者等が居住する環境では使用**しにくい**。 ・**絹**《きぬ》**の和服**等、すべての衣服に使用可能。

※食品や薬品等の保管に使用される**シリカゲル**は、**乾燥材**であり、防虫剤では**はない**。

繊維の種類と特徴

分類		繊維名《せんい》	メリット	デメリット
天然繊維	植物繊維	綿（コットン）	肌ざわりが良い、**通気性・吸水性**に優れている、耐久性に優れている → **下着**に適する。	縮みやすく**シワ**になりやすい、乾きにくくカビが生じやすい。
		麻《あさ》（リネン）	丈夫で長持ちする、汚れにくい、水分の**吸湿・発散《はっさん》**性に優れている、通気性が良い、肌触りがよい。	**シワ**になりやすい、保湿に乏《とぼ》しい、摩擦《まさつ》に弱い。
	動物繊維	毛（ウール）	**保温**効果が高い、シワになりにくく型崩《かたくず》れしにくい、湿気をよく吸収する、汚れがつきにくい。	**虫**がつきやすい、**縮み**やすい。
		絹（シルク）	美しい**光沢《こうたく》**がある、**保温性・吸放湿《きゅうほうしつ》**性に優れている、なめらかな肌触りで風合《ふうあ》いがよい → **下着**に適する。	**虫**に食われやすい、**縮み**やすい、色落ちしやすい、摩擦に弱い。
化学繊維	再生繊維	レーヨン	吸湿性・吸水性が良い、光沢があり着心地がいい、毛玉《けだま》ができにくい。	**水**に弱い、濡れると強度が落ちる、洗濯で縮みやすくシワになりやすい。
	合成繊維	ポリエステル	**シワ**になりにくく型崩れしにくい、丈夫で強度に優れている、速乾《そっかん》性がある、軽い。	**静電気**が発生しやすい、汚れると落ちにくい、吸湿性がない。
		ナイロン	**害虫・カビ**に強い、薬品に強く洗濯耐久性に優れている、弾力がありシワになりにくい。	吸湿性がなく静電気が発生しやすい、日光により変色しやすい、熱に弱い。
		アクリル	羊毛に近い風合いがある、**害虫・カビ**に強い、**シワ**になりにくい、軽い。	**吸湿**性が少ない、**静電気**が起きやすくホコリが付きやすい、高温に弱い。

裁縫

裾《すそ》や袖口《そでぐち》のほつれ　まつり縫《ぬ》い

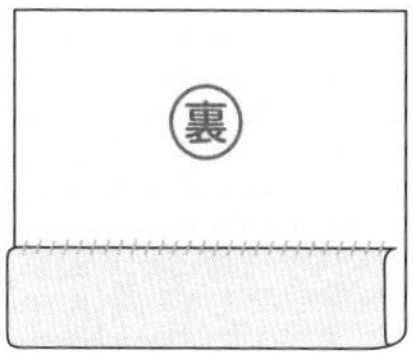

縫い目のほつれ　コの字縫い

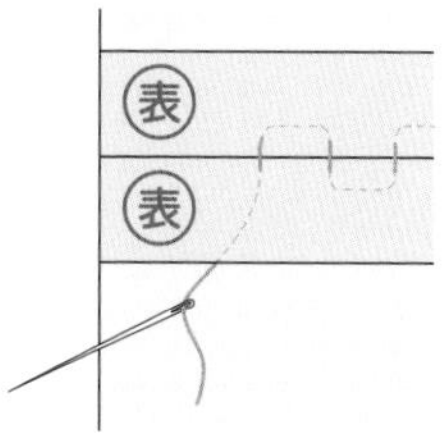

第 6 章　生活支援技術

11 家計管理

家計の収入と支出

★ 家計《かけい》は、働くこと等で受け取る**収入**、収入等をもとにした支出部分である**非消費支出**（税金や社会保険料等）、買い物等で減る**消費支出**等から成り立つ。

収入

繰入金《くりいれきん》		
実収入《じっしゅうにゅう》	経常《けいじょう》収入	勤め先収入
		事業・内職収入
		その他の経常収入（財産収入、公的年金など）
	特別収入	受贈《じゅぞう》金、その他
実収入以外の収入	預貯金《よちょきん》引き出し、保険受取金《うけとりきん》、借入《かりいれ》金《きん》、有《ゆう》価《か》証券《しょうけん》売却、財産売却など	

支出

実支出《じっししゅつ》	非消費支出	所得税その他の税、社会保険料
	消費支出	食費、住居費、教育費など生活費
実支出以外の支出	預貯金、保険掛金《かけきん》、借金《しゃっきん》返済、財産購入など	
繰越金		

可処分《かしょぶん》所得

可処分所得 ＝ 給与や年金等の**実収入** － 支払い義務がある**税金**や**社会保険料**等の**非消費支出**

★ 65 歳以上の単身無職世帯における主な収入源は「**社会保障給付**」（121,496 円）であり、実収入（134,915 円）の約 **9** 割を占めている（「家計調査（2022 年）」総務省統計局）。

★ 65 歳以上の単身無職世帯における**可処分所得**（122,559 円）は、**消費支出**（143,139 円）を**下回っている**（「家計調査（2022 年）」総務省統計局）。

エンゲル係数《けいすう》

★ 家計の消費支出総額中に占める**食料費**の割合。

★ エンゲル係数が高いほど生活水準が**低い**とされる。

オレオレ詐欺《さぎ》

「オレだよ。オレ！」と電話をかけてきて「事故にあったから、お金を振り込んで！」というような手法をとる**特殊**詐欺の一種

↓

1人で対応せず、**家族**や**警察**等に相談する

悪徳商法と対処法

催眠《さいみん》商法 （SF商法）	販売会場で初めのうちは無料で日用品等を配って会場を盛り上げさせ、「もらわないと損だ」という心理（催眠状態）にさせた上で、高額な商品を買わせようとする商法→**安易に販売会場には出向かない。**
利殖《りしょく》商法	「お金を増やしたい」という人々の願望につけ込み、未公開株《かぶ》や社債《しゃさい》、外国通貨等の取引《とりひき》を装《よそお》って「元本《がんぽん》保証」「値上がり確実」等で勧誘し、購入代金をだまし取る商法→**必ず儲《もう》かる投資はないため、はっきりと断る。**
点検商法	業者を装い、屋根・床下・水道等を「無料で点検」と訪問し、「このまま放っておくと危険」等と不安をあおる言葉をかけ、不当な工事契約や商品購入を迫る商法→**ドア越《ご》しに「お断りします」と伝え、家の中には入れない。**

クーリング・オフとその内容

内容・条件等	・**訪問販売**等で契約を行っても、契約日から**一定期間内**であれば、**無条件**で契約を解除できる制度。 ・**店舗《てんぽ》**での販売や**通信**販売（テレビショッピング、カタログ通販、インターネット通販等）は、原則、クーリング・オフの**対象外**。 例：デパートで購入した洋服等、消費者が自分で店舗に出向いて購入したものについては、クーリング・オフできない。 ・**消費生活センター**で相談に応じている。	
クーリング・オフ 対象期間	8日以内	・**訪問**販売（キャッチセールス、アポイントメントセール等を含む） 例：訪問販売でのリフォーム工事の場合、**工事完了後**であっても、**契約書面**を受けった日から8日以内であれば、クーリング・オフできる。 ・**電話勧誘**販売 ・特定継続的役務《えきむ》提供（語学教室、学習塾、エステ等）
	20日以内	・連鎖《れんさ》販売取引（**マルチ**商法） ・業務提供誘引販売取引（内職商法、モニター商法等）

第6章　生活支援技術

12 休息・睡眠の介護

睡眠と睡眠障害

睡眠の効果

★ 心身を休め、疲労を回復させる。

★ ホルモンバランスを調整する。

★ 生活リズムを整える。

★ 免疫力《めんえきりょく》を向上させる。

高齢者 ➡
・睡眠周期が乱れて不規則になる
・深睡眠が減少し、浅い眠りが増加（浅いノンレム睡眠が増加）
・夜間の睡眠時間が減少
➡ 睡眠障害を起こしやすい

睡眠障害

主な原因

加齢、うつ病、ストレス、喘息《ぜんそく》、関節リウマチ、皮膚掻痒症《ひふそうようしょう》、睡眠時無呼吸症候群（SAS）

➡

・寝つきが悪い ➡ 入眠障害
・夜中に何回も目が覚める ➡ 中途覚醒《かくせい》
・朝早く目が覚める ➡ 早朝覚醒
・ぐっすり眠った感じがしない ➡ 熟眠障害

安眠のための支援

環境調整	・室温は夏25℃前後、冬16～19℃、寝床内《しんしょうない》（布団の中）の温度は33℃程度、湿度は年間を通して50～60%に調整 ・臭気《しゅうき》がこもらないよう、室内の換気も重要 ・人は睡眠に入ると体温が下がる →電気毛布を使う際は、寝る前に布団を温めて入眠しやすくする一方、就寝中はタイマー機能を使ってスイッチが切れるようにする ・就寝前にテレビ等の明るい光を浴びると、その刺激で安眠できない →寝室は30ルクス（lux）未満の暗めにする。その際、昼光色《ちゅうこうしょく》（青白い光）は脳が刺激されるため、電球色（オレンジの光）を照明に使用

	・騒音《そうおん》や他の利用者のいびき等は気になり、安眠を妨《さまた》げる原因になる →寝室は**静かな**場所とする ・夜間、トイレに行くときもある →廊下《ろうか》に**足元灯《あしもととう》**（フットライト）を点灯 ※夜起きて移動する際、起立性《きりつせい》低血圧でふらついたり、睡眠障害がある場合は集中力が低下したりするため、**転倒**には注意
適切な寝具《しんぐ》等の使用	・**乾燥**した**清潔**な寝具を使用 ・枕の高さやマットレスの硬さは、その人に適した物を使用する ※顎《あご》が頸部《けいぶ》につくぐらいの高さにした場合、息苦しさを感じてしまう。個人差があるものの、枕は頸部の緊張を取り除《のぞ》き、自然な呼吸が行えるよう、15°くらい首の角度が上がる高さに調整 ・冷感を緩和《かんわ》させるため、湯たんぽを使用する場合は、低温やけどに注意 →足元から 10cm 程度離して置く等、湯たんぽが皮膚に**直接触れない**ようにする ※麻痺《まひ》がある場合は**健**側に置く
睡眠のリズムの調整	・**朝**、カーテンを開け、**日光**を浴びる →脳内に**セロトニン**という覚醒を促す**ホルモン**が分泌《ぶんぴつ》される →体内時計が**リセット** →睡眠と覚醒の**リズムが整う** ・牛乳等、朝食で睡眠を促すメラトニンを生成する**トリプトファン**を多く含む食品を摂取《せっしゅ》 →夜には睡眠を促す**メラトニン**が**生成**され安眠へ ・体力の消耗《しょうもう》が抑《おさ》えられ、夜に眠って休むという生活リズムが乱れるため、日中、長時間の昼寝は**控える** →適度な**運動**等、日中の活動を充実させ、心地良い疲れを得ることも有効
日常生活上の留意点	・空腹や満腹の状態では安眠できない →就寝 **3 時間前**には食事を済ませる ・就寝直前に熱めの湯に入浴すると交感神経が刺激され、安眠できなくなる →就寝 **2 ～ 3 時間**前に**ぬるめ**の湯に入浴し、副交感神経を優位にする ・入浴ができない場合でも、心身の疲れをとり、爽快感《そうかいかん》を得るため、手浴や足浴、全身清拭《せいしき》等を実施 ・就寝前、覚醒作用がある**カフェイン**を含むコーヒーや緑茶、紅茶等の摂取を**控える** ・**就寝前**に**テレビ**を見たり、**パソコン**を使用したりすると脳が刺激され、安眠を**妨げる** ・個々の利用者がいつも就寝前に行う習慣（**入眠儀式《ぎしき》**）があれば、それを尊重 ・睡眠時、**短く浅い**呼吸では身体に十分な酸素が送れない上、**交感**神経が優位となり、身体をゆっくりと休ませることができない→睡眠時は**深い**呼吸を行い、**副交感**神経を優位にし、**リラックス**した状態となる ・就寝時間は一律に同じではなく、利用者一人ひとりに適した時間とする
服薬	・睡眠薬は**医師**の指示に従って服用 ・睡眠薬の副作用には**ふらつき**、頭痛、倦怠感《けんたいかん》、注意力の低下等がある →歩行が不安定になることもあるため、**転倒**には注意 ・副作用が生じやすくなるため、睡眠薬と一緒にアルコールを**服用しない** ※副作用がみられた場合には医師に**速《すみ》やかに**報告

第6章　生活支援技術

13 人生の最終段階における介護

人生の最終段階の介護

★ その人らしい人生を締《し》めくくるため、個人の尊厳を重視 ➡ 利用者の意向を最大限に尊重。

例：延命治療を選択する意思決定の計画書は医師等の医療職が作成するのではなく、本人が作成する、または本人の意思に基づき作成するものである。

★ 介護福祉職は家族、医師、看護師、理学療法士、管理栄養士、相談員等と連携を図りながら利用者を支援する。

★ 末期がん等の場合、痛み（疼痛《とうつう》）の緩和《かんわ》は身体的側面だけでなく、精神的側面、社会的側面、霊的側面も含めた全人的苦痛（トータルペイン）として対応。

アドバンス・ケア・プランニング（ACP：Advance Care Planning）

・「人生会議」と訳す場合もある。

・本人や家族、医師や看護師、介護福祉士等が繰り返し話し合う中で、どこで、どのような形で人生の最終段階（終末期）を迎えたいか等について本人の意思決定を支援する。

※人の気持ちは変化するものであることから、意思決定のための話し合いは何度でもできることを伝えておく。

・リビングウィル（終末期医療における事前指示書）として内容を書面に残す。

キューブラー・ロスの死に対する5段階の心理過程

否認	怒《いか》り	取り引き	抑《よく》うつ	受容
自分が死ぬことが信じられない	「なぜ、自分が死ぬのか」と怒る	つらい治療を我慢するので「助けてほしい」と願う	「やはり死ぬのか」と不安が強くなり、何もする気にならない	死を受け入れ、残された時間を自分らしく生きることにする

本人とその家族への対応

本人への支援

★ 褥瘡《じょくそう》予防や身体的な苦痛を取り除《のぞ》く ➡ **安楽**な体位が重要。息苦しさを訴えた場合は、**半《はん》座《ざ》位《い》**（ファーラー位）にするとよい。

★ **全身倦怠感《ぜんしんけんたいかん》**が強い場合は、全身清拭《せいしき》ではなく**部分**清拭にし、本人の負担軽減を図る。

★ がんの痛みを緩和 ➡ **医師**による**インフォームドコンセント**に基づく鎮痛薬《ちんつうやく》の**モルヒネ**の使用（モルヒネには吐《は》き気《け》、**便秘《べんぴ》**、眠気《ねむけ》等の副作用がある）。

★ 不安や苦痛の緩和 ➡ 好きな音楽をかける、手を握《にぎ》る、身体をさする等、利用者が少しでも心安らぐ時間をつくる。

★ 利用者が抱く死への恐怖を受け止め（**受容**）、利用者の声に耳を傾ける（**傾聴《けいちょう》**）。

★ 体調や気分に配慮《はいりょ》しながら、**利用者の嗜好《しこう》**を重視し、食べたいときに食べたい食事を提供。

★ 利用者の状態に異変が生じた場合には、速《すみ》やかに医師や看護師に**報告**。

家族等との協力・連携

★ 利用者に関する情報を提供するとともに、家族等と**情報交換**する。

★ 大切な人々と面会できる時間や最期《さいご》の時を一緒に過ごせる**プライベート空間**を確保。
※家族が**希望**すれば、負担がかからない範囲で家族と一緒に利用者の**介護**を担《にな》うのもよい。

★ 家族等の意向を十分確認しながら、家族等の負担も考慮し、**無理させない**。

★ 利用者が亡くなられた後、身近な人と死別した家族がその悲しみから立ち直れるように支援する**グリーフケア**も重要。

エンゼルケア（死後のケア）

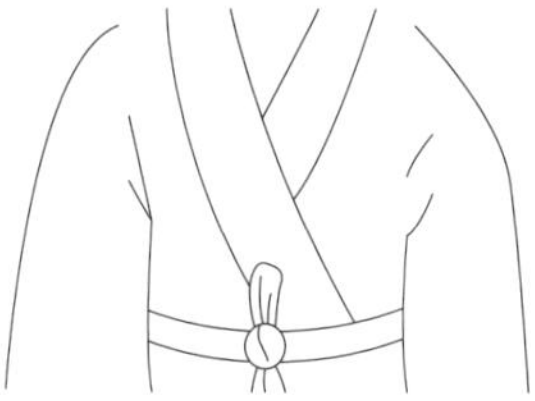

★ 死亡後の全身清拭は、**アルコール**に浸《ひた》した脱脂綿《だっしめん》で拭《ふ》き清める。または、水に湯を注《そそ》いだ**逆《さか》さ水《みず》**を使用する。

★ 義歯がある場合、**口腔《こうくう》ケア**を行った後に装着。

★ 化粧《けしょう》等を施《ほどこ》し、外見上の**その人らしさ**を尊重。

★ 服は着衣《ちゃくい》のしやすさではなく、生前に本人が**希望**した服や**よく着ていた**服を選ぶとよい。

★ 着物の場合、生前とは逆の**左前**に合わせ、帯紐《おびひも》を**縦**結びにする（死装束《しにしょうぞく》）。

★ 死亡診断書が交付された**後**、**死後硬直**が始まる**前**までに実施。

★ エンゼルケアの後、亡くなられた利用者と関わった介護福祉職や看護師、介護支援専門員（ケアマネジャー）等の**職員**がこれまでの支援を振《ふ》り返《かえ》り、今後の支援に活《い》かす**デスカンファレンス**を開催することも重要。

第6章　生活支援技術

14 福祉用具

福祉用具の適切な使用例

★ **移動用リフト**で吊《つ》り上げる際は、利用者の身体が回転したり、利用者が不安になったりしないよう、**声かけ**を行いながら利用者の身体を**手**で支える。

★ **入浴用介助ベルト**は、真上に**持ち上げず**、利用者が**前傾**姿勢をとりながら徐々に**前方**に重心を移動して立ち上がれるように使用。

頸髄損傷レベルに対応した福祉用具の活用

レベル	運動機能	主な福祉用具
C1～C3	・**首**を動かせる ・**四肢麻痺**《ししまひ》 ・**体幹**《たいかん》**麻痺** ・**呼吸障害**がある	・人工呼吸器 ・**天井**《てんじょう》走行式リフトや**床**《ゆか》走行式リフトの活用 ・環境制御《せいぎょ》装置 ・特殊寝台《とくしゅしんだい》
C4	・**自発呼吸**は可能 ・**肩甲骨**《けんこうこつ》を上げられる	・**ヘッドレスト**付きで、**顎**《あご》で操作する特殊な電動車いすの活用 ・ヘッドポインター ・環境制御装置 ・特殊寝台
C5	・**肩、肘**《ひじ》の一部を動かせる	・電動車いす ・**スプリント**（上肢装具）付きの自助具
C6	・**肘**は曲げられるが伸ばせない ・**手首**を上げるのは弱い	・**自助具**（食事、書字、髭《ひげ》剃り、更衣、入浴用など） ・平地では波形ハンドリムなど、しっかり握《にぎ》れるように工夫《くふう》したハンドリムがある車いすの駆動《くどう》は可能
C7	・**手関節**までは、ほぼ完全に動かせる ・**寝返り・起き上がり**は可能 ・**プッシュアップ**可能	・**標準形（型）**車いすでの移動 ・バスボードや入浴用自助具の活用 ・ベッドと車いすの移乗が可能（横方向） ・**プッシュアップ**は個人差があるため、**スライディングボード**を活用し、移乗時の負担軽減を図る
C8	・**上肢**をすべて動かせる	・車いすで**段差乗り越え**が可能 ・改造自動車の運転と車いすの積載《せきさい》が可能

自助具とその種類

太柄《ふとえ》スプーン・フォーク

関節リウマチのある人や**握力が低下**して柄の細いスプーンを持つことが難しい人等が使用。

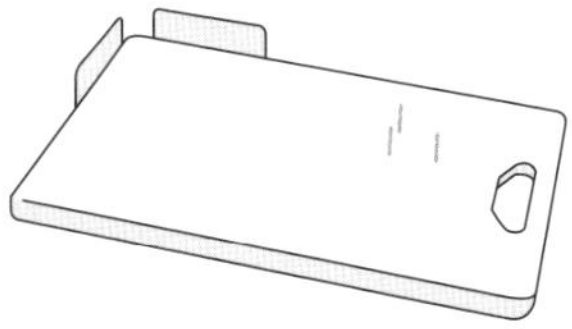

釘《くぎ》付きまな板

片麻痺《かたまひ》のある人が食材を包丁で切る場合に使用。

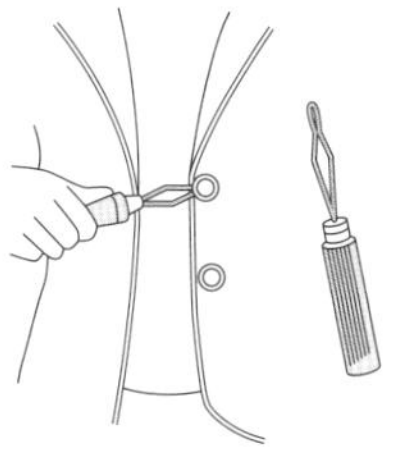

ボタンエイド

手指の巧緻性《こうちせい》が低下している人が、衣服の**ボタンを留める**際にボタン穴に差し込み、ボタンを引き出して留める。

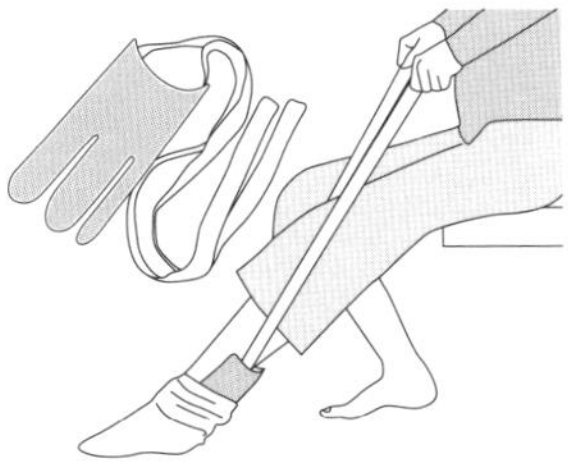

ストッキング（ソックス）エイド

関節リウマチや腰痛等で深い**前傾**姿勢をとったり、足元まで**手**を伸ばしたりしなくても、ストッキングや靴下（ソックス）が履《は》ける。

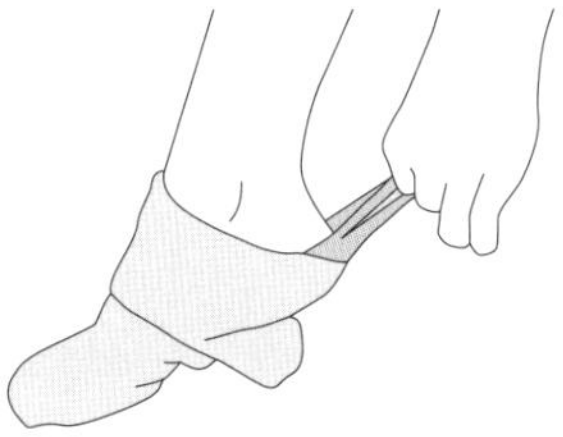

ループ付き靴下

手首から先に**麻痺**があると靴下をつかんで履くことが難しいので、靴下にループをつけ、そのループを引っ張ることで靴下が履きやすくなる。

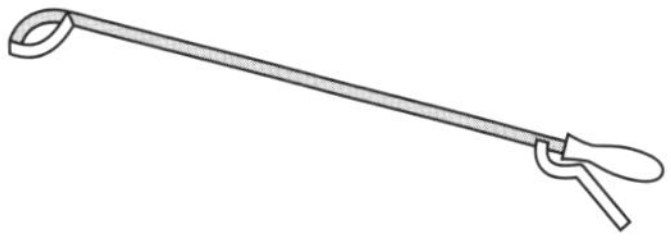

リーチャー

関節リウマチのある人等がカーテンを**開閉**したり、床に落ちた物を**拾い上げ**たりする場合等に使用。

台付き（固定式）爪《つめ》切り

手指の力や握力が**弱い**人、通常の爪切りを持てない人等が使用。

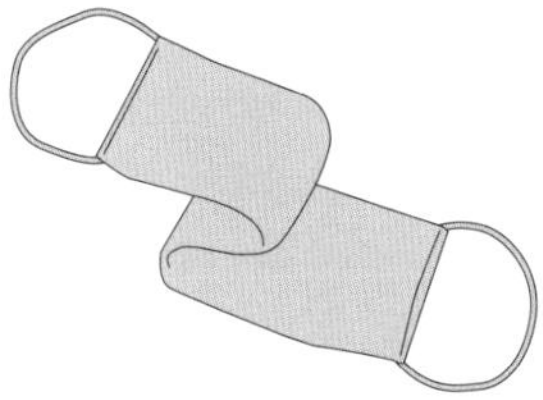

ループ付きタオル

身体を洗う際、関節に負担をかけさせないよう、**関節リウマチ**のある人等が使用。

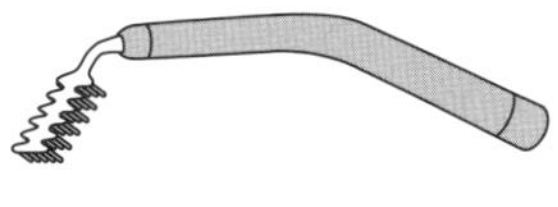

長柄《ながえ》ブラシ

整髪《せいはつ》の際、**関節痛**や関節可動域（ROM）の**制限**がある**関節リウマチ**のある人等が使用。

第7章　介護過程

01 介護過程の基礎的理解

介護過程の意味と意義・目的

介護過程の意味

・利用者が**望む**生活の実現に向けて、場当たり的で思いつきの介護ではなく、**意図的**な（個別性に応じた計画的で根拠に基づいた）介護を展開するためのプロセス。
・介護福祉に関する専門的知識・技術を駆使した**課題解決思考過程**であると同時に**課題解決実践**のプロセスでもある。

介護過程の意義・目的

・利用者の**望む**生活の実現
・利用者のより良い生活の実現
・利用者の**生活の質**（QOL）の向上
・利用者の**生活課題**の解決
・利用者への**個別支援**（個別ケア）
・利用者の**自己決定**の支援
・利用者の**価値観**に沿った支援
・**根拠**が明確な支援
・利用者の**尊厳**の保持
・**多職種連携**・**協働**による支援

介護過程の展開

★ 介護過程は、一人ひとりの利用者に対し、①アセスメント→②**介護計画の作成**→③**実施**→④**評価**というプロセスを繰り返して展開する。
★ アセスメントでは**生活課題**を明らかにする。
★ 実施結果だけでなく、**アセスメント**や**介護計画**も振《ふ》り返《かえ》って評価する。
★ **定期的**な再アセスメントに加え、利用者の身体状況に**変化**が生じた場合等にも再アセスメントを行い、介護計画を**修正**・**見直し**ていく必要がある。
★ 家族の意向も重視するが、あくまでも**利用者自身**の思いや希望が尊重されなくてはならない。
★ **根拠**が明確でなければ、なぜ、その支援を行うのかという理由を説明できない。介護過程では、利用者や家族等への**説明責任**（アカウンタビリティ）を果たすためにも、根拠に基づく実践を展開する。

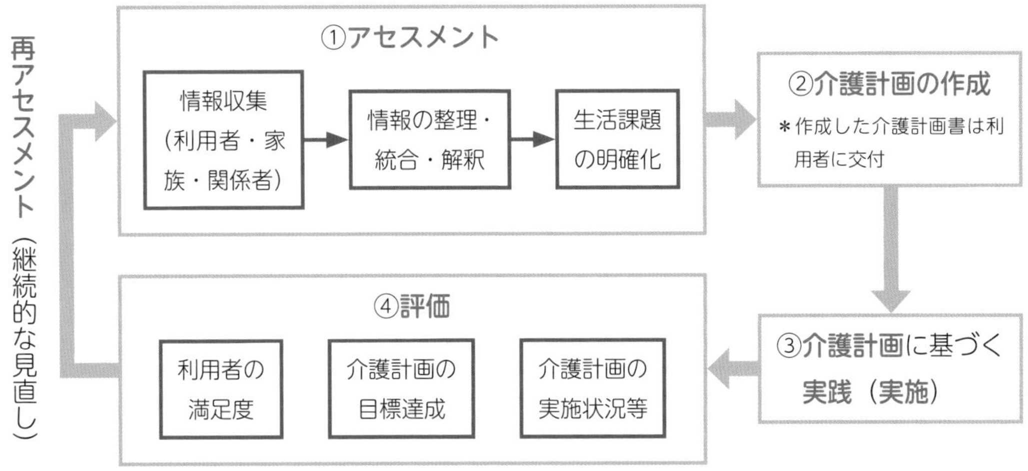

アセスメント

意味と留意点

・ICF（国際生活機能分類）等に基づきながら、利用者に関する**情報収集**※を行い、そこから利用者が抱《かか》える**生活課題**や**ニーズ**を見出す（明確化する）こと。
　※アセスメントと情報収集が独立してあるのではなく、**アセスメントの一環として情報収集がある**点に注意する。

・利用者の日常生活の困難な部分といった**マイナス**面だけでなく、利用者ができること（能力）、したいこと（意思）、好きなこと（嗜好《しこう》）、長所等の**プラス**面も含め、**総合的に**情報収集する。

・情報収集では、利用者との会話は、解釈せずに、**そのまま記載**する。

・介護福祉職は、**固定観念**や**先入観**によってアセスメントしては**ならない**。

・状況によっては、利用者が不快に感じること等についても「なぜ、そう感じるのか」という理由も含めて検討し、その利用者の**望む生活**の実現につなげる。

展開

・アセスメントを行う目的は、**生活課題**の明確化である。

・その利用者には**何が必要**か、どのような支援を求めているか等を検討する。その際は、介護福祉職が持っている視点・知識・技術を活用。

・現在の暮らしと望む暮らしの**隔《へだ》たり**（ギャップ）や、困りごとと本人の思い（意欲）から生活課題を検討する。

・その際、**ストレングス**（**強み**）を活《い》かす視点が大切である。

ICF（国際生活機能分類）の視点に基づくアセスメントと相互作用モデル

相互作用の例

脳出血（健康状態）の後遺症として**左片《かた》麻《ま》痺《ひ》**（心身機能・身体構造）が生じ、**杖《つえ》歩行**（活動）となっているが、**玄関に段差**があるため（環境因子）、外出をためらい、地域の**行事への参加もできていない**状況（参加）。そこには「**また転《ころ》びたくない**」という本人の思い（個人因子）も影響を及ぼしている。

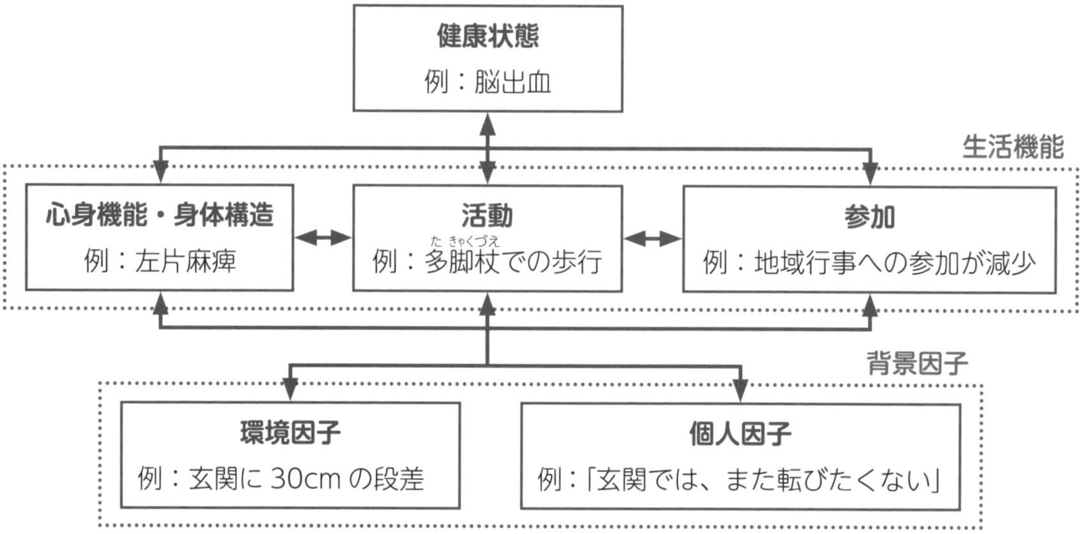

利用者の心身の状況の把握

障害高齢者の日常生活自立度判定基準

生活自立	ランクJ	何らかの障害等を有するが、日常生活は**ほぼ自立**しており独力で外出する 1. 交通機関等を利用して外出する　2. 隣《となり》近所へなら外出する
準寝たきり	ランクA	屋内での生活は概《おおむ》ね**自立**しているが、介助なしには外出**しない** 1. 介助により外出し、日中はほとんどベッドから離れて生活する 2. 外出頻度が少なく、日中も寝たり起きたりの生活をしている
寝たきり	ランクB	屋内での生活は何らかの介助を**要し**、日中もベッド上での生活が主体であるが、座位を**保《たも》つ** 1. 車いすに移乗し、食事、排泄《はいせつ》はベッドから離れて行う 2. 介助により車いすに移乗する
	ランクC	一日中ベッド上で過ごし、排泄、食事、着替において介助を**要する** 1. 自力で寝返りをうつ　2. 自力では寝返りもうてない

認知症高齢者の日常生活自立度判定基準

Ⅰ	何らかの認知症を有するが、日常生活は**ほぼ自立**している	
Ⅱ	a. **家庭外**で、日常生活に多少の支障をきたすが見守りで自立できる	b. **家庭内**でも、日常生活に多少の支障をきたすが見守りで自立できる
Ⅲ	a. **日中**を中心として、日常生活に支障をきたし、介護を必要とする	b. **夜間**を中心として、日常生活に支障をきたし、介護を必要とする
Ⅳ	日常生活に支障をきたす症状が**頻繁**に見られ、**常に介護**を必要とする	
M	著《いちじる》しい精神症状や問題行動等が見られ、**専門医療**を必要とする	

主観的情報と客観的情報

	意味	例
客観的情報	・視覚・聴覚・嗅覚《きゅうかく》・触覚といった五感を用いた**観察結果** ・検査や測定器（体温計、血圧計、体重計等）による**測定結果**等 ⬇ ・確認された**事実**としての情報	・Aさんは、朝の体温が 37.5℃であった。 ・Bさんは、廊下《ろうか》を 3 往復した。 ・日中はポータブルトイレを使用し、夜間はおむつを使用している。 ・主食を半分、副食を全量摂取《せっしゅ》した。
主観的情報	・利用者の**要望**（デマンド）や訴え等 ・介護福祉職の考えや判断等 ⬇ ・その人の**思い**や**考え**によって生まれた情報	・利用者の主観：Cさんは「何となく気持ち悪い」と言った。 ・介護福祉職の主観：Dさんはうれしそうである。

主語が誰かによって、客観的情報と主観的情報が**変わる**場合もあります！　例えば……

「Cさんは『何となく気持ち悪い』と言った」という情報について介護福祉職を主語として考えた場合

⬇

「C さんは『何となく気持ち悪い』と言った」は、介護福祉職が見聞きした**事実**であるため、介護福祉職による**客観的**情報または介護福祉職が記録した**客観的**記録となる。

02 介護計画とチームアプローチ

介護計画

★ 介護福祉職が利用者の**生活課題**に基づき作成した利用者支援のための計画で、**利用者ごと**に作成する。

構成

①生活課題
②長期目標 → 利用者が主語
③短期目標
④具体的な援助内容・方法→介護福祉職が主語

↓

- 介護計画は利用者や家族に説明し、その内容・方法について**同意**を得て実施。
- 介護計画の援助内容は、**短期目標**の達成にふさわしい内容・方法とする。
- 支援や介護の**継続性**を保持するため、介護計画を作成した人以外の介護福祉職や他職種等も読めば同じ援助ができるように**具体的**に記述。

介護計画を作成する際の主な留意点

- 可能な限り**利用者本人**の意向を反映 ➡ 介護福祉職が援助内容等を勝手に決めない。
- 利用者本人や関係者等と相談しながら、5W1Hに基づき「何を」「いつ」「どこで」「誰が」「なぜ」「どのように」行うのかを**具体的**に検討。
- 援助内容・方法に加え、介護を行う上での**注意点**も記載する。
- 誰が読んでもわかる具体的な記載 ➡ できる限り**専門用語**を使用しない。
- 誰にでも当てはまるような「安心」「安全」といった表現を用いない ➡ **具体的**に記載。
- 「見守り」「一部介助」等も、その意味が伝わりづらい ➡ **具体的**に記載。
- 「〜させる」といった指示的・管理的な表現は用いない ➡ **尊厳**が守られている表現とする。

生活課題

★ 主語は**利用者**で、「**〜したい**」で表現する。
★ 通常、生活課題は複数あるため、**優先順位**をつける。

> イメージできない抽象的《ちゅうしょうてき》な記載ではなく、**具体的**な生活課題へ

例：「安全に歩きたい」　※こうした記載では、施設内か自宅の庭か？杖《つえ》歩行か歩行器歩行か？そもそも「安全に」とは？　等の疑問が生じる。

↓

「施設内を自分で歩行器を使って、つまずかないで歩き、友人の居室に行きたい」

> 目標を達成する手段（援助内容）のみの記載は、生活課題とはいえない

例：「リハビリに参加したい」　※こうした記載をするのではなく、なぜリハビリに参加したいのか？　その**理由**を生活課題として記載する。

↓

「杖を使って自分の足でバランスよく歩き、施設の隣《となり》にあるお店まで行き、買い物したい」

長期目標と短期目標

★ **達成可能**な目標とする。
★ 一般的に、主語は**利用者**で、「**〜できる**」「〜する」「〜の状態になる」と表現する。
★ 抽象的な用語は評価しづらいため、**具体的**に記載する。
★ 目標達成の基準を**数値化**すると評価しやすくなる。
　例：短期目標「多《た》脚杖《きゃくづえ》を使って施設内をバランスよく 20 m歩くことができる」
★ 評価**基準**は、介護計画を実施する**前**に定めておく。

長期目標	・生活課題が**解決**した状態または**ニーズ**が**満たされた**状態を示す目標。 ・生活課題ごとに設定する。
短期目標	・**長期目標**を達成するために設定する段階的な目標。 ・一般的に１つの長期目標に対して**複数**（２つ以上）の短期目標がある。 ・長期目標よりも、さらに**具体的**な内容とする。

介護計画作成の流れ（例）

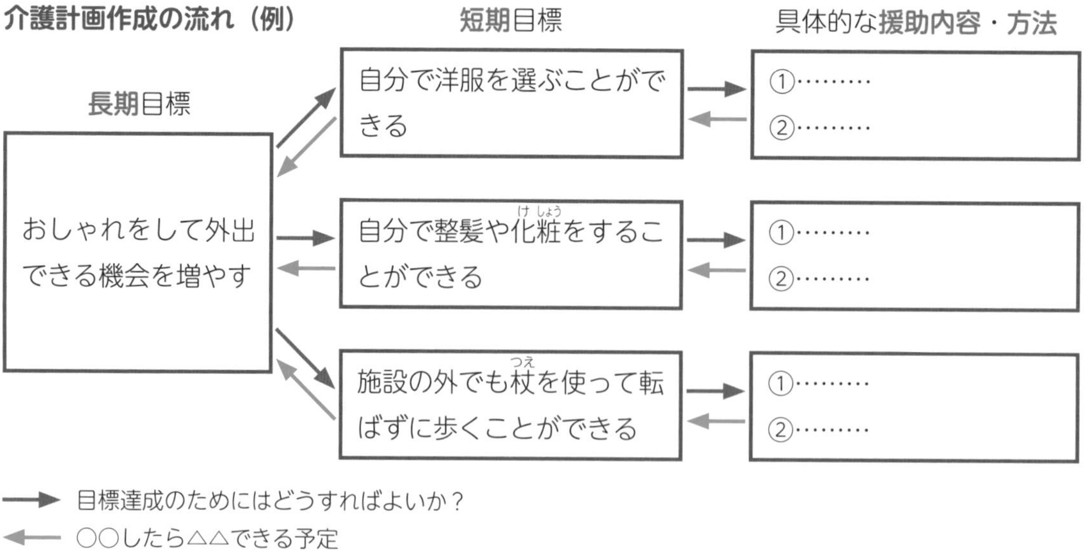

評価

意味	・利用者へのより良い支援を目指し、実施した援助の**結果**に加え、**アセスメント**や**介護計画**を含め、一連の介護過程がどうであったかを確認して見直すために行う。 ※実施しなかった介護計画についても、今後の支援に活《い》かすために、なぜ、実施しなかったのか、その理由も含めて確認しておく。
主な評価内容	・援助が開始された後、その援助が**計画**に基づいて実施されているか？ ・援助を受けた利用者や家族等の**満足度**はどうか？ ・援助の**効果**は得られているか？ ・目標の**達成度**はどうか？ ※複数ある短期目標は、集約して評価するのではなく、それぞれの短期目標に対して評価する。 ・利用者の状況に**変化**はないか？ ・新たに気づいた**可能性**や**能力**はないか？ ・新たな**生活課題**が発生していないか？

評価結果ごとの主な対応例

① 目標達成が十分な場合	➡ この支援を**終了**。別の生活課題の解決に向けて支援内容・方法を検討 ➡ 有効な方法であるため、同じ支援を引き続き**継続** ➡ 同じ支援を継続できないため、それに代わる支援内容・方法を検討

② 目標達成が不十分な場合	➡ 計画通りに支援を実施できていない場合は、その**原因**と**改善《かいぜん》策**を考える ➡ 計画内容が不適切な場合は、その原因と改善策を考える（必要に応じて再アセスメント） ➡ 利用者の状況が変化した場合は**再アセスメント**を行う

ケアプランと介護計画

★ ケアプランや介護計画は、利用者本人や家族の希望と**乖離《かいり》**してはならない。

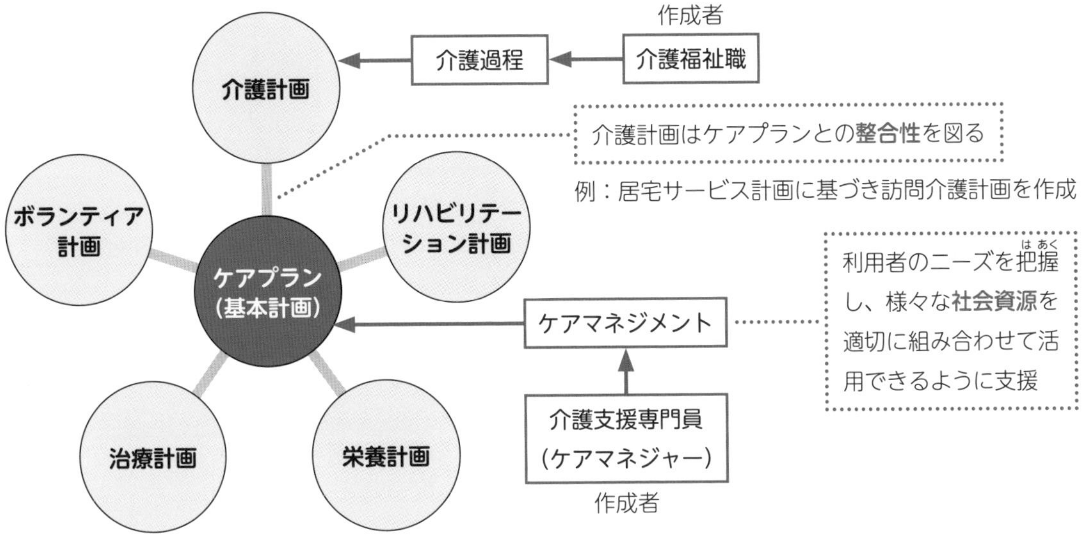

社会資源

フォーマルサービス	・**行政**によるサービスや**公的**サービスを提供する民間法人によるサービス等、**制度化**された社会資源 例：介護福祉士、介護保険サービス、障害福祉サービス、保健所
インフォーマルサービス（インフォーマルサポート）	・**制度化されていない**社会資源 例：家族、友人、近隣《きんりん》住民、ボランティア、当事者組織

ケアプランと介護計画の種類とその作成者

	計画の種類	作成者
ケアプラン	居宅サービス計画	**居宅介護支援事業所**等の**介護支援専門員**（ケアマネジャー）
	施設サービス計画	**介護保険施設**の**介護支援専門員**（ケアマネジャー）
	介護予防サービス計画	**地域包括支援センター**の**保健師**や**主任介護支援専門員**等

介護計画	訪問介護計画	訪問介護事業所のサービス提供責任者
	通所介護計画	通所介護事業所の管理者

ケアマネジメントに基づくケアプラン作成の流れ

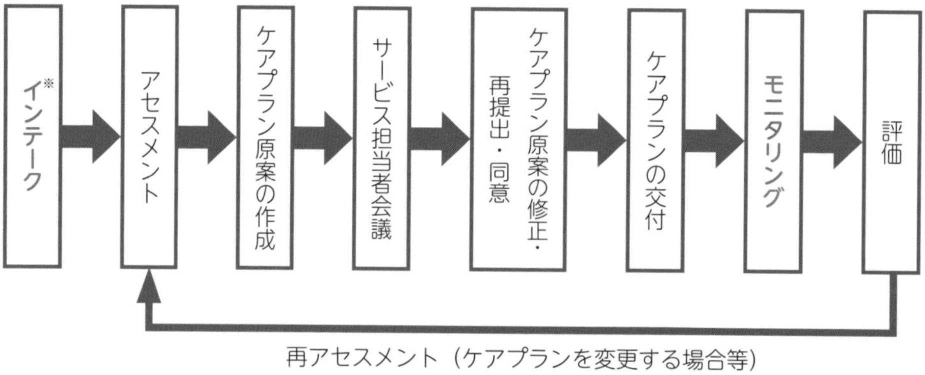

※インテークは**受理面接**とも呼ばれ、相談に訪れた人と相談機関・施設・事業所が行う**最初**の面接を指す。

サービス担当者会議の開催

★ 利用者のニーズやそれに適したケアプランについて**多職種連携・協働**による**チームアプローチ**で検討する。

★ 各専門職が有する異なる視点も取り入れ、**総合的・多角的**に検討することが重要。

目的	・利用者の状況等に関する**情報共有**を図る。 ・**ケアプラン**（居宅サービス計画等）の内容について参加者から意見等を求める。
招集者	・担当の**介護支援専門員**（ケアマネジャー） ※障害者総合支援法による障害福祉サービスの利用を前提とした場合、**相談支援専門員**がサービス担当者会議を開催
参加者	・**利用者**、**家族**、利用者を支援する介護支援専門員（ケアマネジャー）・各専門職・担当者 ※専門職だけでなく、利用者とその家族の参加を基本とする。
開催時期	・新規にケアプラン（居宅サービス計画等）に基づくサービスを利用する前 ・利用者の身体状況等に変化が生じたとき ・何かしらの問題が発生したとき　等 ※開催頻度の**義務規定**はない。
開催場所	・利用者の**自宅**、利用者が入院している**病院**、利用者が入所している**介護老人保健施設**　等 ※開催場所の**指定**はない。

PART 3　領域：こころとからだのしくみ

第 8 章　こころとからだのしくみ

01 健康の概念

健康

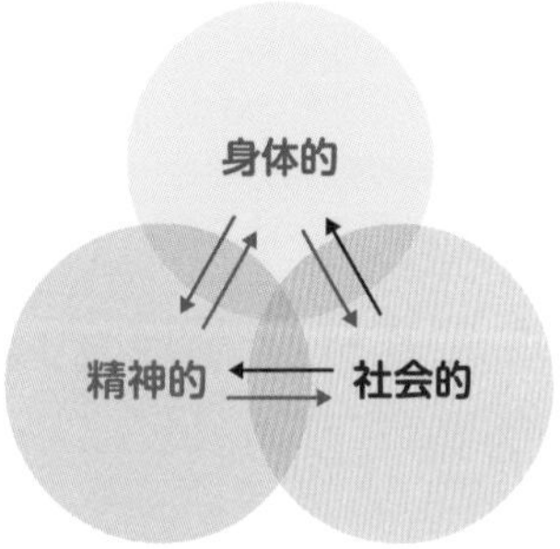

健康の定義（WHO〔世界保健機関〕憲章前文）

「健康とは、完全な**肉体的**、**精神的**及び**社会的福祉**の状態であり、単に疾病《しっぺい》又は病弱の存在しないことではない」

★ 最高水準の健康を得ることは、すべての人間にとっての**基本的権利**の一つである。

★ 健康とは、様々な側面をトータルに捉え、**ホリスティック**（全人的）に調和のとれた状態を指す。

健康と病気

★ 健康と病気の関係は二者択一とは**限らない**。

- **主観**的な健康（自分の自覚症状から判断する）
- **客観**的な健康（医学的な検査から判断する）
- **精神**的な健康（病気や障害があろうとなかろうと、自分で「健康だ」と感じていれば健康である）

★ 健康と病気は**連続体**である。

- 病気から回復し、健康に戻ることも**可能**である
- 高齢者は、恒常性（**ホメオスタシス**）が低下し、病気になると健康な状態に**戻りにくく**、**悪化**しやすい

健康を維持するための基本方針（厚生労働省：健康日本 21）

1. 日常生活や習慣の重視（全人的なアプローチ）
2. 行動科学に基づいたセルフケアの推進
3. こころの病気への早期対応

健康寿命

★ 平均寿命－介護期間＝健康寿命（日常生活が制限されることなく生活できる期間）
★ WHO（世界保健機関）によって提唱された概念。
★ 健康寿命が少しでも長いほうがよいとされるため、中高年からの健康が重要。

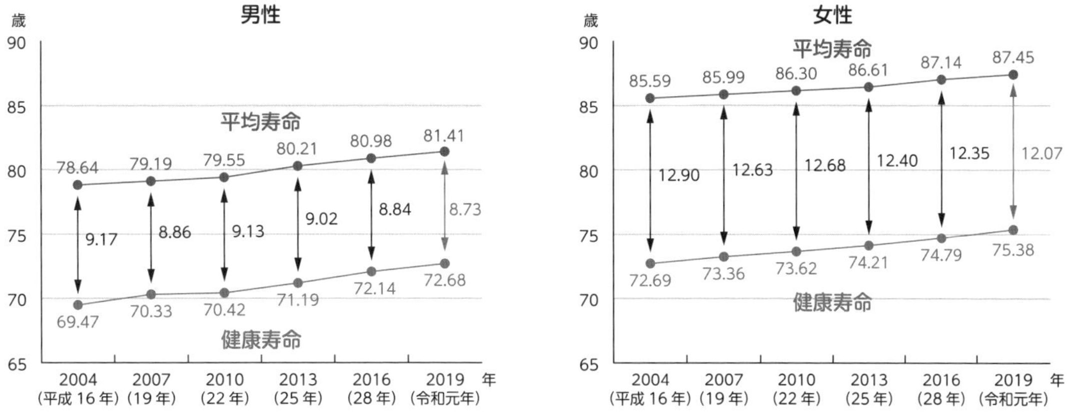

資料：「令和 5 年版高齢社会白書」（内閣府）

健康とフレイル

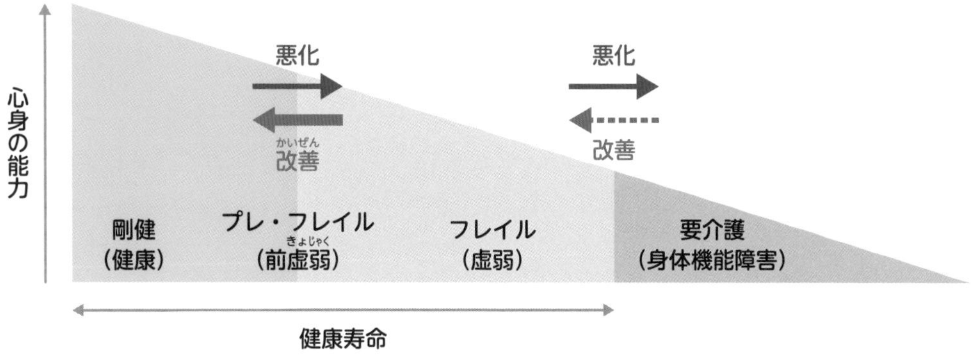

フレイルの予防	栄養	バランスの良い食事、口腔《こうくう》機能の維持
	運動	適度な運動の継続、筋トレ
	社会参加	趣味活動、地域のボランティア活動

第8章　こころとからだのしくみ

02 人間の欲求と動機・脳のはたらき

欲求と動機

マズローの欲求階層説

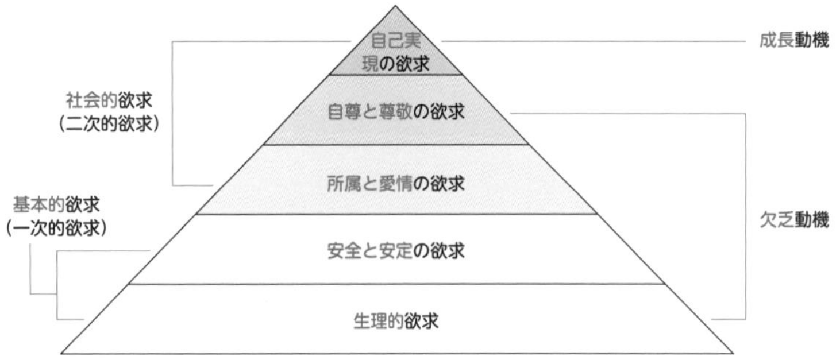

★ 下位の欲求が満たされると、次の欲求を満たそうと**段階的**に進む。

★ 欲求の程度には**個人差**がある。

自己実現の欲求	自分の可能性や成長を願う欲求 なりたい自分を目指し、自分らしく生きたいという欲求
自尊と尊敬の欲求	他者から認められたいという欲求
所属と愛情の欲求	集団に所属し、愛されたいという欲求
安全と安定の欲求	危険から身を守り、安全を確保したいという欲求
生理的欲求	生命を維持するために必要な本能的な欲求 （食物、空気、水、睡眠、運動など）

動機づけ説

★ **動機づけ**とは、行動を起こすための具体的な目標（方向性）を定めて、それを持続させる心理的過程のことである。

動因低減説	**生理**的にホメオスタシスが崩れることによって動機づけられる
期待価値説	成功するだろうという期待と、活動後に得られる**結果が価値があるとみなすこと**によって動機づけられる
内発的動機づけ説	もともと**自分がもっている**好奇心によって動機づけられる
外発的動機づけ説	**外部**からの報酬《ほうしゅう》や罰によって動機づけられる
達成動機づけ	**目標**を立てることによって動機づけられる

脳のはたらき

★ 脳は、**機能局在**といって、各部位でそれぞれ異なる働きをしている。

大脳	前頭葉《ぜんとうよう》	・一次**運動野**があり、全身の筋肉に指令を出す ・運動性言語野（**ブローカ野**）がある ・思考、判断、意欲といった高次脳機能のはたらき
	頭頂葉《とうちょうよう》	・一次**体性感覚野**があり、全身から感覚情報が集まる ・頭頂連合野は、空間認知、視覚認知に関与する
	側頭葉《そくとうよう》	・**聴覚野**があり、聴覚情報を受けとる ・感覚性言語野（**ウェルニッケ野**）がある ・側頭連合野があり、情動、記憶などのはたらき
	後頭葉《こうとうよう》	・**視覚野**、視覚連合野があり視覚情報を調整する
間脳	視床	・**全身の感覚**、視覚、聴覚を集めて、大脳に伝える（感覚の中継点）
	視床下部《ししょうかぶ》	・自律神経系、ホルモン系の中枢《ちゅうすう》として調節する（体温、血圧、心拍数、睡眠など）
脳幹	中脳	・身体の平衡《へいこう》、姿勢の保持、視覚などに関与する
	橋《きょう》	・大脳や中脳と延髄以下の部分の連絡路
	延髄	・生命維持のための**呼吸中枢**、心臓中枢などがある
小脳		・平衡感覚、姿勢、運動などのバランスを調整しコントロールする

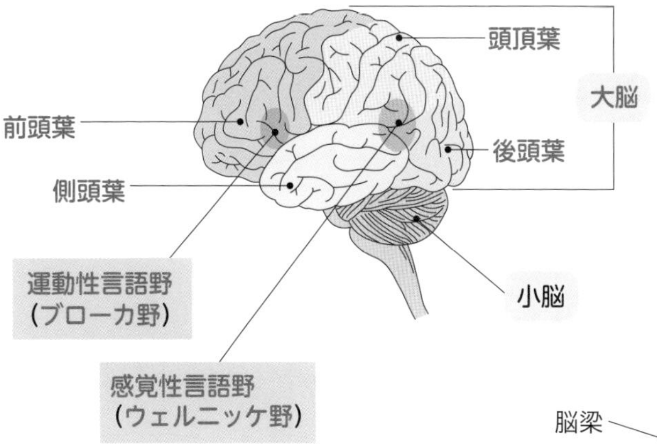

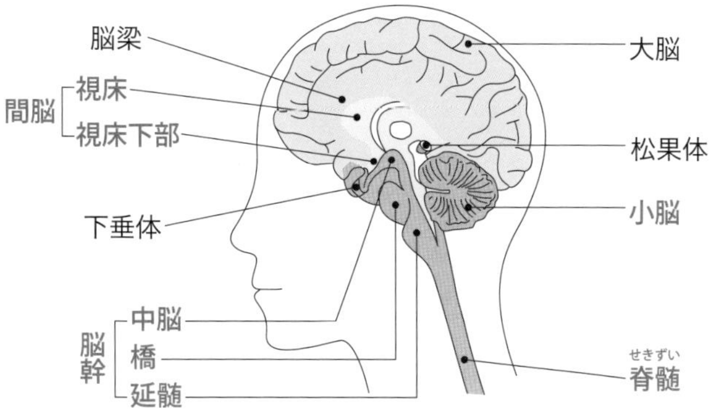

第 8 章　こころとからだのしくみ

03 適応と適応機制

適応とは

★ 環境に働きかけたり、環境に順応《じゅんのう》することで心の**安定**を保《たも》つことを「**適応**」という。

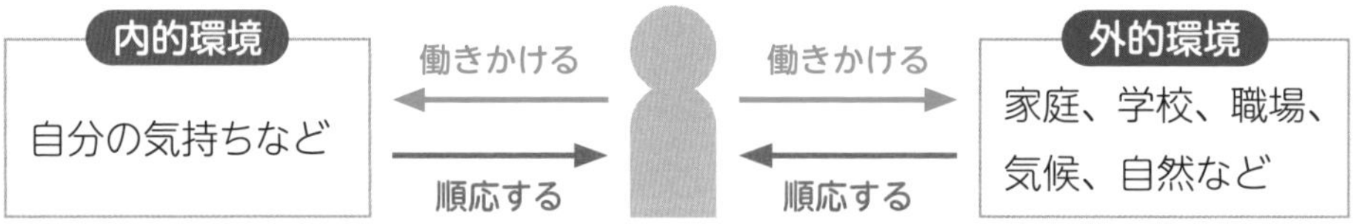

不適応とは

・外的環境・内的環境と調和がとれない
・ストレスを感じる

→ 適切な行動がとれなくなる → **不適応**

心的外傷後ストレス障害（PTSD）の症状

再体験 （フラッシュバック）	辛い体験の記憶や感情が、ありありと目の前で起きているように、何度も繰り返し思い出される。
回避《かいひ》	辛い体験に関係する記憶や考えを避《さ》け、感情や**感覚を鈍麻《どんま》**させたり、**引きこもり**がちになる。
ネガティブな感情と認知	自分や周囲に対しての信頼感や期待がもてない。自分や他人に対する**怒《いか》り**や**罪悪感**などのネガティブな感情。
過敏な反応	常に**緊張**が続き、不眠、いらいらや物音に過敏に反応する。集中力が**低下**する。

急性ストレス反応とPTSD

	急性ストレス反応	PTSD
発症時期	・数日以内に発症	・数週間以上の潜伏《せんぷく》期の後に発症
その後の経過	・1 か月以内に症状がおさまる	・**長期間**続く

バーンアウト（燃え尽《つ》き症候群）

★ 精力的に仕事に打ち込んでいた人が、まるで燃え尽きてしまったように、**仕事への情熱や意欲を失ってしまう**不適応状態。

	情緒的消耗《しょうもう》感	脱人格化	個人的達成感の低下
症状	こころが疲れ果ててしまう	他者への配慮《はいりょ》ができなくなる	仕事に**やりがい**や**自信**がなくなる

適応機制

★ 適応機制《てきおうきせい》とは、欲求不満や不安、緊張感から自分を守り、心理的**安定**を得ようとする**無意識**の心の動きのことである。

種類	説明	例
抑圧《よくあつ》	容認しがたい欲求や体験などを**意識しないようにする**	大地震の日のことは、空白の時間のように思い出せない
合理化	都合のいい理屈づけをして立場を**正当化**し、情緒を安定させる	A大学に落ちた。「どうせ、ここは第一志望ではなかったんだ！」
同一視（同一化）	対象の望ましい属性を**自分のもののようにみなして**、満足しようとする	憧れのアイドルのまねをして、歌って踊るのが好き
投影（投射）	認めがたい欲求などを**他者の中**に投影し、それを非難することで不安を解消しようとする	自分が緊張してうまく話せないのに、利用者さんが緊張しているせいだと考える
反動形成	抑圧された**欲求と正反対**の傾向をもつ行動や態度をとろうとする	認められたい気持ちから、本当は嫌いな仕事を好きだと思い込む
逃避	不安な状況を**回避**することで、自分を守ろうとする	試験の前日はなぜか、部屋の掃除をはじめてしまう
置き換え	対象に向けられた感情や態度を、**他の対象**に向けること	仕事のストレスを家族に八つ当たりして発散《はっさん》する
代償	目標とするものが得られないとき、代わりの**獲得しやすい欲求**で我慢しようとする	アイドルのA君が好きだが、それはかなわないので、ちょっと似ている同級生のB君を好きになる
補償《ほしょう》	**劣等感**をカバーするために他の優れた部分を示し、傷つくのを防《ふせ》ごうとする	私は、リーダー業務は苦手だけど、レクリエーションの司会は誰にも負けない
昇華《しょうか》	反社会的衝動を**社会的に承認される高次な形**にして、満足しようとする	強い怒りの感情が収まらないが、ピアノの演奏会で感情を入れて弾くことができた
退行	困難な状況を避けるために、**幼児期**の行動や態度をとり情緒を安定させようとする	一人ぼっちで寂しいときは、なぜか小さな子どものように甘えてしまう

第8章　こころとからだのしくみ

04 記憶と学習

記憶

記憶の過程

記銘《きめい》（符号《ふごう》化）	保持《ほじ》（貯蔵）	想起《そうき》（再生・検索）
情報を受け取る	蓄える	思い出す（取り出す）

記憶の分類

①感覚記憶
感覚器に入ってきて**瞬間的**に保持されている記憶

→ 注意を向けることによって短期記憶へ

②短期記憶
電話番号のように、**一時的**に保持されている記憶

→ 反復、リハーサルによって長期記憶へ

③長期記憶
何度も繰り返されることによって、**長期的**に保持されている記憶

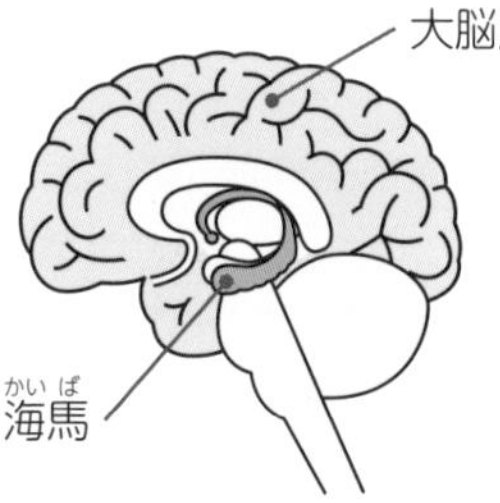

保存される場所

短期記憶	長期記憶
海馬	大脳皮質

転送していく

記憶の種類

★ 陳述《ちんじゅつ》記憶は言葉で表現できる記憶、非陳述記憶は言葉で表現しにくい記憶のこと。

陳述記憶		非陳述記憶		作業記憶 ワーキングメモリ
意味記憶	エピソード記憶	手続き記憶	プライミング記憶	
一般的な知識や言葉の意味の記憶	個人的な出来事の記憶	泳ぎ方など、身体で覚えた記憶	前の記憶（情報）が、無意識的に次の情報に影響すること	情報を一時的に記憶する能力のこと。素早く反応・対応できる

学習と知能

★ 学習とは、経験によって、身につく行動の変容。

★ 学習性無力感とは、自分の行動が結果を伴《ともな》わないことを何度も経験すると、意欲が低下し無気力な状態になること。

学習

条件付け		観察学習（モデリング）
レスポンデント条件付け	オペラント条件付け	
パブロフ, I.P.	スキナー, B.F.	バンデューラ, A
パブロフの犬 刺激に対する受動的な反応。条件反射（反応）を発見	**スキナー箱** 刺激に対する能動的な反応。刺激によって、自発的な行動につながることを発見	**ボボドール** 他者（モデル）の行動を観察するだけで学習することを発見

知能

	ビネー式知能検査	ウェクスラー式知能検査
特徴	・「一般知能」（知能全般）の測定ができる	・知的能力ごとの違いを測定できる
知能のとらえ方	外界を全体として再構成するための認識能力 IQ（知能指数）＝ $\frac{\text{精神年齢}}{\text{生活年齢}} \times 100$	＜4つの能力＞ ①言語理解、②知覚推理、 ③ワーキングメモリ、④処理速度 ・年齢に応じて、3種類（幼児・低学年用WPPSI、児童用WISC、成人用WAIS）がある

05 生命を維持するしくみ

ホメオスタシス

ホメオスタシス（恒常性） ＝ いつでも、常に、一定の状態に保《たも》つ働き

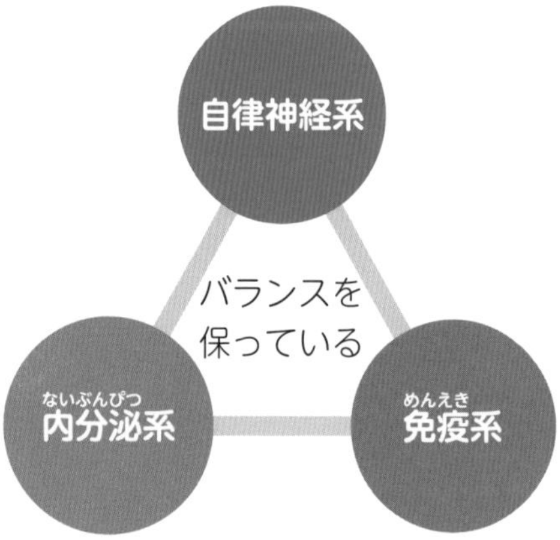

一定に保たれている主なもの

・体温調節
・体液調節
・血圧調節
・ホルモン
・創傷の修復
・病原微生物の排除

★ 間脳にある**視床下部《ししょうかぶ》**で、自律神経系や内分泌系を介してホメオスタシスを管理、調整している。

自律神経（交感神経・副交感神経）

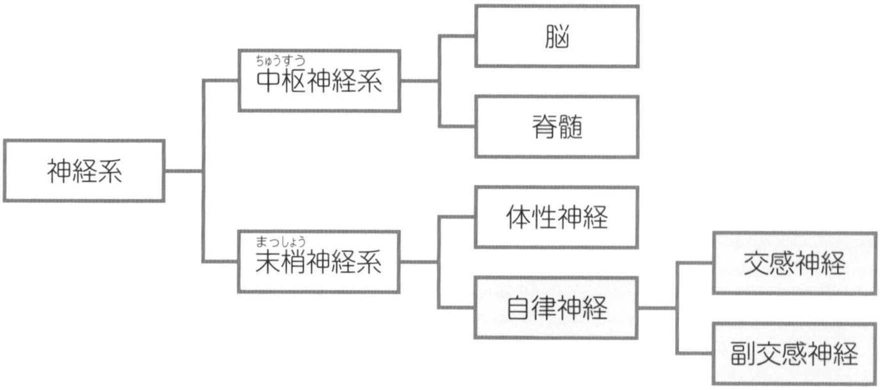

活動 緊張・興奮の神経 交感神経		休息 リラックスの神経 副交感神経
上昇	←血圧→	下降
速い	←心拍→	ゆっくり
促進《そくしん》	←発汗《はっかん》→	抑制《よくせい》
収縮	←血管→	拡張
収縮	←筋肉→	弛緩《しかん》
弛緩拡張	←気道→	収縮
蠕動《ぜんどう》抑制	←腸→	蠕動促進
抑制	←消化→	促進
抑制	←利尿作用→	促進

体温調節のメカニズム

体温上昇 ▶ 体温調節中枢（放熱中枢） ▶ 交感・副交感神経に働きかける ▶ 毛細血管拡張 発汗促進 ▶ 熱放散 ▶ 体温低下

体温低下 ▶ 体温調節中枢（産熱中枢） ▶ 交感神経に働きかける ▶ 毛細血管収縮 筋肉のふるえ ▶ 熱産生 ▶ 体温上昇

免疫機能

★ 免疫とは、細菌やウイルスなどの微生物、**異物**などから、**身体を守るしくみ**。

自然免疫	獲得免疫
白血球（マクロファージ、顆粒《かりゅう》球、NK 細胞など）が、侵入してきた病原菌を取り除《のぞ》く	病気のもとになる微生物の**抗原**を取り込み、侵入してきたらすぐに白血球（ヘルパーＴ細胞、キラーＴ細胞、Ｂ細胞など）で防御する

（獲得免疫）▲ **ワクチン接種**による

第8章　こころとからだのしくみ

06 人体の構造と機能

骨格・筋肉

★ 骨の主成分は、リン酸カルシウムとたんぱく質である。

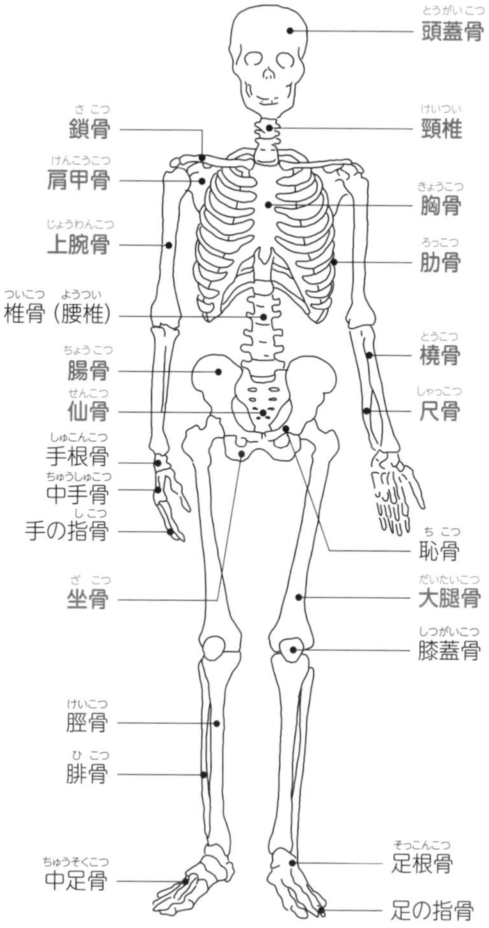

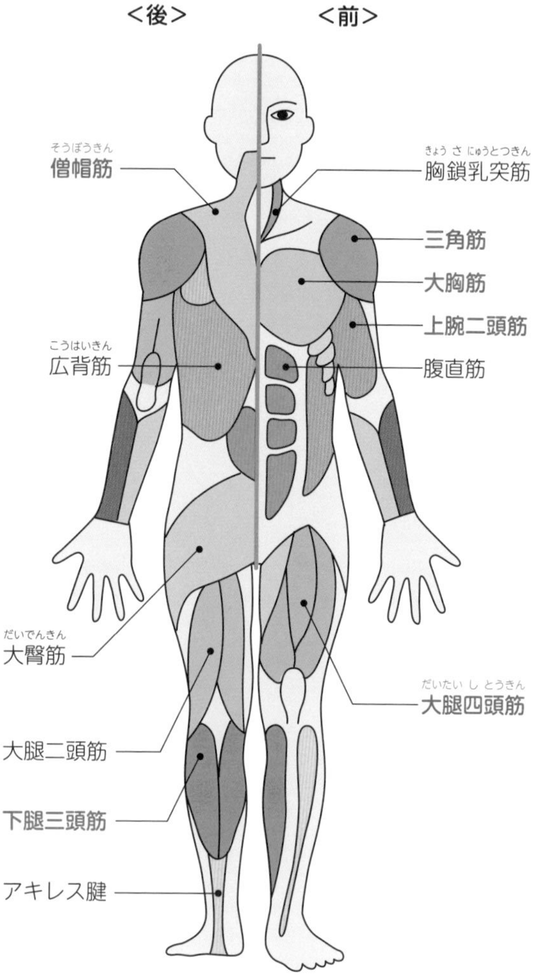

★ 筋肉の**収縮**によって、関節運動が行われる。

心臓

★ 心臓の役割は、全身に血液を送り出す**ポンプ**の働きである。
★ 血圧とは、**血管**の中を流れる血液が、血管の内壁に与える**圧力**のこと。

動脈血（酸素を多く含む血液）

静脈血（二酸化炭素を多く含む血液）

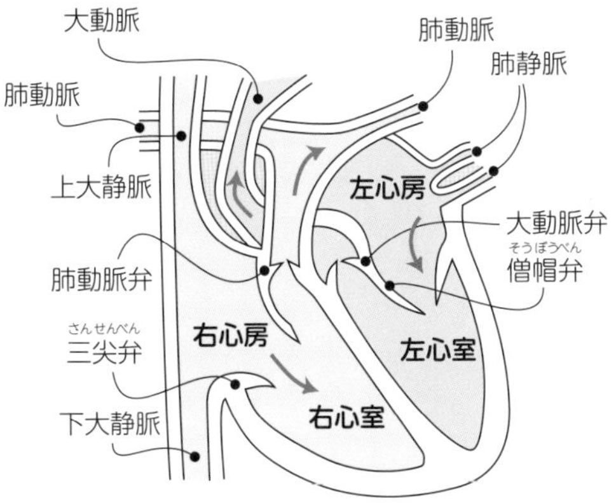

血圧	
収縮期血圧（最高血圧）	**拡張期血圧**（最低血圧）
心臓が**収縮**	心臓が**弛緩《しかん》**

肺

★ 呼吸器の役割は、**ガス交換**（酸素を取り込み、二酸化炭素を排出）を行うことである。
★ ガス交換は**肺胞《はいほう》**で行われている。

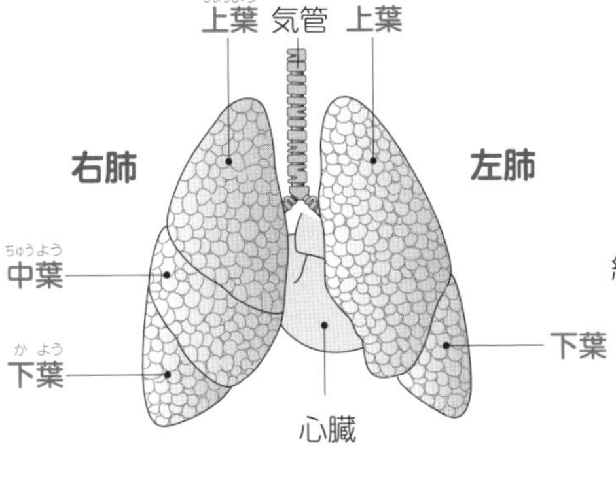

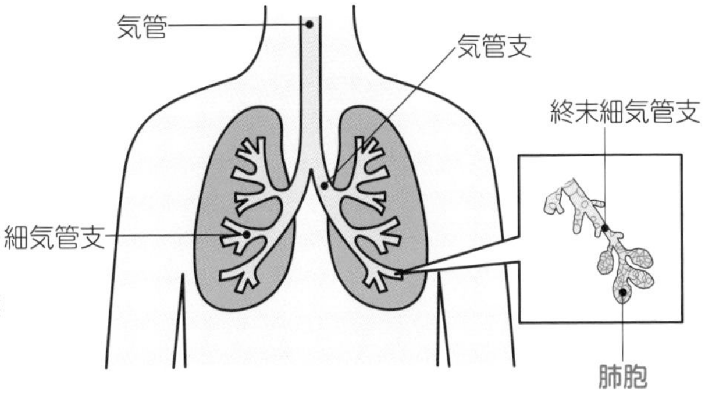

第 8 章　こころとからだのしくみ

07 移動のしくみ

生活を営む上で大切な移動

ADL と IADL

ADL（日常生活動作）		IADL（手段的日常生活動作）
日常生活を送るために必要な基本動作		ADL を可能にするための複雑な動作
食事動作	排泄《はいせつ》動作	・食事のための、買い物、調理、盛り付け、洗い物、片づけなど ・更衣のための、洗濯、干す、衣類をたたむ、しまうなど ・掃除、薬の管理、金銭の管理、乗り物の利用など
整容動作	更衣動作	
入浴動作	移乗動作	
起居動作	移動動作	

移動動作に使う関節の動き

関節の動き方		主な部位
屈曲《くっきょく》＝曲げる	伸展《しんてん》＝伸ばす	頸部《けいぶ》、肩、肘《ひじ》、膝《ひざ》など
外転＝身体の中心軸から離れるように向かう動き	内転＝身体の中心軸に近づくように向かう動き	肩、股《また》、足首など
外旋＝身体の外側に向かって回す動き	内旋＝身体の中心に向かって回す動き	肩、股など
回旋＝身体を左右に回す動き		体幹《たいかん》、頸部など

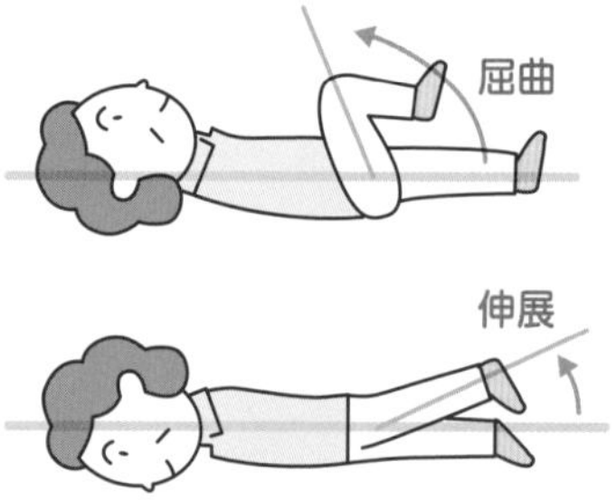

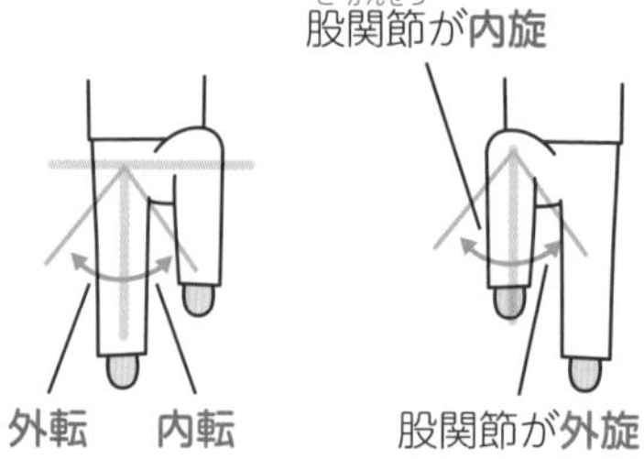

移動の動作

食事のために移動する動作

1. ベッドに仰《あお》向《む》けになった状態から身体を横にする

仰臥位《ぎょうがい》から側臥位《そくがい》への体位変換
体幹、肩甲帯《けんこうたい》、頸部、膝関節《しつかんせつ》の**回旋**運動

ポイント：体幹の屈曲筋

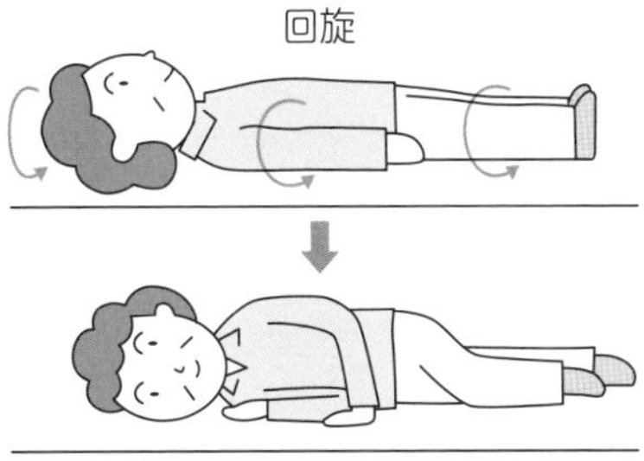

2. 起き上がる

側臥位から端座位《たんざい》への体位変換
上肢の力で**上半身**を起き上がらせる
体幹、頸部の**側屈**、股関節の**屈曲**と**回旋**、膝関節の伸展と回旋運動
端座位が安定するためには、重心が身体の**支持基底面**《しじきていめん》の中に入っていることが必要

ポイント：上肢と体幹の筋肉
十分な関節可動域（ROM）
バランス能力

重心が支持基底面から外れてしまうと、**バランスをとることが難しく**なり、倒れやすくなります。

（次ページに続く）

3. 立ち上がる

端座位《たんざい》から立位《りつい》への体位変換
体幹《たいかん》の**前屈《ぜんくつ》**と**伸展《しんてん》**、股関節《こかんせつ》や膝関節《しつかんせつ》の**屈曲《くっきょく》**と**伸展**運動
立ち上がるためには、**脊柱《せきちゅう》起立筋**、大臀筋《だいでんきん》、**大腿四頭筋《だいたいしとうきん》**や股関節、膝関節の筋肉を使う
立ち上がるときには、重心が移動し、支持基底面《しじきていめん》よりも**前**に外れる
立位は支持基底面が狭く、重心が高くなるため、平衡《へいこう》感覚、足関節の柔軟な動きが必要
立位保持には、大腿四頭筋（**抗重力筋《こうじゅうりょくきん》**）を使う

ポイント：抗重力筋（脊柱起立筋、大臀筋、大腿四頭筋、下腿三頭筋）

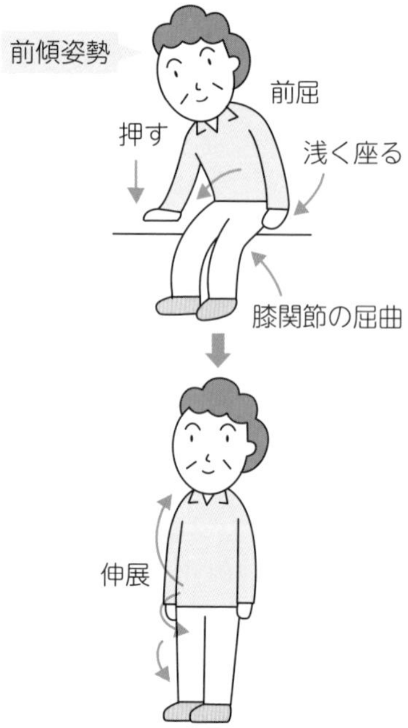

4. 歩行

歩行は立位のままの**重心**移動である
下肢の股関節、膝関節、足関節の**屈曲**と**伸展**を繰り返す
体幹、上肢、頸部《けいぶ》すべての関節を柔軟に動かし重心を前に移動させる
両下肢を交互に軸足《じくあし》として前に動かすため、**平衡**感覚や筋力の調整によって**バランス**を保《たも》つことが大切

ポイント：重心を支持基底面の中に保つ（歩行は重心が高く、支持基底面が狭いので難しい）
　　　　　歩くときは、周囲への注意力、判断力（高次脳機能）も大切

5. 食卓のいすに座る

心身の機能低下が移動に及ぼす影響

老化により移動がしにくくなる要因

感覚機能低下	視力低下、聴力低下により状況把握《はあく》がしにくくなる
運動機能低下	瞬発力、敏捷《びんしょう》さ、柔軟性、持久力などが低下し、全体的に動きにくくなる
平衡感覚低下	バランスが悪くなり転《ころ》びやすくなる
骨量の減少	骨折しやすくなる
関節の変形や痛み、可動域の減少	関節の運動が制限され、全体に動きにくくなる
呼吸器の機能低下	肺活量・換気量の減少により疲れやすくなり、連続して動ける時間が短くなる

疾患《しっかん》が移動に与える影響

疾患・症状名	移動に与える制限
脊柱管狭窄症《せきちゅうかんきょうさくしょう》	一定の距離を歩くと腰痛や足の痛みやしびれを生ずる（間欠性跛行《はこう》）ため、長時間歩行できない
関節リウマチ	関節の変形・炎症のために関節可動域（ROM）が制限され、歩行や立位が困難になる。特に朝、手足のこわばりが強く出る
内臓機能障害	全身の疲労感やだるさから移動がおっくうになる。特に外出をしにくくなる
失禁《しっきん》	失禁の不安から、外出を控えるようになる
筋《きん》萎《い》縮性側索硬《しゅくせいそくさくこう》化《か》症《しょう》（ALS）、筋ジストロフィー	四肢の運動機能が徐々に低下する。病気の進行によって次第に歩行が困難になり、車いすでの移動や寝たきりとなる
脊髄小脳変性症《せきずいしょうのうへんせいしょう》	運動失調が生じるため、歩行が困難となる
パーキンソン病	すくみ足、振戦《しんせん》、小刻《こきざ》み歩行、突進歩行、筋固縮《きんこしゅく》（筋肉のこわばり）などの症状が出るため、移動が制限される
変形性膝関節症	膝関節の軟骨《なんこつ》がすり減るため、階段の上り下りや歩行に痛みを伴《ともな》う
廃用症候群《はいようしょうこうぐん》	全身の筋力低下、関節拘縮《こうしゅく》、換気量の低下、心拍出量の減少、抑《よく》うつ状態
褥瘡《じょくそう》	皮膚《ひふ》の壊死《えし》により姿勢が制限される

第８章　こころとからだのしくみ

08 食事に関連したこころとからだのしくみ

摂食・嚥下の５分類

① 先行期（認知期）

食物のにおい、色、形などを認知して味を想像する。

判断に基づいて、唾液《だえき》が分泌《ぶんぴつ》される。**認知機能**が影響する時期。

② 準備期（咀嚼《そしゃく》期）

食物を口に入れて、咀嚼する。

噛《か》み砕《くだ》き、唾液と混ぜて、食塊《しょっかい》（かたまり）に**整える**時期。

③ 口腔《こうくう》期（嚥下《えんげ》第１期）

舌を使い、口腔内の圧も高めて食塊を移動させる。

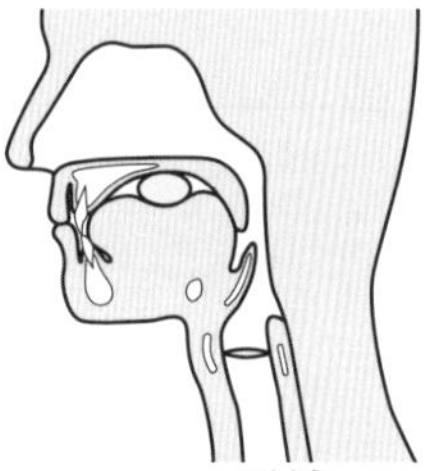

食塊を**口腔**から**咽頭《いんとう》**へ、送り出す時期。

④ 咽頭期（嚥下第２期）

喉頭蓋《こうとうがい》は、舌骨、喉頭の挙上によって下がり気道を閉鎖。

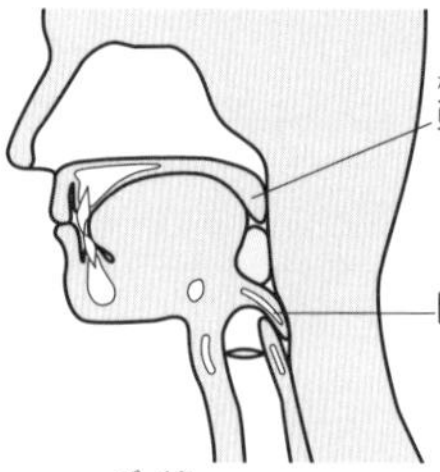

軟口蓋は鼻腔《びくう》をふさぎ、食塊が嚥下反射によって**咽頭を通過**する時期。

⑤ 食道期（嚥下第３期）

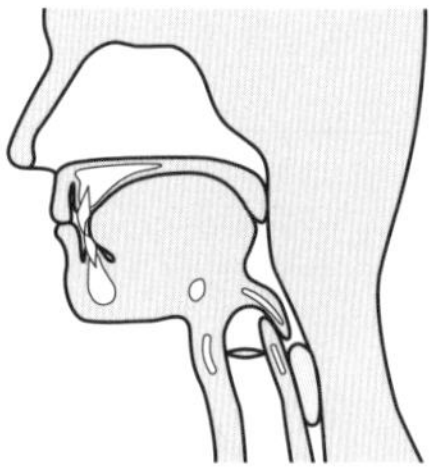

食塊を食道入口から、**胃**へ送り出す時期。
食道では、蠕動《ぜんどう》運動、重力、腹腔《ふっくう》内圧によって移送。
食道と胃の境目には、下部食道括約筋があり、食道への逆流を不随意的に防ぐ。

姿勢は、体幹《たいかん》を安定し、頸《けい》部《ぶ》後屈や頸部のうなだれがない状態を保持して、誤嚥《ごえん》や窒息《ちっそく》を防《ふせ》ぎます。

食事に関係する各器官の働き

目の働き	食物があること、どのような食物かなどの**視覚的な情報**を得て、脳に知らせる
鼻の働き	食物の**におい**に関する情報を得て、脳に知らせる
耳の働き	料理をする音、他の人の話し声など**聴覚的な情報**を得て、脳に知らせる
手の働き	食物を箸《はし》やスプーン等の道具を使って口に運ぶ。上肢や手指の関節、筋肉が脳の指令にしたがって、**バランスよく**動くことが必要
顔の働き	口周りの筋肉がバランスよく伸縮して**咀嚼**が行われる
歯の働き	舌と協働して食物を噛み砕く。食物を前歯で噛み切り、犬歯で引き裂き、臼歯《きゅうし》ですりつぶす
舌の働き	味覚の受容器である**味蕾**《みらい》が 5,000 個ほど並び、味（甘味・酸味・苦味・塩味・うま味）を感じる。食物を唾液と混ぜ合わせて口腔から喉《のど》へ送る。舌は**咀嚼**、**嚥下**、**味覚**、**発声**に関わる
脳の働き	目や鼻、耳、味蕾等からの情報に応じて、食事をするように手や口腔、**消化器**系の各器官をバランスよく動かす指令を出す

必要な栄養

6 つの基礎食品群

1 群	魚、肉、卵、大豆《だいず》、大豆製品	・良質な**たんぱく質**の供給源 ・骨や爪《つめ》、筋肉を作る、エネルギー源となる
2 群	牛乳、乳製品、小魚、海藻《かいそう》類	・**カルシウム**の供給源 ・骨や歯を作る、体の各機能を調整
3 群	緑黄色野菜	・カロテン（ビタミン A）の供給源 ・皮膚《ひふ》や粘膜《ねんまく》の保護、体の各機能を調整
4 群	緑黄色野菜以外の野菜・果物類	・**ビタミン C** の供給源 ・体の各機能を調節
5 群	米・パン・麺《めん》類など穀《こく》類、芋《いも》類、砂糖、菓子類	・**糖質性エネルギー源**となる ・エネルギー源となる、体の各機能の調節
6 群	油脂《ゆし》、油脂の多い食品・調味料	・**脂肪《しぼう》性エネルギー源**となる ・エネルギー源となる

消化の流れ

胃

食物は、噴門《ふんもん》から胃に入り、幽門《ゆうもん》から小腸へと送り出される。
胃では、強い**酸性**でたんぱく質分解酵素《こうそ》を含む**胃液**が分泌《ぶんぴつ》され、食物の分解が進む。

肝臓

脂肪《しぼう》を消化する**胆汁《たんじゅう》**を分泌する。
胃や腸、膵臓《すいぞう》・脾臓《ひぞう》から**門脈**を通して栄養素が送り込まれ、必要に応じて蓄え（**グリコーゲンの貯蔵**）、供給する。全身の代謝機能（**解毒《げどく》**、分解）を行う。

胆のう

肝臓でつくられた胆汁を**貯蔵**し、食物が十二指腸に到着すると、胆汁を排出する。
胆汁には、**ビリルビン**という胆汁色素、胆汁酸が含まれる。

膵臓

消化に関与する**膵液**を分泌し、十二指腸に排出する。
ランゲルハンス島から**インスリン**、グルカゴンというホルモンを分泌する。
膵液は**弱アルカリ性**で、胃液で酸性になった食物を中和し、消化酵素が働くようにする。

小腸

十二指腸：胆汁と膵液を混合し、食物を分解。
空腸：腸液を分泌する。
回腸《かいちょう》：**栄養素**を消化・吸収したり、免疫《めんえき》機能を担《にな》っている。

大腸

盲腸、結腸（上行結腸《じょうこうけっちょう》・横行結腸《おうこうけっちょう》・下行結腸《かこうけっちょう》・S状結腸）、直腸に分けられる。大腸は主に、**水分**を吸収し便を形成する。便は直腸に一時的に貯《た》められる。**蠕動《ぜんどう》運動**によって便が移動していく。

肛門

便意が生じると、内肛門《ないこうもん》括約筋《かつやくきん》、外肛門括約筋が弛緩《しかん》し、排泄《はいせつ》する。

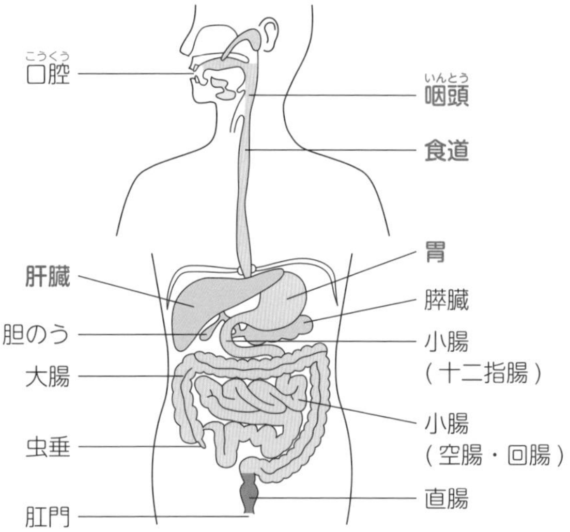

唾液腺《だえきせん》

唾液腺 ＝ 大唾液腺 ＋ 小唾液腺

唾液の分泌量	１日に１ℓ分泌	99%以上が水分
唾液の作用	抗菌作用	消化作用
	細菌の増殖を**抑《おさ》える**	酵素アミラーゼがでんぷんを**分解**し**消化**しやすくする
	自浄作用	再石灰化作用
	食べかすや歯垢《しこう》を洗い流す	歯の表面を修復し、虫歯を防《ふせ》ぐ
	pH 緩衝《かんしょう》作用	粘膜《ねんまく》保護
	口内のpHを中和し、**虫歯**を防ぐ	粘性《ねんせい》のあるムチンが粘膜を保護し、発声をスムーズにする

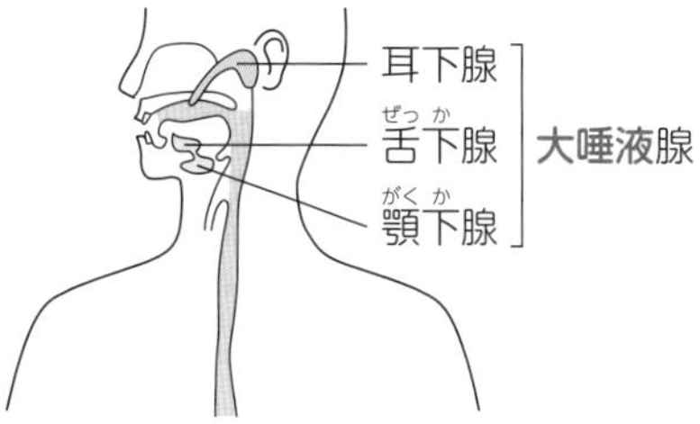

老化が食事に与える影響

食欲低下による摂取《せっしゅ》量の低下	咀嚼《そしゃく》機能の低下	嚥下《えんげ》機能の低下	消化吸収能力の低下
・日中の活動量が少なく、腸の蠕動運動が低下し、**便秘《べんぴ》**がちに ・**味覚**の低下 ・認知機能の低下	・**歯**の数が減少 ・**義歯**の調整不足 ・咀嚼筋力の低下 ・口唇《こうしん》の閉じが悪い	・**嚥下反射**が低下し、うまく飲み込めない ・唾液分泌の低下により食塊《しょっかい》形成困難 ・誤嚥《ごえん》しやすい	・胃腸系の機能低下のため、栄養素の**吸収力**が低下し、貧血等が生じやすくなる

摂食嚥下機能に影響する薬物

影響	薬物の種類	理由
誤嚥を誘発しやすい	**抗《こう》精神病**薬、精神安定剤、抗けいれん剤	覚醒《かくせい》レベルの低下
味覚や**咀嚼機能**の低下	利尿剤、**抗うつ**剤、抗ヒスタミン剤	口腔内乾燥
不随意運動が生じる	抗精神病薬、**抗パーキンソン**薬	薬物代謝が低下し、副作用が生じやすい

第 8 章　こころとからだのしくみ

09 入浴に関連したこころとからだのしくみ

清潔・入浴ケアの効果

生理的効果	・皮膚《ひふ》や粘膜《ねんまく》の汚れを取り除《のぞ》き、**皮膚**の機能を高める。 ・細菌感染を予防する。 ・温熱や清拭《せいしき》刺激によって、血液やリンパ液の循環を**促進《そくしん》**する。 ・マッサージ効果により、腸の蠕動《ぜんどう》運動が活発になり便秘《べんぴ》予防になる。 ・筋肉の緊張を**取り**、痛みを**和《やわ》らげ**、疲労を**回復**する。 ・**安眠**効果がある。
心理的効果	・精神を**リラックス**させる。 ・爽快感《そうかいかん》や満足感が得られる。 ・気分転換ができ、明るい気持ちになる。
社会的効果	・リラックスした中でのコミュニケーションの場になる。 ・清潔になることで、**社会参加**や**他者との交流**への意欲が高まる。

浴槽入浴の三大作用

温熱作用	・**血管拡張**作用により、血液・リンパ循環が促進される。 ・老廃物《ろうはいぶつ》や疲労物質が排泄《はいせつ》され、疲労回復につながる。 ・自律神経への刺激により、交感神経・副交感神経の働きが調整できる。
浮力作用	・緊張していた筋肉が**重力から解放**され、①痛みがとれる、②動かしやすい、③リラックスする、④関節可動域（ROM）が拡がる。
静水圧作用	・静水圧で末梢《まっしょう》血管のポンプ機能を補助し、心臓への還流量が増加し、むくみの解消や、心機能が促進される。 ・全身が静水圧作用で、**マッサージ**効果がある。 ・腸への刺激もあり、蠕動運動が活発になる。 ・腹部の圧迫《あっぱく》によって横隔膜《おうかくまく》が挙上《きょじょう》し、肺が圧迫され容量が減ることを補うため、呼吸数が増える。 ※静水圧とは、静止した水の圧力のことで、「水圧」とも言う。

湯の温度の影響

リラックス 中温浴 (38～41℃)		興奮 高温浴 (42℃以上)
副交感神経	← 自律神経 →	交感神経
低下	← 血圧 →	上昇
促進	← 腎臓 →	抑制《よくせい》
促進	← 腸 →	抑制
弛緩《しかん》	← 筋肉 →	収縮

入浴時の注意

ヒートショック	・居室と浴室に**大きな温度差**があると、急激な体温変化により、**血圧**や**脈拍**に大きな影響を及ぼす。 ・脳梗塞《のうこうそく》や脳出血を引き起こす原因となる。
転倒	・入浴は血圧の変動がみられ**めまい**を起こしやすく、また床が濡《ぬ》れていて**すべりやすい**。しかも裸であり身体を保護できないため、転倒すると大事故につながる。 ・**空腹時**、**食事直後**などの入浴は**避**《さ》**ける**。 ・浴槽《よくそう》から出るとき、急に立ち上がると血圧の低下を招くので、**ゆっくり**と立ち上がる。
心肺機能に負担がかかる	・全身浴では、静水圧作用や温熱作用により、心臓や呼吸器に負担がかかりやすい。 ・疾患《しっかん》のある場合は**半身浴**に、体調がすぐれない場合は、**シャワー浴**、部分浴、清拭などに変更して行う。
乾燥	・入浴によって皮脂《ひし》が取り除《のぞ》かれ、乾燥**しやすく**なるので、**保湿**が必要である。 ・乾燥しかゆみがある場合は、軟膏《なんこう》塗布《とふ》や爪《つめ》を短く切るようにする。
脱水	・入浴中は汗が多量に出るので、入浴前と入浴後には**水分摂取**《せっしゅ》が必要である。
医療的ケア	・ストーマ、胃ろう造設者も湯船につかることは**できる**。

第8章　こころとからだのしくみ

10 排泄のしくみ

排泄物の性状

尿

<table>
<tr><td>尿の性状</td><td colspan="3">・薄い黄色の透明の液体・無菌</td></tr>
<tr><td>尿量</td><td colspan="3">・1,000～2,000ml／日
・200～500ml／1回
・排尿回数4～8回前後／日</td></tr>
<tr><td>尿量の異常</td><td>・無尿　50～100ml以下／日</td><td>・乏尿《ぼうにょう》　400 ml／日</td><td>・多尿　3,000 ml／日</td></tr>
</table>

便

便の性状	・150～200g／1回 ・1～3回／日 or1～3日に1回 ・個人差あり

ブリストル便形状スケール

タイプ1	タイプ2	タイプ3	タイプ4	タイプ5	タイプ6	タイプ7
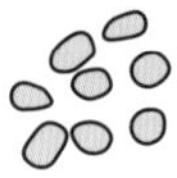						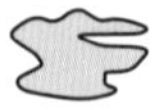
コロコロ便	硬《かた》い便	やや硬い便	普通便	やや軟《やわ》らかい便	泥状《でいじょう》便	水様《すいよう》便
便秘《べんぴ》状態		正常便			軟便・下痢《げり》便	

便の硬さは**個人差**があるので、**ブリストル便形状スケール**を利用して、便秘や下痢の状態を**観察**します。

排尿

尿失禁《しっきん》の種類と主な特徴

種類	留意点等
腹圧性尿失禁	・咳《せき》やくしゃみ等、腹部に力が入ったときに漏《も》れる。 ・骨盤底筋群《こつばんていきんぐん》が低下しやすい高齢の**女性**に多い。 ・失禁対策として**骨盤底筋体操**が有効。
切迫性《せっぱくせい》尿失禁	・突然強い**尿意**を感じ、我慢できず漏らしてしまう。 ・**高齢者**や**女性**に多い。 ・パーキンソン病や膀胱炎《ぼうこうえん》などが原因となる。
反射性尿失禁	・**脊髄損傷《せきずいそんしょう》**等の神経障害によって、膀胱内に尿が溜《た》まったことを脳が感知できず、結果的に尿意を**感じられない**まま、排尿反射が起きて漏れてしまう。
溢流性《いつりゅうせい》尿失禁	・尿意を感じているが、溜まった尿が少しずつ**漏れ出て**しまう。 ・男性の場合、**前立腺肥大症《ぜんりつせんひだいしょう》**が進行して発生することが多い。
機能性尿失禁	・排尿機能は正常にもかかわらず、歩行の衰《おとろ》えやトイレの**場所がわからない**等、**身体機能の低下**や**認知症**が原因でトイレに間に合わず、漏れてしまう。 →トイレの場所がわからない場合はトイレ誘導する。

排尿に影響する疾患《しっかん》と症状

疾患名	排尿への影響	症状
・上部の脊髄損傷 ・脳血管疾患 ・パーキンソン病 ・アルツハイマー病　など	蓄尿障害	排尿反射はあるが、**尿意**をコントロールすることが難しくなる。反射性尿失禁、切迫性尿失禁、頻尿《ひんにょう》などが起きる。
・腰髄以下の脊髄損傷 ・腰椎椎間板ヘルニア ・脊柱管狭窄症《せきちゅうかんきょうさくしょう》　など	蓄尿障害と排出障害のいずれか、または併発	**損傷**を受ける神経の場所によって、尿意をコントロールできない蓄尿障害または尿閉《にょうへい》などの排尿障害が混在することもある。
・糖尿病 ・直腸や子宮の手術後　など	排出（排尿）障害	排尿反射がなくなり、膀胱と尿道が協調して働かないため、排尿しにくくなる。
・前立腺肥大		尿道が前立腺に圧迫《あっぱく》され、初期には頻尿となり、溢流性尿失禁や**尿閉**などが起きる。
・尿路感染症	頻尿、排尿痛など	尿路（腎臓、尿管、膀胱、尿道）が細菌、ウイルス等に感染し炎症を起こす。**女性**は尿道が短く直線的なため感染しやすい。

排便

便秘《べんぴ》の理由

- 腸の**蠕動《ぜんどう》運動**の低下
- **排便反射**の低下
- 排便に必要な**筋力**の低下
- 腸の**病気**
- **ストレス**
- **うつ病**
- **不規則**な生活
- 薬の**副作用**
- **食事、飲水量**が少ない
- **食物繊維《せんい》**の摂取《せっしゅ》が少ない
- **運動不足**
- **長期臥床《がしょう》**

便秘の種類

種類		原因等	対処法
機能性便秘＝大腸の働きの異常で発生する便秘	**弛緩《しかん》性便秘**	・大腸の**蠕動運動**の低下や便を排出する腹筋等の**筋力低下**、食物繊維の**摂取不足**等が原因で発生。 ・**高齢者**や出産回数の多い**女性**に多い。	食物繊維の摂取、適度な運動
	痙攣《けいれん》性便秘	・精神的な**ストレス**や環境の変化等、**自律神経**のバランスが崩れて発生。 ・**副交感神経**の緊張が高まりすぎると、大腸の運動が停滞《ていたい》し、便の通りが悪く、ウサギの糞のように少量のコロコロした便となる。 ・便秘と下痢《げり》を**繰り返す**場合もある。	精神的なケア、便の硬さを整える
	直腸性便秘	・直腸に便が**停滞**して発生。 ・便が直腸に達すると便意が生じるが、その便意を我慢してトイレに行かないこと等が度重なると、便が直腸に入っても**排便反射**が起こらなくなってしまう。 ・便意を感じる神経の障害。 ・**高齢者**、特に**寝たきり**状態の利用者に多い。	便意があってもなくても、食後にトイレに座る排便習慣を確立
器質性便秘＝大腸自体の**病気**により部分的に狭く通りにくくなったり、大腸の長さや大きさの異常が原因で発生する便秘		・**大腸がん**、クローン病、**イレウス**（**腸閉塞《ちょうへいそく》**）等が原因で発生。 ・**血便**、激しい**腹痛**、**嘔吐《おうと》**等がある場合、速《すみ》やかに医師による診察と治療を受ける。	病気の治療

便失禁《しっきん》の種類

漏出性《ろうしゅつせい》便失禁	内肛門括約筋《ないこうもんかつやくきん》の障害	便意**ない**	**気づかず**にもれる
切迫性《せっぱくせい》便失禁	外肛門括約筋の障害	便意**ある**	**我慢できず**にもれる
下痢に伴《ともな》う便失禁	肛門括約筋は正常	便意**ある**	下痢で直腸が過敏
かん入便に伴う便失禁	直腸性便秘で、便塊が大きく排出できない	便意**ない**	すきまから液状の便だけがもれる

過敏性腸症候群《かびんせいちょうしょうこうぐん》

★ 過敏性腸症候群は**ストレス**性の疾患《しっかん》で、腹痛などを伴う機能性排便障害。

★ 腸に病気が**ない**にもかかわらず、**下痢《げり》**や**便秘**、**腹痛**等の症状が数か月以上継続して起きるもので、20 ～ 40 歳代に多い。

★ **便秘**型、**下痢**型、便秘と下痢を繰り返す**混合**型などに分けられる。

下痢

★ 軟便、泥状《でいじょう》便、水様《すいよう》便というように普段の便と比べて**軟《やわ》らかく**、水分を多く含む便が何度も排出される状態で、ブリストル便形状スケールの **6 ～ 7**。

★ 下痢には、**食中毒**や**感染症**による急性下痢、消化器の**疾患**などのために 4 週間以上続く慢性下痢、過敏性腸症候群や炎症性の疾患などのために起きる運動亢進《こうしん》性下痢などがある。

排便障害の原因

器質性障害	機能性障害
大腸がん・ポリープ、潰瘍性大腸炎《かいようせいだいちょうえん》、クローン病など	過敏性腸症候群による下痢や便秘など

ゴロ合わせで覚えよう！ **便秘の種類と原因**

ダチョウの頑《がん》張《ば》る季《き》節《せつ》
（大腸がん）（器質性）

第 8 章　こころとからだのしくみ

11 休息・睡眠のしくみ

概日リズム（サーカディアンリズム）

体内時計 → 活動と休息のリズム

体内時計

★ 脳の視床下部《ししょうかぶ》にある視交叉上核《しこうさじょうかく》にある。
★ 概日《がいじつ》リズム（サーカディアンリズム）を作っている。

睡眠に関係するホルモン

メラトニン	セロトニン
夜間に分泌《ぶんぴつ》	日中に分泌
松果体《しょうかたい》から分泌	神経伝達物質

光（太陽光）によって、メラトニンの分泌が低下し、セロトニンが分泌され、覚《かく》醒《せい》が促されます。

レム睡眠・ノンレム睡眠

レム睡眠		ノンレム睡眠
あり	← 急速眼球運動 →	なし
休息（筋弛緩《しかん》）	← 身体 →	筋緊張
活動（夢を見ている）	← 脳 →	休息
浅い眠り	← 眠りの深さ →	深い眠り

睡眠の働き

レム睡眠

・からだの休息
・記憶の整理・固定

ノンレム睡眠

・脳の休息
・体組織の修復
・成長ホルモンの分泌
・免疫《めんえき》機能の強化

睡眠障害

入眠障害	寝つきが悪い。
熟睡障害	ぐっすりと眠った感じがしない。
中途覚醒	**夜中**に目が覚めたら、眠れなくなる。**夜中**に**何度**も目が覚めてしまう。
早朝覚醒	**朝早く**目が覚め、それ以降眠れなくなる。
過眠	睡眠時間は十分なはずなのに、日中も眠くて眠ってしまう。
レストレスレッグス症候群	寝ようとすると、足が**むずむず**してきて、じっとしていられなくなる。足を動かすと症状が軽減する。
睡眠時無呼吸症候群	睡眠中に何度も**呼吸が止まったり**、大きな**いびき**をすることで熟眠できないことで、日中の**眠気**《ねむけ》や**集中力の低下**が生じる。
概日リズム睡眠障害	睡眠と覚醒の**リズム**が乱れ、日中に睡眠し、深夜に目が覚める。

快適な睡眠のためのケア

睡眠環境を整える

①室内環境（音、照明、温度・湿度）
②寝具《しんぐ》・寝衣《しんい》環境（寝具の通気性、弾力性）
③プライバシー保護

生活リズムを整える

①規則正しい食事
②日中の活動を増やす
③寝る前のコーヒー・飲酒は避《さ》ける

睡眠習慣を整える

①ぬるめの入浴・足浴のリラクゼーション
②就寝儀式《ぎしき》（お気に入りの音楽・タオル）
③就寝前に携帯電話のブルーライトを見ない

心身の苦痛緩和《かんわ》（安楽への援助）

①不安・興奮の軽減
②身体的苦痛の緩和

PART 3　領域：こころとからだのしくみ

第8章　こころとからだのしくみ

⑫ 人生の最終段階のケア

死のとらえ方

生物学的な死	法律的な死（脳死）	臨床的な死	死亡
すべての生理機能が停止し、**回復不可能**な状態	**脳死**とは、脳の機能が完全に失われ、回復不可能な状態	死の三徴候《ちょうこう》 「**心停止**」「**呼吸停止**」 「**瞳孔散大**《どうこうさんだい》」	**医師**が死を確認し、「死亡」となる。医師が「**死亡診断書**」を作成する

尊厳死

尊厳死	人としての**尊厳**を保《たも》ち（自分らしく）、**自然**に死を迎えること
積極的安楽死	明確な患者の意思を前提とし、いくつかの条件のもとで人為的《じんいてき》に（薬物を使い）死期を早めること
アドバンス・ディレクティブ	将来自らが判断能力を失った際、自分が希望する治療の選択について、事前に意思表示すること（**事前指示**）
リビングウィル	望まない**延命治療**を拒否するなど、自分の終末期医療に関する**事前指示書**
DNR（DNAR）	蘇生《そせい》する見込みがなくなった場合、心肺蘇生を拒否する事前指示書（心肺蘇生以外の延命治療は含まれない）
医療判断代理委任状	自分が意思表示できない状態になった場合に、意思決定を行う人を**事前に指名**しておく書面
ターミナル期（終末期）	治療をしても治る見込みがなく、死が**避《さ》けられない**状態 一般的に余命6か月以内といわれる
ターミナルケア	終末期にあたる時期の**ケア**
緩和《かんわ》ケア	がん患者などの**苦痛を和《やわ》らげる**ケア（痛みなどの身体的苦痛、うつなどの精神的苦痛など）のこと QOL（生活の質）を維持向上し、その人らしく最期《さいご》まで生活することを支える 本人と**家族**へのケアが含まれる
ホスピスケア	死期が近い患者とその家族の苦痛を最小限にすることを目的として、**全人的**なケア（身体的、精神的、社会的側面など）を行う

エンド・オブ・ライフケア	最期までその人らしく生きることができるように、人生を完成させる時期において、よりよく生きることを支える
アドバンス・ケア・プランニング（ACP）	**「人生会議」** 人生の最終段階において、**本人の意思**に沿った医療やケアを行うために、本人と家族、医療チーム、ケアチームと繰り返し話し合う場のこと

人生の最終段階のケアに関する問題は頻出です。近年、**アドバンス・ケア・プランニング**や**尊厳死**の考え方が重要視されているため、要チェックです。

トータルペイン（全人的な痛み）

身体的苦痛
痛み　息苦しさ
だるさ　動けないこと

精神的苦痛
不安　うつ状態
恐《おそ》れ　いらだち
怒《いか》り　孤独感

全人的苦痛（トータルペイン）

社会的苦痛
仕事上の問題　人間関係
経済的な問題　家庭内の問題
相続問題

スピリチュアル・ペイン
人生の意味　罪の意識　苦しみの意味
死の恐怖　価値観の変化
死生観に対する悩み

トータルペインに対する介護

- 心穏《こころおだ》やかに、**自分らしさ**を保《たも》てるよう配慮《はいりょ》する。
- 受容的態度で、本人と家族の**意向に沿った**介護を行う。
- 安心感が得られるよう**声かけ**に心がける。
- **医療職**との連携を図る（疼痛《とうつう》緩和のため、モルヒネなどの鎮痛《ちんつう》剤を用いることもある。モルヒネ使用時は呼吸状態、眠気《ねむけ》、便秘《べんぴ》、嘔気《おうき》を観察する）

キューブラー・ロスの「死の受容過程」

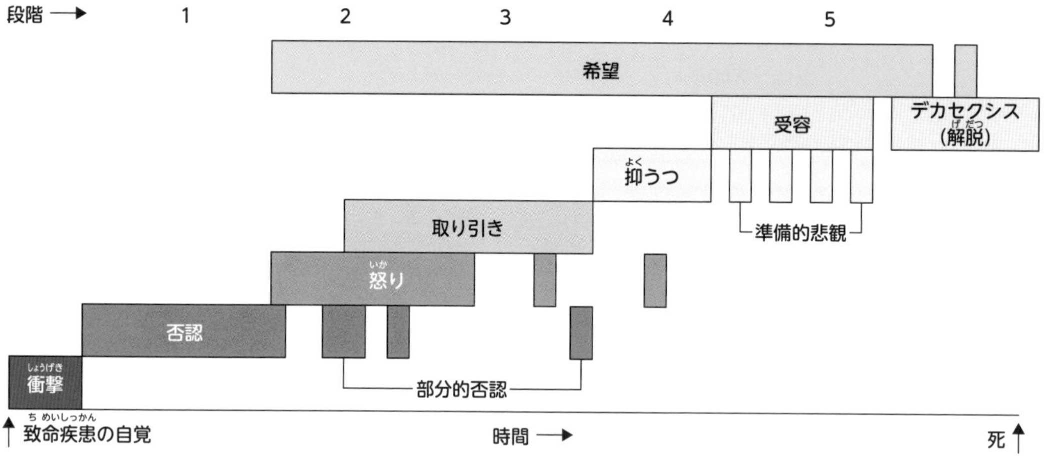

第１段階	否認	「まさか！」と死を拒否し否定する段階
第２段階	怒り	否定しきれないとわかり「なぜ？」と納得できない怒りの段階
第３段階	取り引き	「何とか助けてほしい」と願う段階
第４段階	抑うつ	「もうだめだ」と落ち込む段階
第５段階	受容	死を受け入れ、「自分らしく過ごしたい」と思う段階

終末期における身体の変化

呼吸	チェーンストークス呼吸	数十秒呼吸が止まり、浅い呼吸から深く大きな呼吸というリズムを繰り返す呼吸
	肩呼吸	呼吸困難のために、肩を上下させる呼吸
	下《か》顎《がく》呼吸	呼吸困難のために、下顎を動かす呼吸
呼吸以外のバイタルサイン	体温	体温は徐々に低下し、四肢冷感がみられる
	血圧	血圧は徐々に低下する
	心拍数	脈拍は乱れ、徐々に弱くなる
	意識	意識ははっきりしなくなる

全身	チアノーゼ	口唇《こうしん》や爪《つめ》でチアノーゼ（血液中の酸素の不足が原因で、皮膚《ひふ》が青っぽく変色すること）がみられ、喘鳴《ぜいめい》が起きる
	尿量	尿量は**減尿**（減少）から**無尿**（尿が出ない）になる
	褥瘡《じょくそう》	褥瘡が**できやすく**なる
	浮腫《ふしゅ》	背部や上下肢に浮腫が生じる
	口腔内《こうくうない》	**乾燥**しやすいので、口腔ケアの一環として口腔ケア用シートや保湿剤などで**保湿**する
	聴覚	比較的**機能している**ので、家族・介護福祉職などによる声かけは最期《さいご》まで行う

死後の身体の変化

	始まり	経過
死斑《しはん》	死後 20 ～ 30 分から	最も強くなるのは死後 8 ～ 12 時間
死後硬直	死後 2 ～ 4 時間から	12 時間で全身に及ぶ
		30 ～ 40 時間で硬直はなくなっていく

グリーフケアとデスカンファレンス

★ グリーフケアとは大切な人との死別後の**悲嘆《ひたん》**を乗り越えるためのケア。
★ 家族の悲嘆反応（不眠、悲しみ、怒り、混乱、動揺《どうよう》、探索《たんさく》行動など）に**寄《よ》り添《そ》う**。
★ 家族支援は、家族が亡くなる**前**からはじめる。
★ 思いを十分に**表出**できる**環境**を整える。
★ **デスカンファレンス**を行う。関わったスタッフなどで、終末期ケアを振《ふ》り返《かえ》ったり、悲しみを**共有**して、精神的な安定を目指す。家族も参加してもらうと、ケアチームとして悲嘆感情を分かち合うことができ、グリーフケアとしての役割もはたせる。

グリーフケア （悲嘆ケア）	・身近な人と死別した**家族**等がその悲しみから**立ち直れる**ように支援すること
デスカンファレンス	・亡くなられた利用者に関わった**介護福祉職**や看護師、介護支援専門員（ケアマネジャー）等、職員が参加する ・支援を**振り返り**、今後の支援の**向上**に活《い》かす ・悲しみを共有して支え合う**グリーフケア**の意味もある

第 9 章　発達と老化の理解

01 人間の成長発達と発達理論

成長と発達

成長	目に見える量的変化	身長、体重、歯の数、腹囲など
発達	機能（働き）などの質的変化	心臓の機能、消化機能、呼吸機能など

スキャモンの発達曲線

★ 人間の発達は、**神経**系、**リンパ**系、**一般**系、**生殖**系で、発達の**時期**や**スピード**が異なる。

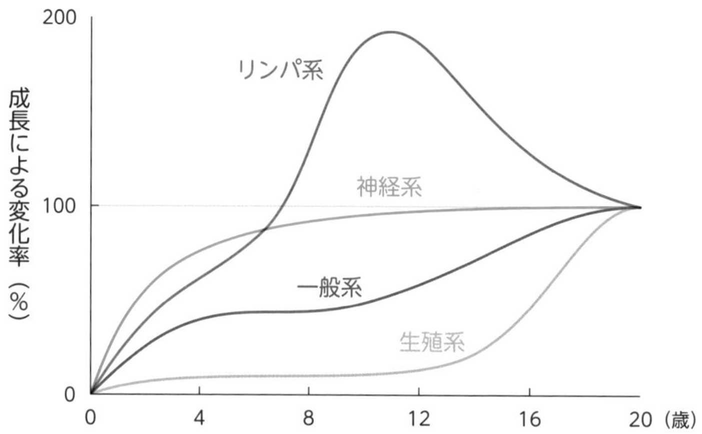

系	部位	発達の特徴
神経系	脳・脊髄《せきずい》・感覚器官	**生まれた直後**から乳幼児期に**急速**に発達する。幼児期に 80%程度まで成長し、12 歳頃には 100%になる。
リンパ系	扁桃腺《へんとうせん》・リンパ腺 （免疫力《めんえきりょく》の向上）	**生後**すぐから成長し続け、学童期、思春期初期にピークになり成人の倍のレベルになる。**思春期**を過ぎると成人のレベルに戻る。
一般系	身長・体重、 心臓・筋肉など	**幼児**期までに**急速**に発達した後、成長は**緩《ゆる》やか**になり、12 歳以降の**思春**期に再び**急激**な発達をみせる。
生殖系	生殖器	生後、わずかに成長するだけだが、12 ～ 14 歳頃の**思春期**以降に**急激**に成長する。

発育発達の７原則

第１原則	連続性	発育発達は、連続した現象《げんしょう》である。
第２原則	順序性	発育発達は、一定の順序で進む。
第３原則	方向性	発育発達には、方向性が決まっている。 ①頭尾方向、②近遠方向、③粗大《そだい》 → 微細《びさい》方向
第４原則	異速性	発育発達は、身体各部で均一に起こるのではなく、速度も一定ではない。
第５原則	臨界《りんかい》期	発育にとって、決定的に大切な時期がある。 （臨界期 ＝ 感受期 ＝ 敏感期）ともいう。
第６原則	個別性	発育が進むと、個体差が明確になる。
第７原則	相互作用	発育発達は、相互作用によって行われる。

乳幼児期の発達

乳幼児期の運動能力のプロセス

３か月～５か月	首がすわる
５か月～８か月	寝返りをする
７か月～８か月	支えなしで座る
８か月～12か月	ハイハイ
９か月～10か月	つかまり立ちができる
１歳前後	一人で立てる
１歳過ぎると	一人歩き

乳児期の発達に関する問題はコンスタントに出題されています。35回試験は**社会的発達**、34回試験は**愛着《あいちゃく》行動**と**言語**、32回試験は**社会的発達**、31回試験は**心身の発達**についての問題でした。

乳幼児期の手の操作のプロセス

2週間～2か月半	触れたものを握《にぎ》る
1か月半～4か月	**手のひら全体**で物を握る
4か月～7か月	ガラガラを振り回す
4か月半～7か月	自分から物に手を伸ばす
4か月～8か月	両手に持つ
5か月半～8か月	持ちかえる
8か月過ぎると	**手のひらと指**を使って物をつかむ。両手の積み木を打ち合わせる
10か月～12か月	**指**だけで物をつまむ

乳幼児期のこころ・ことばの発達プロセス

1か月～2か月	クーイング 「うー」「あー」といった声を出す
3か月半～6か月	「いない いない ばあ」を喜ぶ
4か月～6か月	**喃語《なんご》** 「ンマンマ」「アーアー」
1歳前後	**発語**（一語文） 「ワンワン」「ブーブー」
1歳半以降	言葉の量が急速に増える**語彙《ごい》爆発**
2歳頃	二語文 「ぶーぶーきた」、第一質問期 「これなあに？」
3歳頃	第二質問期 「どうして？」、第一次反抗期 「イヤイヤ！」「自分で！」

社会的な成長と発達

新生児期	新生児微笑《びしょう》	寝ているときに、にっこり笑う（周囲の人に向けられた微笑ではないので、**生理的微笑**とも呼ばれる）
3か月頃から	社会的微笑	外からの刺激に対して反応する
8か月頃から	人見知り	**記憶**できるようになり、知らない人や物は怖い
1歳頃から	社会的参照	周囲の信頼できる人の態度・表情を見て、まわりの物を理解し、行動を決定していく

遊びの社会性

★ 「一人遊び」→「傍観《ぼうかん》遊び」「平行遊び」→「連合遊び」→「協同遊び」

始めはほかの子どもと交流しないで遊ぶ。

3歳過ぎからほかの子どもとかかわりあいながら遊ぶようになる。

二項関係と三項関係

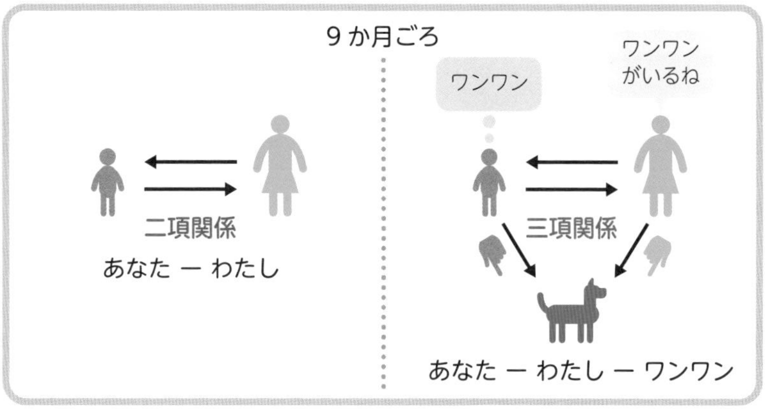

ボウルビィの愛着《あいちゃく》（アタッチメント）理論

段階	時期	愛着の対象	行動
第1段階	～3か月	特定の人はいない。誰に対しても**同じ**ような反応。	抱かれることで母子相互間に「特別な関係」ができる。その後、泣いたら来てくれたり、見つめ返してくれたり、不快を取り除《のぞ》いてくれたりすることで「特別な関係」を強める。
第2段階	3か月～6か月	**特定の人に愛着**を抱き始める（一人～数人）。	
第3段階	6か月～2・3歳	特定の人と常に一緒にいたいという態度を示す。知らない人との**区別**がつく。	**母子分離不安**（母親と離れることを恐《おそ》れるようになる）。母親からの愛情を貯《た》め込み、肌から離れる準備を始める。
第4段階	3歳～	**離れていても**、心の中に特定の人との絆《きずな》ができてくる。	母親が「見ていてくれていれば安心」「何かあれば母親の元に戻り慰めてもらい、また離れる」。愛着対象に**信頼**と安心感をもち、心のよりどころにする。

ストレンジ・シチュエーション法による愛着の分類

(A) 回避《かいひ》型	はじめから養育者に無関心で、養育者との分離に**混乱を見せず**、再会時にも養育者を避**ける様子**をみせる。
(B) 安定型	養育者がいれば他人の存在は気にしない。養育者との分離に**混乱し**、養育者との再会によって**安心する**。
(C) 抵抗型	養育者との分離に**混乱し**、養育者との再会によっても**不安が収まらず**、抱きつく。また反対に怒《いか》りや抵抗を見せることもある。
(D) 無秩序《むちつじょ》型	愛着行動に**一貫性**がなく、(A) ～ (C) にあてはまらない。

発達段階の理論

ピアジェの発達理論

年齢の目安	発達段階	思考の枠組み（シェマ）の内容
0～2歳	感覚運動期	感覚器官（目、耳など）の働きを通して認識する
2～7歳	前操作期	ものの見え方に左右されてしまう**直感**的思考と、模倣など**象徴**的《しょうちょうてき》思考を行う
7～11歳	具体的操作期	ものの**見かけの変化**にだまされない。具体的なものを論理的に考えられる
11歳以降	形式的操作期	**抽象**的概念《ちゅうしょうてきがいねん》の理解、論理的思考ができるようになる

エリクソンの8つの発達段階

発達段階	年齢	発達課題	課題を達成して得るもの	失敗した場合の状況
乳児期	0～1歳	母親などの養育者との関係を通した**基本的信頼感**	信頼感・希望	不信
幼児前期	1～3歳	自分の身体を自分でコントロールする自律感	**自律性**	恥《はじ》・疑惑
幼児後期	3～6歳	自発的に行動する快感を覚える	自発性	罪悪感
児童期	6～12歳	様々な活動を通した勤勉性	勤勉性	**劣等感**
青年期	12～20歳	アイデンティティ（同一性）の確立	**自我同一性**	同一性拡散
成人期初期	20～30歳	親密な人間関係の構築	親密性・愛	**孤立**
成人期（壮年期）	30～65歳	子育て・仕事など社会的な役割を通した次世代の育成	生殖性	停滞《ていたい》
老年期	65歳～	人生の意味をまとめる	**自我の統合**	**絶望**

ゴロ合わせで覚えよう！ ピアジェの発達理論

ピアジェ、感覚的《かんかくてき》に運《はこ》ばれてくる前世《ぜんせ》の具体的《ぐたいてき》な景色《けしき》

（ピアジェ）（感覚運動期）（前操作期）（具体的操作期）（形式的操作期）

バルテスの生涯発達理論

★ バルテスは、「人間の発達は、誕生から死に至るまで、常に成長と**衰退**《すいたい》が結びついている」（獲得と**喪失**《そうしつ》が**混在**した過程）と考え、生涯発達の理論を示した。

★ **遺伝**的要因と**環境**的要因、そしてそれらの**相互作用**という３種類の要因で影響を及ぼし合っている。

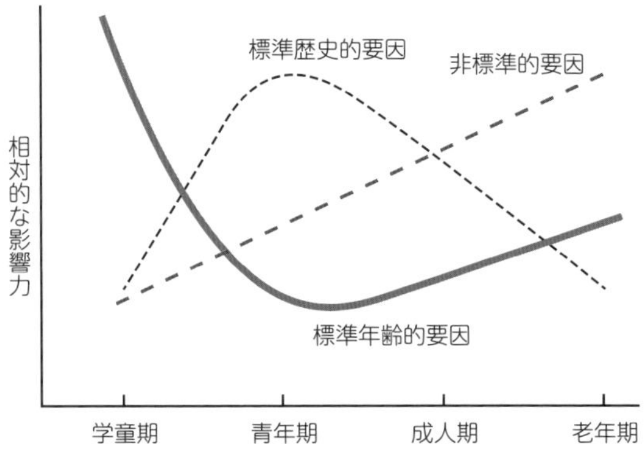

標準年齢的要因	遺伝的要因と、それに関わる家庭や学校における環境的要因の相互作用によるもの
標準歴史的要因	ある世代や集団に共通する経済的状況、戦争、社会的変化など
非標準的要因	人生における**個人的な出来事**（結婚、就職、失業、事故、離婚など）

その他の代表的な発達理論

提唱者	理論	概要
フロイト	**発達段階**説	リビドー概念による精神・性的発達理論であり、自我の発達を①口唇《こうしん》期、②肛門《こうもん》期、③男根期、④潜在期、⑤思春期・性器期の５段階に区分した。
ジェンセン	**環境閾値**《いきち》説	特性によって、環境要因から受ける影響の大きさが異なることから、環境が一定水準に達した場合に遺伝的可能性が現れるとした。
コールバーグ	道徳判断理論（**正義**と**公平**の道徳性）	道徳に対する判断の発達理論。前慣習的水準→慣習的水準→脱慣習的水準（人間の良心や尊厳に基づき判断できる）と分類した。
ギリガン	道徳性判断理論（**配慮**《はいりょ》と**責任感**の道徳性）	道徳性判断において、他者との関係性や配慮を重視する考え方。

老化の理論

老化プログラム説	**細胞分裂の回数**が決まっていて老化が生じると考える説
エラー破局説	細胞内の **DNA が損傷**《そんしょう》することで老化が生じると考える説
フリーラジカル説	**活性酸素**による細胞の損傷で老化が生じると考える説

02 老化に伴う身体的な変化

全体の変化

① ホメオスタシス（恒常性）の低下

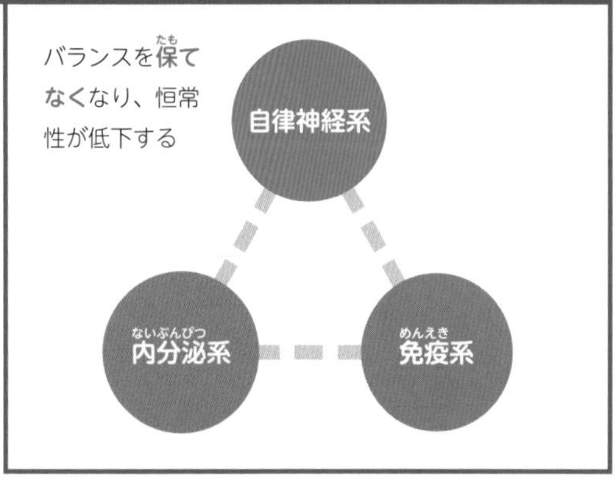

② 予備力・回復力の低下

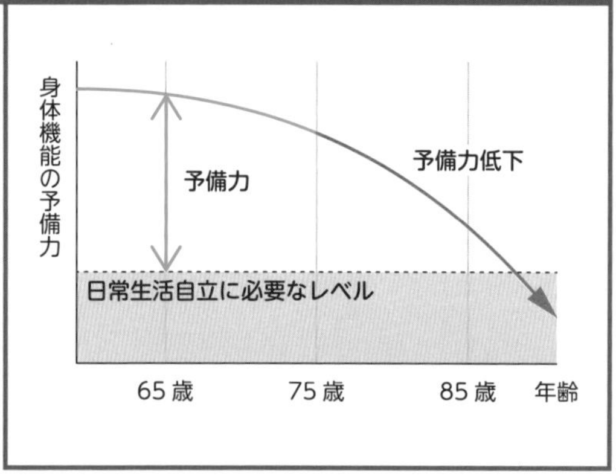

③ 免疫力の低下

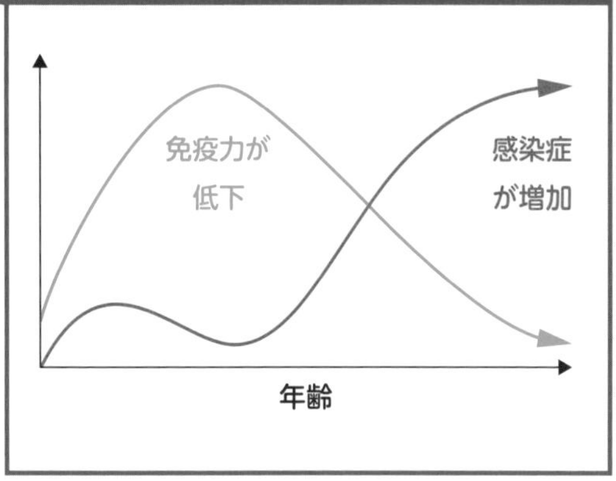

④ 脱水症になりやすい

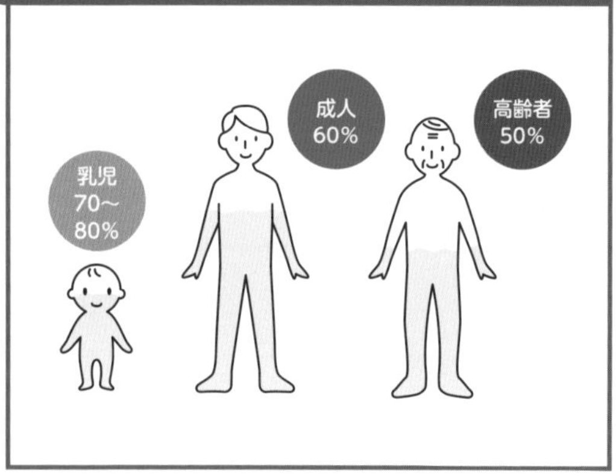

生理的老化の特徴（シュトレーラーの4原則）

内在性	遺伝的にプログラムされていて必然的に起こる。
普遍性	すべての生命体に起こる、普遍的なものである。
進行性	一度生じた変化は元に戻るものではない（回復しない）。
有害性	機能低下を引き起こすため、生命活動にとって有害である。

部位別の変化

循環器系	①**動脈硬化**が進みやすい。 ②収縮期血圧が**上昇**。 ③**不整脈**が現れやすい。
呼吸器系	①**肺活量**が低下し、労作時に**息切れ**しやすい。 ②**咳《がい》反射**が低下しやすい。
消化器系	①**咀嚼力《そしゃくりょく》**の低下。 ②喉頭挙上《こうとうきょじょう》不足で、**誤嚥《ごえん》**しやすい。 ③**唾液《だえき》・消化液**が減少し、**消化吸収**能力が低下。 ④腸の**蠕動《ぜんどう》運動**が低下し、**便秘《べんぴ》**になりやすい。 ⑤**肝機能・腎機能**の低下により、薬の**副作用**が強まる。
運動器系	①下肢の筋力低下、関節可動域（ROM）の低下により**転倒**しやすくなる。 ②骨密度が低下し、**骨折**しやすくなる。
泌尿器系	①**頻尿《ひんにょう》・残尿**が増える。特に「夜間頻尿」が起こりやすくなる。 ②膀胱《ぼうこう》容量の減少、骨盤底筋《こつばんていきん》の筋力低下、尿意の鈍化により、**尿失禁《しっきん》**が起きやすくなる。
内分泌系	①**エストロゲン**（卵巣ホルモン）の低下により、閉経につながる。 ②**成長ホルモン**が低下し、**筋力が低下**。 ③**メラトニン**が**低下**し、睡眠障害につながる。
皮膚《ひふ》	①皮膚が乾燥し、**ドライスキン**になる。

感覚器系の変化

視覚	①**視力**が低下し、**周辺視野**も狭くなる。 ②**焦点**を合わせる調整力が低下し、老眼になる。 ③環境への適応力が下がり、**明順応《めいじゅんのう》**、**暗順応《あんじゅんのう》**が低下する。 （明順応：明るさに慣れる、暗順応：暗さに慣れる） ④青色系の識別能力が低下する。
聴覚	①低音域よりも、**高音域**が聞き取りにくい。（**感音《かんおん》**性難聴）
嗅覚《きゅうかく》	①においを嗅ぐ力が低下する。
味覚	①味覚の感受性の低下により、味が**わかりにくく**なる。 ②亜鉛《あえん》不足によって味蕾《みらい》の数が減少し、**味覚障害**が起きやすい。 ③**渇《かわ》き**を感じにくくなる。
皮膚感覚	①振動覚、触覚、温度覚が鈍感になる。 ②痛覚が低下する。

03 老化に伴う心理的変化

記憶

感覚記憶	目・耳・味覚・嗅覚《きゅうかく》から得る記憶（数秒しか保持《ほじ》しない）		
短期記憶※1	数十秒から1、2分程度しか保持しない		
長期記憶	陳述《ちんじゅつ》記憶（ことばになる）	意味記憶	言葉の意味、一般的な知識
		エピソード記憶	個人的な経験・思い出
	非陳述記憶（ことばにならない）	手続き記憶	からだの動作で覚えた記憶
		プライミング記憶※2	無意識の記憶

※1 短期記憶の中に、作業記憶（ワーキングメモリ）がある。
　作業記憶とは、一時的に複数の情報をとどめておき、情報を処理する能力。
※2 プライミング記憶：前に入力された情報が無意識に、その後の情報に影響を与えるような記憶。

記銘《きめい》から想起《そうき》までの時間による記憶の分類

● **即時記憶**：記銘後すぐに想起
● **近時記憶**：即時記憶より保持時間の長い記憶、数分から数日
● **遠隔記憶**：近時記憶よりもさらに保持時間の長い記憶、数日から数十年

加齢に伴《ともな》う記憶力の変化

低下しやすい
・エピソード記憶
・作業記憶（ワーキングメモリ）

低下しにくい
・遠隔記憶　・意味記憶
・手続き記憶

ゴロ合わせで覚えよう！ 加齢で低下しやすい記憶

退化する鷺《さぎ》と　海老《えび》
（低下）　（作業記憶）（エピソード記憶）

知能の分類

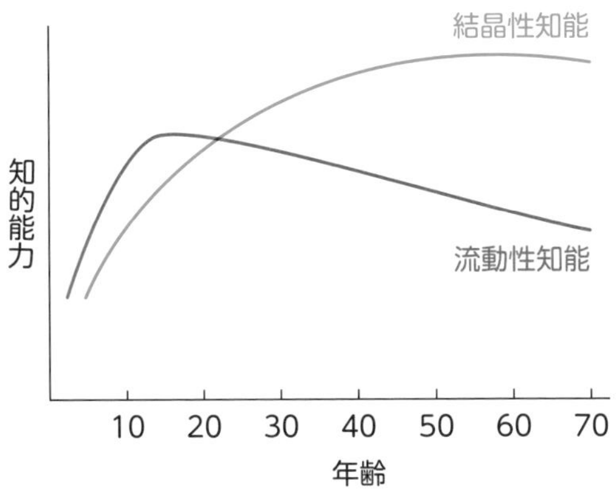

結晶性知能

- **学習**や**経験**によって得られる知能
- 洞察《どうさつ》力、理解力、コミュニケーション力
- 歳をとっても低下**しにくい**

流動性知能

- 新しい環境に適応していく知能
- 直観力、計算力、処理のスピード
- 20歳を過ぎると低下**しやすい**

悲嘆過程とグリーフワーク

ボウルビィの死別後の「悲嘆《ひたん》の段階」

1 無感覚
- ショック
- 認めたくない

→

2 探し求める
- 生きているように感じる
- 悲しく寂しい

→

3 混乱と絶望
- 現実に抵抗
- 怒《いか》り
- 孤独

→

4 回復
- 人生を立て直すきざし
- 生きがいの再発見

フロイト「悲嘆過程《ひたんかてい》（モーニング・プロセス）」

①徐々に受け入れて**対処**する段階
②愛情を強く激しく**感じる**段階
③情緒的に**落ち着き**を取り戻す段階

→

グリーフワーク
悲嘆の過程を避《さ》けずに経験することで、悲嘆は**回復**していく

ストローブとシュト「二重過程モデル」

喪失《そうしつ》志向
・悲しみに浸《ひた》る
・現実を拒否する

ゆらぐ ↔

回復志向
・生活の立て直しを目指す
・悲しみから気をそらす

エイジング

サクセスフル・エイジング
・**幸福**な老い
・老化を受け入れ適応していくことで、幸せな生き方を求めながら生きていく
・社会に積極的に参加する
・本人の満足感・主観的幸福感

プロダクティブ・エイジング
・ロバート・バトラー提唱
・**生産**的・**創造**的な生き方を求める
・**自己決定**、**自己実現**を目指す
・社会に貢献《こうけん》し、幅広い社会参加を実践
・仕事、セルフケア、趣味活動

アクティブ・エイジング
・WHO（世界保健機関）が提唱
・QOL（**生活の質**）を高めるための取り組み
・目的は、参加、健康、安全
・アクティブとは、身体的に**活動的**であるだけではない
・アクティブとは、精神的、文化的、社会経済的に参加できる意味も含まれる

エイジズム

★ エイジズムとは、高齢者など、歳をとっている人に対する年齢による**偏見《へんけん》**と**差別**のことである。

例：

- 高齢者は頑固《がんこ》になる
- 老人は若者に立場を譲《ゆず》るべきだ
- 高齢者は判断力が劣《おと》る
- 物忘れをするのは年をとったからだ

高齢者の人格特性

ライチャードの5つの人格特性

★ 引退後の**男性**高齢者について、人格を5つに分類。

人格類型	特性
円熟型	年をとることを**受容**し、積極的に社会参加し、建設的に生きようとする
依存《いぞん》型（安楽いす型）	受動的で**消極**的であるが、責任から解放されたことを喜んでいる
防衛型（装甲型）	老化に対する不安が強く、老いを拒否して積極的に活動しようとする
憤慨《ふんがい》型（外罰型）	自分の不幸を**他人のせい**にして不平不満を持つ
自責型（内罰型）	自分の不幸を悔《く》やみ、**自分**を責《せ》める。このため、抑《よく》うつ状態になりやすい

ニューガーテンの人格4類型

★ 高齢者の人格を4類型・8つの型に分類。

適応	① 統合型	再統合型（再組織型）	多くの活動領域に参加し、**新たに**役割を獲得し、生活を楽しむ
		集中型	自分の役割を**限定**して、そこにエネルギーを集中して充足感を得る
		離脱型	役割を失った代わりに、責任から解放されたことを喜ぶ
	② 防衛型	固執型	できる限り、それまでの役割を果たし続けようと**努力**する
		緊縮《きんしゅく》型	高齢化に伴《ともな》って役割を**減らし**、ある程度の満足を得る
	③ 依存型	依存型	他の人からの援助に頼って生活し、それでよいと満足する
		鈍麻《どんま》型	生きることに**消極的**で、非活動的である
不適応	④ 不統合型		かろうじて自分を維持している

第9章　発達と老化の理解

04 高齢者に多い症状・疾患と生活上の留意点

加齢に伴う身体的病状の変化

一般的な高齢者の疾患《しっかん》の特徴

①**複数**の疾患をもっている
②**慢性化**《まんせいか》しやすい
③**合併症**を併発しやすい
④**非定型**的な症状である
⑤**個人差**が大きい
⑥**薬剤**に対する反応が成人と異なる

高齢者の疾患に対する生活上の留意点

①**複数**の医療機関に受診していることを、各医療機関に伝えてる。
②複数の疾患、合併症をもち様々な症状が現れるが、介護福祉職は丁寧《ていねい》に聞き取る。
③回復に時間がかかり抑《よく》うつ的、閉じこもりがちになりやすいので、**楽しみ**を見つける。
④複数の薬を服用しているので、必ず**お薬手帳**で管理をしていく。
⑤非定型的な症状が現れるので、自己判断せず医療機関に**相談**する。

廃用症候群《はいようしょうこうぐん》（生活不活発病）

関節拘縮《こうしゅく》	関節周囲の筋肉が硬くなり、関節が**動かしにくく**なる
筋萎縮《きんいしゅく》	身体を動かさないため筋肉が細くなり、筋力が低下する。1週間の安静臥床《がしょう》で15～20%の筋力低下が起きる
褥瘡《じょくそう》	長時間持続的に圧迫《あっぱく》され、**血行障害**を起こして皮膚《ひふ》に障害が生じた状態。床ずれのこと
内臓機能低下	心機能、呼吸機能、消化機能の低下が起こる
起立性《きりつせい》低血圧	血圧調整機能が低下し、起き上がったときに血圧が低下
深部静脈血栓	身体を動かさないことにより、下肢深部静脈の血流が悪くなり、**血栓**ができる。むくんだり痛みが生じたりする
肺炎	肺に痰《たん》等がたまり、沈下性肺炎、**誤嚥性肺炎**《ごえんせいはいえん》を起こす
抑うつ状態	意欲が低下し、**無気力**となる

フレイルと老年症候群

★ 老年症候群とは、高齢者に多くみられる診察、介護、看護を必要とする症状や徴候《ちょうこう》の総称。

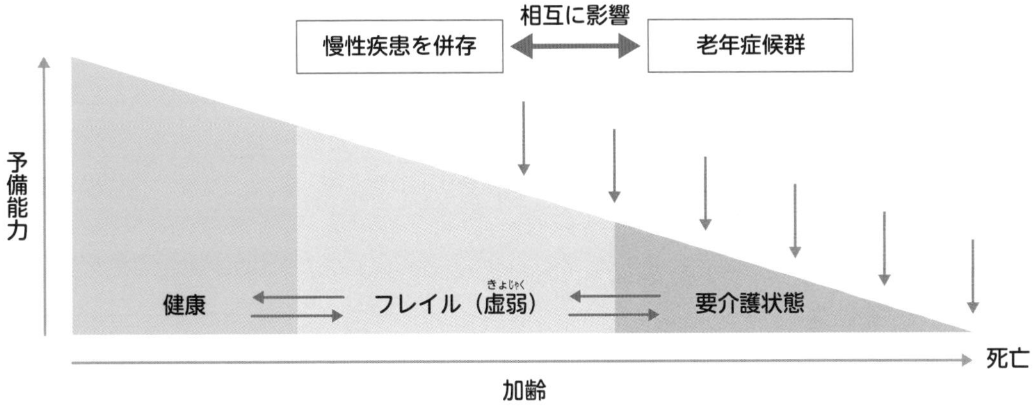

フレイルにおける生活上の留意点

栄養

・1日2食は「一汁三菜《いちじゅうさんさい》」に！
・肉、魚、卵、大豆《だいず》等たんぱく質を摂る！

運動

・座っている時間を減らそう！
・ラジオ体操、スクワットを習慣化！

口腔

・毎食後に歯磨きを行いましょう！
・口腔《こうくう》体操で「飲み込む力」を維持する！

社会参加

・1日1回外出（買い物、通院、散歩）！
・他者との関わりを増やそう！

老年症候群の３分類

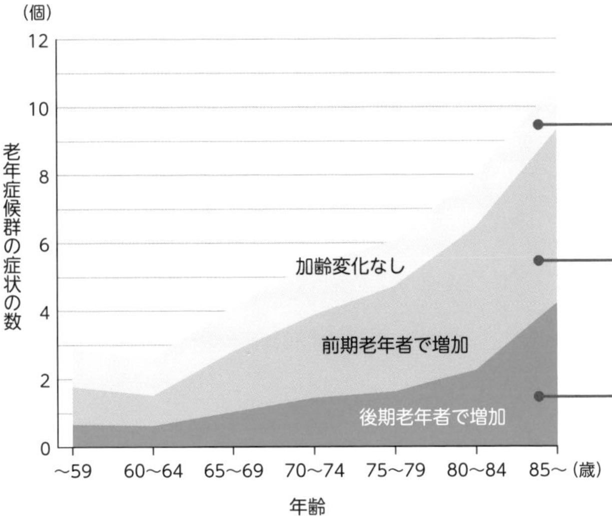

急性疾患によって生じる症状
めまい、息切れ、頭痛、不眠、下痢《げり》、肥満《ひまん》、骨折、腹痛…

慢性疾患によって生じる症状
認知症、脱水、麻痺《まひ》、発熱、喘鳴《ぜいめい》、呼吸困難、食欲不振、便秘《べんぴ》、浮腫《ふしゅ》…

ADLの低下と関連してくる症状
骨粗鬆症《こつそしょうしょう》、嚥下困難《えんげこんなん》、尿失禁《しっきん》、抑うつ、不整脈、褥瘡、貧血…

高齢者に多い循環器系疾患

高血圧値の基準

分類	収縮期血圧（最高血圧）		拡張期血圧（最低血圧）
至適《してき》血圧	＜120	かつ	＜80
診察室高血圧（Ⅰ度高血圧）	≧140	かつ／または	≧90
家庭高血圧	≧135	かつ／または	≧85
Ⅲ度高血圧症	≧180	かつ／または	≧110

高血圧を改善《かいぜん》する生活上の留意点

生活習慣の見直し

減塩・減コレステロール

・食塩は1日6グラム未満

・コレステロールを摂りすぎない

適度な運動

・適度な**有酸素運動**

・無理のない程度に毎日

食事

・野菜や果物といった**カリウム**を含む食品を多く摂取《せっしゅ》

禁煙・節酒

・喫煙《きつえん》を止める

・飲酒を控える

→ **高血圧の改善**

減塩のポイント10

①**だし**や本来のうまみで薄味でも美味しく

②**酸味**（酢、レモン、ゆず）の利用

③**香辛料**《こうしんりょう》（カレー粉、唐辛子）の利用

④**香り**（しそ、ハーブ、ねぎ）で味にアクセント

⑤焼く、揚げるで**香ばしさ**を利用する

⑥表面だけに味つけする

⑦**加工食品**（ハム等）の食塩量に注意

⑧調味料は「かける」より「**つける**」

⑨麺類《めんるい》の汁は全部飲まない

⑩**外食**や弁当は表示で食塩量を確認する

薬物療法の注意点

・**降圧薬**は指示どおりに服薬する（勝手に中止したり量を調整したりしない）

・**飲み忘れ**や過《か》剰摂取《じょうせっしゅ》に注意する

↓

重大な合併症（心筋梗塞《しんきんこうそく》、脳梗塞《のうこうそく》など）を起こす危険性がある

虚血性心疾患《しっかん》（狭心症と心筋梗塞）

	狭心症		心筋梗塞
病態	血流が低下（冠動脈の狭窄《きょうさく》）		血流がとまる（冠動脈の閉塞《へいそく》）
症状	胸痛、絞扼感《こうやくかん》、圧迫感《あっぱくかん》		**激しい胸痛**、**放散痛《ほうさんつう》**（左肩など）、不整脈、呼吸困難、血圧低下、意識障害 → 死亡率高い
薬	ニトログリセリン効果**あり**		ニトログリセリン効果**なし** 疼痛《とうつう》にはモルヒネ（麻薬）を使う
	安静時狭心症	労作時狭心症	
いつ？	睡眠時、早朝、安静時	運動時や興奮時	きっかけなし
持続時間	5～10分以内	5分以内	**20**分以上～数時間続く
安静効果	－	安静にすると**良くなる**	安静にしても**良くならない**
原因	血管のけいれん	動脈硬化	血栓《けっせん》が詰《つ》まる

心不全の症状

左心不全

①肺水腫《はいすいしゅ》
②労作時の**呼吸**困難
③夜間・臥床《がしょう》時の**呼吸**困難
④咳《せき》・痰《たん》・チアノーゼ

右心不全

①肝腫大《かんしゅだい》
②頸静脈の怒張《どちょう》
③下肢の浮腫《ふしゅ》
④腹水・胸水

心疾患・心不全における生活上の留意点
～心臓に負担をかけない生活習慣～

ささいな**変化**を見逃さない	高齢者は、痛みを伴《ともな》わない「**無痛性心筋梗塞**」も少なくない。
便秘《べんぴ》をしない	水分、野菜の摂取を心がけ、運動、マッサージを行う。
熱い湯や**長湯**はしない	40℃前後のお湯に、10分以内程度湯につかる。脱衣所もあたためる。
適切な**食事**と**運動**	塩分制限やバランスのよい食事、適切な運動が効果的である。
禁煙	たばこは動脈硬化を引き起こし、血管収縮作用がある。
薬をきちんと飲む	自己判断で薬をやめない。副作用等が心配な場合は医師等に相談するよう介護福祉職は指導する。

脳血管疾患《しっかん》の種類

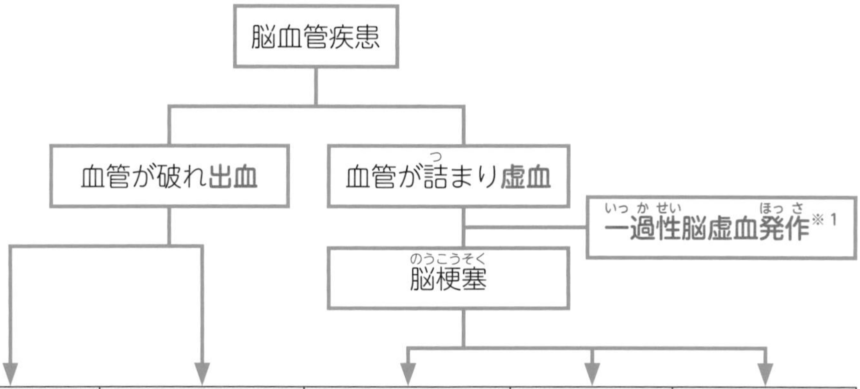

	脳出血	くも膜下出血	ラクナ梗塞	アテローム血栓《けっせん》性脳梗塞	心原性脳塞栓症
特徴	細い動脈の破裂《はれつ》	動脈瘤《りゅう》の破裂	細い動脈が詰まる	太い動脈が詰まる	血栓で細い動脈が詰まる
原因	高血圧 動脈硬化※2	高血圧	高血圧	動脈硬化	不整脈
いつ？	活動時	—	夜間・休息時	—	活動時
症状	軽症から重症まで様々	バットで殴られたような突然の激しい痛み、意識障害	症状が現れないこともある（無症候性脳梗塞）	徐々に症状が進む	急激に症状が現れ、重篤《じゅうとく》になりやすい

※１　４時間以内に症状は改善《かいぜん》する、脳梗塞の前駆《ぜんく》症状

※２　血管の内壁にコレステロールなどが沈着《ちんちゃく》し、プラーク形成により血管が硬くなり弾力が失われること

脳血管疾患の症状

①頭痛　②片麻痺《かたまひ》　③呂律《ろれつ》障害　④嘔吐《おうと》　⑤しびれ　⑥意識障害

脳血管疾患の生活上の留意点　～血管の健康を目指す～

食事	食べ物	①１日３食、②腹八分目、③バランス良く、④減塩、⑤野菜をたくさん
	その他	①禁煙、②お酒はほどほどに、③水分補給で血液サラサラに
運動	活動	ウォーキングなどの有酸素運動で血流をよくする
	休息	睡眠（休息）と活動のバランスをとり、疲労やストレスをためない

高齢者に多い骨格・筋の疾患

骨《こつ》粗《そ》鬆症《しょうしょう》の原因

①カルシウム不足
②女性ホルモンの低下
③ビタミン D の代謝低下
④運動不足
⑤加齢

→ 骨量（骨密度）の減少

高齢者の 4 大骨折部位

脊椎圧迫骨折は、寝たきりの原因になりやすい骨折です。

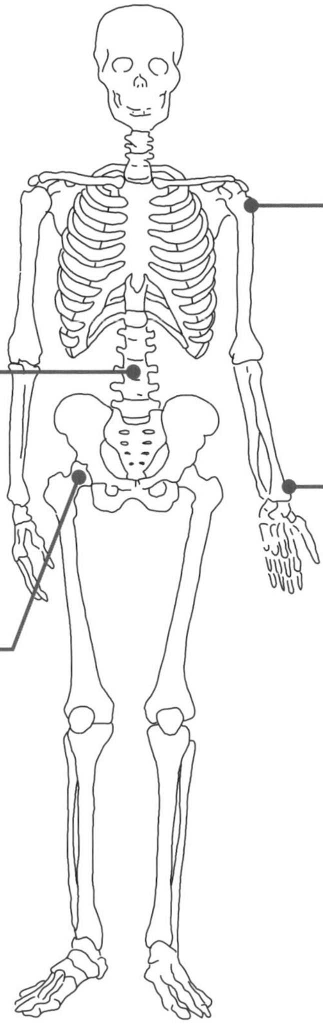

①脊椎圧迫《せきついあっぱく》骨折

尻もちをついたり、自分の体重を支えられない、中腰で物を持ち上げることで骨折しやすい

②大腿骨頸《だいたいこつけい》部《ぶ》骨折

腰から倒れて転倒した場合に骨折しやすい

③橈骨遠《とうこつえん》位《い》端《たん》骨折

倒れる時に、手をつくことで骨折しやすい

④上腕骨近《じょうわんこつきん》位《い》端《たん》骨折

肩から倒れて転倒した場合に骨折しやすい

骨粗鬆症《こつそしょうしょう》の生活上の留意点

骨粗鬆症予防の三本柱

食事

①カルシウムの摂取《せっしゅ》：
骨の材料（牛乳、小魚、大豆《だいず》など）
②ビタミンDの摂取：
カルシウムの吸収を促す
③ビタミンKの摂取：
カルシウムを骨に取り込む

運動

①骨に適度な刺激を与え骨を強くする。ウォーキングなど
②血行も良くなり、骨を作る細胞の働きも活発になる
③筋肉も鍛《きた》えられて転《ころ》びにくくなる

日光浴

①日光の紫外線《しがいせん》は、ビタミンDを活性化させる

転倒予防の三本柱

つまずかないよう環境整備

①コード類をまとめる
②足元に物を置かない
③敷物《しきもの》をしかない
④風呂場は要注意

足元を明るく

①段差や階段
②トイレ
③蛍光テープで工夫《くふう》

服や履物《はきもの》

①スリッパは履《は》かない
②厚着《あつぎ》をしない
③大きすぎる、きつすぎる物を着ない・履かない

変形性関節症の特徴

変形性関節症

・変形性膝関節《しつかんせつ》症（女性に多い）
・変形性股関節《こかんせつ》症

①加齢により ➡ ②軟骨《なんこつ》がすり減り ➡ ③炎症と変形 ➡ ④痛みと運動制限が生じる

変形性膝関節症の生活上の留意点

① 膝に負担をかけない＝安静

1. 階段の上り下りでは、手すりを使う
2. 外出時は、杖《つえ》を使う
3. 負担の少ない履物を選ぶ
4. 正座で膝《ひざ》が痛ければ、正座をしない
5. 太りすぎない

② 膝を温める

1. お風呂で温める
2. 温湿布《おんしっぷ》で温める
3. 膝を冷やさない

③ 適度な運動をする

1. 散歩をする
2. 膝周辺の筋肉を鍛《きた》える
3. 転倒を予防する

関節リウマチの症状

①朝の手足のこわばり ➡ 季節や天候に左右される
②だるい、疲れやすい
③手足、全身の様々な関節の痛み、腫《は》れ（左右対称に）
④進行するとADL（日常生活動作）ができない

関節リウマチの生活上の留意点

★ 関節に負担をかけないことがポイント。

① 安静と運動	・心身の安静が大切 ⇔ 安静にしすぎない（長時間同じ姿勢でいない） ・関節をゆっくりと動かす（無理には動かさない）→ リウマチ体操が有効
② 保温	・関節を冷やさない
③ 感染予防	・薬の副作用で感染症にかかりやすくなっているので、手洗い、うがい、加湿等を心がける
④ 自助具の活用	・「できる」を増やすために、様々な種類の自助具を活用 ・トイレでは「補高《ほこう》便座」、日常的に「リーチャー」「レバーハンドル」など
⑤ 家屋の改造	・浴室、台所、トイレ、室内、廊下《ろうか》などの段差をなくし、手すりを取り付ける

高齢者に多い皮膚疾患

褥瘡《じょくそう》	・長時間同じ箇所が圧迫《あっぱく》を受けて血液循環が滞《とどこお》り、皮膚《ひふ》組織が障害を起こす状態 ・低栄養、圧迫、汚れで起こりやすい
皮膚掻痒症《ひふそうようしょう》	・目立った症状がないのにかゆみだけがある状態 ・皮膚の乾燥によりかゆみが強くなる
白癬《はくせん》	・白癬菌という真菌（カビ）の感染によって起こり、かゆみが強い ・足白癬では、足を十分に乾燥させることが大切である ・白癬は、衣服や寝具《しんぐ》をこまめに洗濯することが大切である
疥癬《かいせん》	・ヒゼンダニが皮膚に寄生し激しいかゆみが起こる

かゆみへの対応

★ 爪《つめ》は短く切り、皮膚を掻《か》きむしらないようにする。

★ 保湿を心がける。

★ 入浴の際は、高温の湯に長時間入らないようにする。

★ 石鹸《せっけん》を使用するときは、ゴシゴシと擦《こす》りすぎない。

★ ナイロンなどの化学繊維《かがくせんい》ではなく木綿《もめん》素材のものを選択する。

高齢者に多い内分泌疾患

糖尿病

★ 血糖値を下げるインスリンが不足し、高血糖が続く病気。

糖尿病の種類

種類	Ⅰ型糖尿病	Ⅱ型糖尿病
	インスリン依存《いぞん》型	インスリン非依存型
発症年齢	若年者が多い	中高年が多い（時に学童期もいる）
体格	やせ型	肥満《ひまん》型が多い（時にやせ型もいる）
発症と進行	急激に発症し、進行が早いことが多い	ゆっくり発症・進行は遅い
主な誘因	膵臓《すいぞう》の β 細胞の破壊	生活習慣（肥満・運動不足・過食）・遺伝
主な治療	インスリン注射	食事療法・運動療法（薬物療法）
発症の割合	10～20%	80～90%以上

糖尿病の3大合併症の症状

神経障害	初期	上下肢のしびれやピリピリ感からはじまり、しだいに疼痛《とうつう》が強くなる。左右対称に症状があらわれるという特徴がある。
	進行すると	知覚（温覚、触覚、痛覚）が低下すると、**足潰瘍《かいよう》**や**足壊疽《えそ》**となりうる。
網膜症《もうまくしょう》	初期	眼の網膜にある細い血管に障害が起きる。
	進行すると	**失明**にいたる。
腎症	初期	腎臓の細い血管に障害が起きる。
	進行すると	**腎不全**となり、**透析《とうせき》**治療が必要になる。

糖尿病の生活上の留意点

① 食事療法のポイント

1. 適した方法で**食事量**の調整をする（小さいお茶碗にする。毎食3口ずつご飯を減らす、など）。
2. **野菜**や海藻《かいそう》から食べるようにする。
3. しっかりよく噛《か》み、ゆっくり食べるようにする。
4. 1日3食決まった時間に食事を摂取《せっしゅ》する。

② 運動療法のポイント

1. **有酸素運動**（ラジオ体操、ウォーキングなど）を行う。
2. 空腹時は避《さ》け、無理のない程度に、1日30分程度行う。

③ 薬物療法のポイント

1. 使っている薬の名前と量をしっかり覚える。
2. 薬は自己判断で**止め**たり、**増やし**たりしない（食欲がない場合には医師に相談する）。

④ 低血糖症状時の対応

低血糖症状には、**めまい**、**冷や汗**、**動悸《どうき》**、手足の震《ふる》え、吐《は》き気《け》などがある。

⬇

すぐに、**角砂糖**やブドウ糖などを口に入れる。その後、病院へ。

第10章　認知症の理解

01 中核症状とBPSD

認知症による物忘れとは

老化による物忘れ

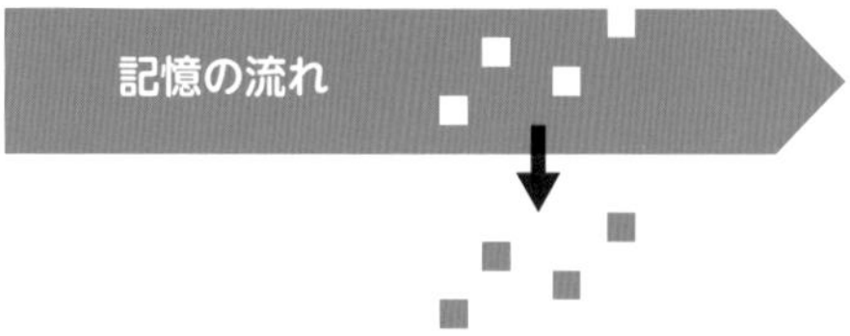

・体験の一部を忘れる
・ヒントがあると思い出せる
・物忘れの自覚がある
・あまり進行しない
・日常生活に支障はない
・見当識《けんとうしき》障害はない

認知症による物忘れ

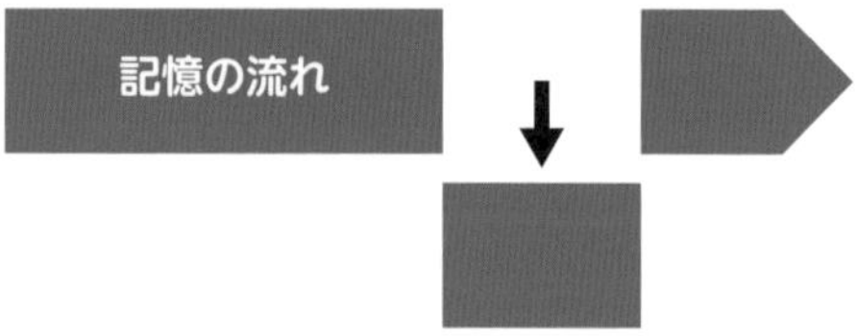

・体験の全体を忘れる
・ヒントがあっても思い出せない
・物忘れの自覚がない
・だんだん進行する
・日常生活に支障がある
・見当識障害がある

認知症の中核症状

★ 認知症の中核症状とは、認知症であれば誰でも必ず生じてくる症状のこと。

記憶障害	・体験の全体を忘れる。 ・新しいことを覚えられない。
見当識障害	・時間、場所、人物などがわからなくなる。
実行機能障害	・手順を考えて実行することができない。　例）調理ができない
理解・計算・判断力の低下	・考えるスピードが遅くなる。 ・一度に処理する情報量が減る。
失語・失認・失行	・失語：言葉を理解したり話したりできなくなる。 ・失認：見たり、聞いたりしたことを認識できない。 ・失行：簡単な動作ができなくなる。　例）靴下が履《は》けなくなる

認知症の行動・心理症状（BPSD）

★ 認知症の行動・心理症状（BPSD）とは、中核症状によって二次的に引き起こされる症状のこと。

身体不調	ストレス	不安感
不適切なケア	不快感	不適切な環境

↓ 様々な要因が加わり

行動症状	徘徊《はいかい》	いつまでも歩き続けてしまう状態。	本人にとっての理由があって歩き回ることもあり、漠然とした不安から歩き回ることもある。
	帰宅願望	「(安心できる) 家に帰りたい」と感じる状態。	夕暮《ゆうぐ》れ症候群：夕方になると不安になり落ち着かなくなる。
	攻撃的言動	怒りっぽくなり、暴言暴力が出やすい状態。	不安や混乱が続くことで、興奮したり、介護拒否が現れると考えられている。
	失禁《しっきん》	自分の意思とは関係なく、尿が漏《も》れてしまうこと。	機能性尿失禁：トイレの場所や使い方、排泄《はいせつ》動作がわからなくなったり、歩行に障害があって失禁する。
心理症状	アパシー	意欲が低下して、無気力・無関心となる。	自発性が低下して、自分にも他人にも関心がないため、症状の自覚もない。
	抑《よく》うつ状態	気分が落ち込んで喜びが喪失《そうしつ》する。	元気が出ない状態について自覚しているので、無力感や自責感がある。
	幻覚・妄想《もうそう》	幻覚とは、実際には存在しないものが、見えたり（幻視）、聞こえたり（幻聴）する状態。妄想とは、事実ではないことを本気で信じている状態。	もの盗《と》られ妄想：主に財布や現金、通帳などのような、大事なものが盗られたと訴える。不安から生じやすい。 嫉妬《しっと》妄想：配偶者《はいぐうしゃ》や恋人が浮気していると思い込む。
	睡眠障害	睡眠のリズムが崩れて、夜間、十分に眠れずに熟睡感がなくなる状態。	昼夜逆転：夜間に眠れなくなり、昼間うとうととしてしまう。
	感情失禁	自分で抑《おさ》えられないほど喜怒哀楽の感情が激しく表出する状態。	挨拶《あいさつ》をされて嬉しくて泣き出す、寒くて怒り出すなど様々。

02 アルツハイマー型認知症

アルツハイマー型認知症の特徴

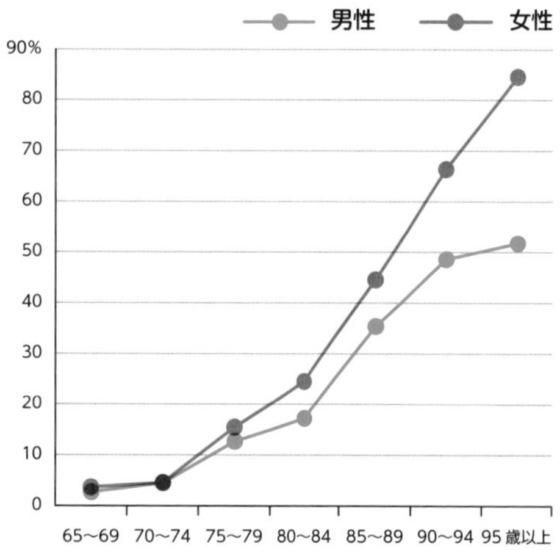

認知症有病率の男女比

★ 女性が多い

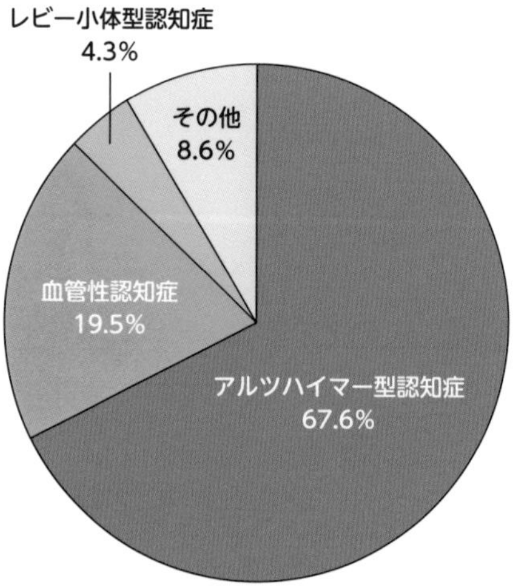

認知症の原因疾患《しっかん》

★ アルツハイマー型認知症が一番多い

資料：「都市部における認知症有病率と認知症の生活機能障害への対応」（H25.5 報告）

アルツハイマー型認知症の原因と障害の部位

老人斑……………………「アミロイドβ」という変性たんぱく質が増える
神経原線維変化………神経細胞の中に線維状の「タウたんぱく」が増える

↓

脳の神経細胞が減少する

↓

脳の萎縮《いしゅく》

なぜ、脳にたんぱく質が溜《た》まってしまうのか、はっきりした原因は解明されていません。

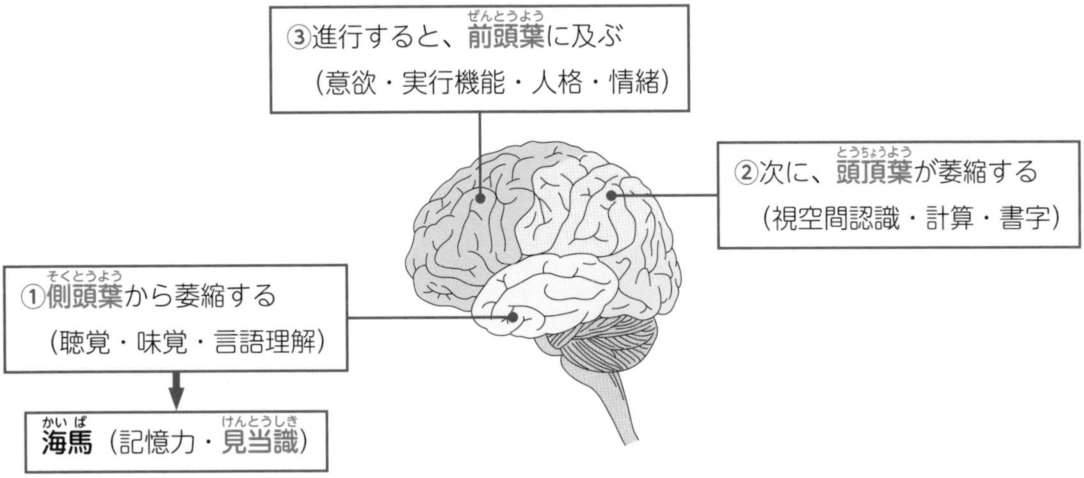

アルツハイマー型認知症の進み方

★ 症状の進行はゆっくりである。

		記憶	見当識	会話	日常生活
軽度認知障害（MCI）		・**最近の出来事**を忘れがち			・日常生活に**支障はない**
認知症	軽度	・最近の出来事をしばしば忘れる ・もの盗《と》られ妄想《もうそう》などが出やすい	・年月日がわかりにくい	・ほぼ**支障はない**	・複雑な家事でミスが出てくる ・趣味などへの関心が減る
	中等度	・最近の出来事を**覚えられない** ・古い記憶も部分的に脱落	・年月日、時間、場所を間違えやすい	・日常会話に時々支障がある	・注意力が減退 ・**複雑な家事**がほぼできない ・判断力低下
	やや重度	・簡単な暗算を解くのが困難	・年月日、時間、場所をかなり間違える	・日常会話に**時々**支障がある	・入浴、更衣の介助が必要 ・食事や排泄《はいせつ》の介助は必要ない
	重度	・新しい出来事は全く記憶できない ・古い記憶もあいまいになる	・年月日、時間、場所、人物を間違えやすい	・日常会話に支障がある ・発語が減少してくる	・日常生活で**全面的**に介助が必要になる
	極めて重度	・**古い記憶**も忘れる		・ほとんど**会話**ができない	・**寝たきり**の状態 ・嚥下障害《えんげしょうがい》が出てくる

03 血管性認知症

血管性認知症の原因

脳の血管が詰《つ》まったり出血する
脳出血・脳梗塞《のうこうそく》・動脈硬化

→

脳の細胞に酸素や
栄養が送られない

→

脳の神経細胞
の壊死《えし》

★ **脳血管**の障害が原因のため、初期に**めまい**を自覚することがある。
★ 血液循環《じゅんかん》の低下により、**認知機能**の低下が生じる。

血管性認知症の特徴

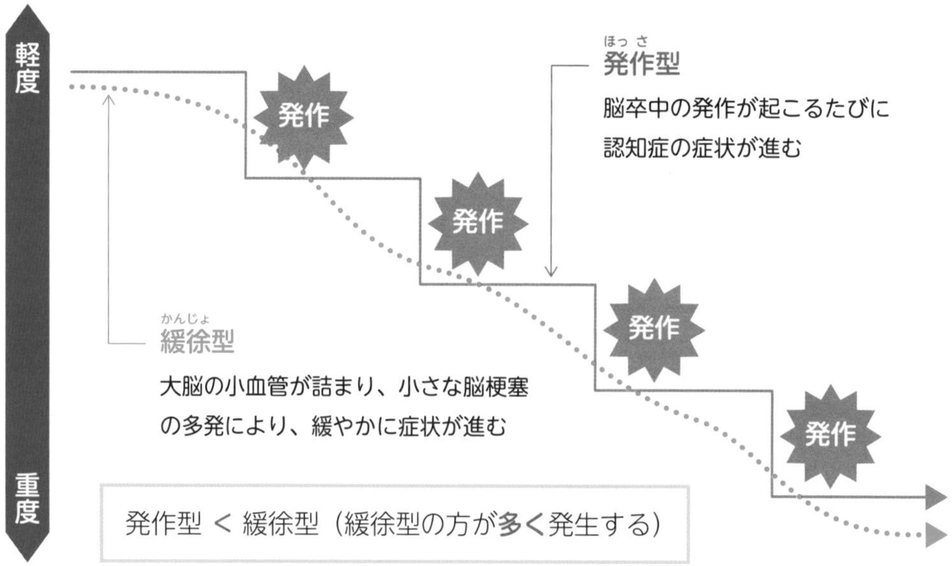

血管性認知症の症状

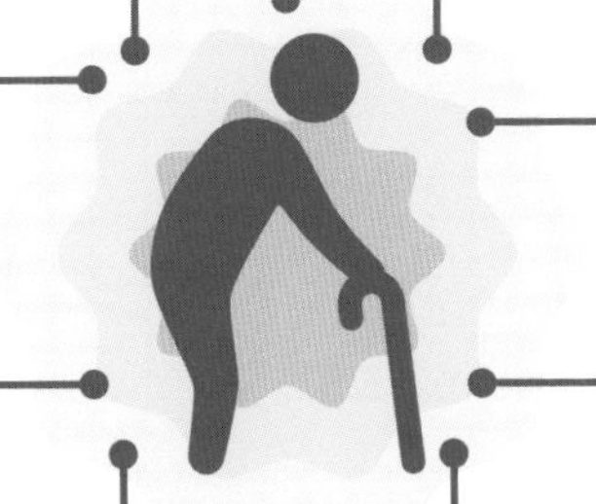

思考の鈍麻《どんま》

考えるスピードが遅くなる

症状の変動が大きい

1日の中でも症状の変化がみられる

記憶障害、見当識《けんとうしき》障害

感情失禁《しっきん》

感情をコントロールしにくい

まだら認知症

障害を受けていない部位の機能は保《たも》たれる

意欲低下、うつ

もの忘れの自覚があり、悲観的になり、**うつ状態や無気力**な状態となる

様々な症状が併発しやすい

片麻痺《かたまひ》、歩行障害、言語障害、嚥下《えんげ》障害《しょうがい》、パーキンソニズム

合併症

高血圧症、糖尿病、不整脈、脂質異常症、狭心症など

遂行《すいこう》機能障害

家事困難、やりくり困難

血管性認知症のケアのポイント

- 症状の変動が**大きい**ので、その都度状態に合わせてゆっくりと返事や反応を待つ
- 動作や会話に時間が**かかる**ので、**じっくり待つ**。決して急がせない
- **高血圧**、**糖尿病**、**不整脈**、**脂質異常症**に対するケアを行う
- **意欲**や**自発性**の低下が起きるので、周囲から積極的に働きかける
- **片麻痺**や歩行障害から廃用症候群《はいようしょうこうぐん》になりやすいので、楽しめる日課をつくる
- **感情の変化**や辛い気持ちに配慮《はいりょ》しながら接していく
- 規則正しい食生活や運動、禁酒・禁煙などの**生活習慣の改善《かいぜん》**を行う
- **家族**の負担や気持ちに寄《よ》り添《そ》い、燃え尽《つ》きやうつを生じない配慮をする

第10章　認知症の理解

04 レビー小体型認知症

レビー小体型認知症の原因

★ 大脳皮質に、「レビー小体」という特殊なたんぱく質が付着し、神経細胞が壊される。

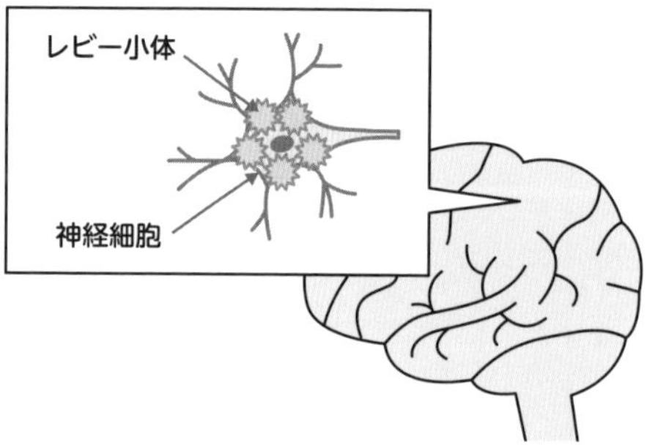

レビー小体型認知症の症状

① はっきり見える幻視	② パーキンソン症状
・実際にはないもの（人や小動物など）が、具体的にはっきりと見える ・繰り返し、同じ幻視を見る	・筋肉が固くなる（筋固縮《きんこしゅく》） ・表情が乏《とぼ》しくなる（仮面様顔貌《かめんようがんぼう》） ・誤嚥《ごえん》しやすくなる ・動作がゆっくりになる（動作緩慢《かんまん》） ・転倒しやすい（姿勢保持障害） ・すくみ足、小刻《こきざ》み歩行、突進歩行 ・手足の震《ふる》え（振戦《しんせん》）
③ レム睡眠行動障害	**④ 症状の日内変動**
・睡眠中に大声で叫んだり、暴れたりする	・日によって、また時間帯によって、調子の良いときと悪いときの差が大きい
⑤ 抑《よく》うつ症状	**⑥ 自律神経症状**
・気分が落ち込み、悲観的になる ・意欲が低下する ・食欲がない	・起立時の立ちくらみ（起立性《きりつせい》低血圧） ・便秘《べんぴ》や頻尿《ひんにょう》・残尿感など

レビー小体型認知症のケア

① はっきり見える幻視

1. まずは受けとめる

- 本人には実際に見えているので、否定だけすると混乱したり、介護者に不信感を抱く
- じっくりと話を聞き、受け入れることが大切
- 他人には見えないことも伝えていく
- 安易に、否定も肯定《こうてい》もしない

2. 安心する関わり

- 不安が強いときは一人にしない
- 幻視に近づいたり触れると消えることもあるので、あえて近寄ったり、追い払《はら》う動作も効果的
- 話をゆっくり聞き、受け入れると、安心して落ち着いてくる

3. 環境づくり

- 薄暗《うすぐら》い環境では、錯視《さくし》や幻視が現れやすくなるので、夜間に安心できる環境を整える
- 部屋の中に洋服をかけたり、目立つ色のものを置くと、それが刺激になることもあるので、置かないように配慮《はいりょ》する
- 食事の中に虫が入っている、浴室に犬がいて怖いなど、様々な場面で起きることもあるので、どのような場面でも、話をゆっくり聞いて対応し、幻視が現れないタイミングを見つける工夫《くふう》もする

② パーキンソン症状

1. 転倒予防の環境整備

- 平らな場所でもつまずきやすいので、床に物を置かない
- 段差を解消、手すりを設置。マットやカーペットを取り除《のぞ》く

2. 楽しみながらの運動

- 体力維持のための有酸素運動
- 筋肉と関節の柔軟性維持のためのストレッチ
- 筋力維持のための運動
- 姿勢や歩行の改善《かいぜん》のための運動

③ レム睡眠行動障害

1. 日中を活動的に

- 夜間、ぐっすり眠るように、日中は身体を動かすプログラムを立てる
- 昼寝をしないように規則正しい生活への援助
- 寝る前は、不安や興奮するテレビなどは見ない

2. 夜間の対応

- 異常な行動が出ても、身体を揺らして無理に起こすといった強い刺激を与えない
- 自然に起きるように部屋を明るくする
- けが予防のため、ベッド周囲に物を置かない

④ 症状の日内変動

状態に応じた柔軟な対応

- 調子の悪いときには、無理をさせず、介助を行う
- ぼんやりしているときは、一人で歩かせずにそばで見守るなどの配慮が必要
- 良いときと悪いときの差が大きいので、転倒しても大きなけががないよう、室内を整理しておく
- 一日のうちでも調子の良い時間帯、悪い時間帯がだいたい定まることもあるので、よく観察する

05 前頭側頭型認知症

前頭側頭型認知症の原因

タウたんぱく質や、TDP-43 たんぱく質が蓄積《ちくせき》して、脳の神経細胞が**壊される**

↓

前頭葉《ぜんとうよう》・側頭葉《そくとうよう》だけが**萎縮《いしゅく》**

↓

①行動障害型前頭側頭型認知症

②意味性認知症

③進行性非流暢《りゅうちょう》性失語

前頭側頭型認知症の障害の部位と特徴

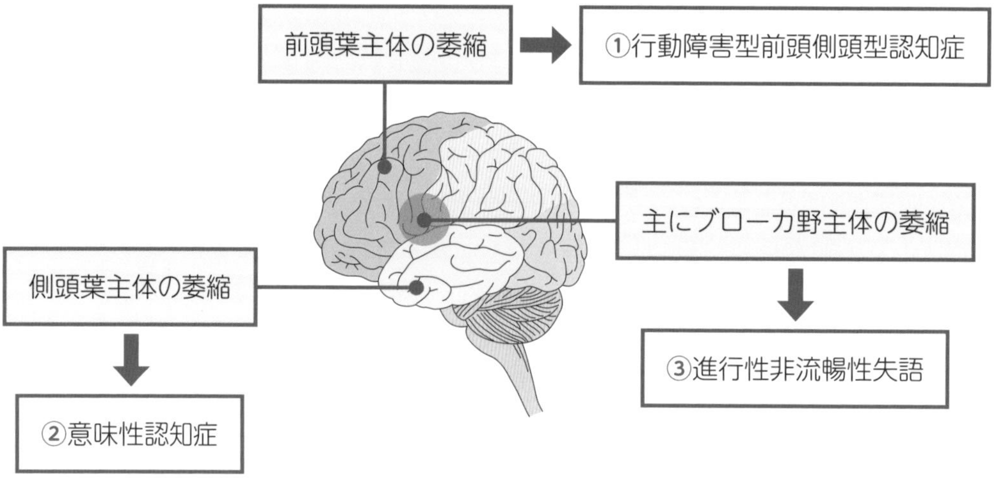

★ **初老期**（64 歳以下）に多く発症する。

★ 症状は**ゆるやか**に進行し、初めに**人格変化**や行動異常が起きる。

★ 病気の自覚は**ない**。

★ 発症に男女差はほとんど**ない**。

前頭側頭型認知症の症状

前頭葉症状	脱抑制《だつよくせい》	①自分を抑制できない（わがまま、気配りができない、暴力行為） ②反社会的行動をとる（万引き、無賃乗車、痴漢《ちかん》など） ③転導性《てんどうせい》の亢進《こうしん》（気が変わりやすい、注意障害）
	常同行動	①時刻表的生活（同じものを食べ続ける、毎日同じ時間に同じことをする） ②こだわりが強い ③同じ動作を繰り返す（電気をつけたり消したり） ④周回（迷子《まいご》になっても一定のルートを回って戻ってこれる）
	意欲の低下	①自発性の低下（何もせず一日中寝ている、無表情） ②自分や周囲への無関心（身だしなみにこだわらなくなる。共感の欠如《けつじょ》）
側頭葉症状	語義失語	①言葉の意味、物の名前がわからない ②耳からの情報が処理できない ③自分から話すのは流暢にできる
	相貌失認《そうぼうしつにん》	①顔を見ても誰だかわからない
ブローカ野症状	発語失行	①次に続く言葉がなかなか出てこない ②発話量が減少し、たどたどしい話し方になる ③言葉の意味はわかる

前頭側頭型認知症のケアのポイント

★ 病気の自覚はないので症状の特徴を活《い》かす。

① 記憶力は比較的保《たも》たれている

- 嫌な記憶は残るので、無理強いや強引な制止は関係性を壊すことになる
- **見当識《けんとうしき》**もある程度**保たれている**ので、なじみの関係をつくる
- **手続き記憶**もある程度**保たれている**

② コミュニケーションの方法を工夫《くふう》

- 言語機能は低下するが、**視覚機能**は保たれているので、**非言語的**コミュニケーションを活用していく
- 興味を示す物品などの小道具を活用していく

③ こだわりを尊重し、習慣化した生活へ

- 本人の**こだわりを活かした**スケジュールを立てる
- **同じ**時間に、**同じ**人が、**同じ**作業を提供すると**安心**する
- 困った行動を、**問題のない習慣**に変えていく

④ 家族の不安を減らす支援

- 発症が50～60代と若く、**反社会的**な症状のため、**家族**の困惑は大きい
- 家族だけで抱《かか》え込まず、**家族会**や**専門医**の情報提供が必要
- **近隣《きんりん》**の人たちに協力を得て、トラブルを回《かい》避《ひ》することも大切

第10章　認知症の理解

06 認知症と間違えられやすい症状

老年期うつ病

老年期うつ病 ＝ 仮性認知症 とも呼ばれる

気分が落ち込む、意欲が低下する、不眠傾向、食欲低下など、認知症に似た症状が出る。

老年期うつ病と認知症の違い

		老年期うつ病	アルツハイマー型認知症
薬の効果		「抗うつ薬」で治癒《ちゆ》が可能	治癒ではなく、進行を遅らせる効果
症状	初期症状	抑《よく》うつ気分	記憶障害
	もの忘れ	自覚あり、不安を訴える	自覚が乏《とぼ》しいことが多い
	自己洞察《どうさつ》	悲観的･絶望感･希死念慮《きしねんりょ》（死にたいと思う）	無関心
	進行速度	急に発症	ゆっくり進行する
日内変動		朝が不調	特にない

老年期うつ病の特徴

1. 身体症状として現れる
2. 長引きやすく再発しやすい
3. 希死念慮や自殺企図《じさつきと》を生じやすい

精神症状よりも、頭痛、肩こり、倦怠感《けんたいかん》、食欲不振、不眠といった身体の不調を強く訴えることが多い。

退職や引っ越し、入院による環境の変化などの環境的要因、配偶者《はいぐうしゃ》との死別、老化に伴《ともな》う体力の衰《おとろ》えや不安などの心理的要因が原因になりやすい。

せん妄

せん妄 ≠ 認知症 と間違えられやすい

幻覚、妄想《もうそう》、不穏、興奮など、認知症に似た症状が出る。

原因を取り除《のぞ》けば回復します。

せん妄と認知症の違い

	せん妄	アルツハイマー型認知症
原因	・環境の変化 ・薬の副作用 ・疾患《しっかん》 ・高熱、脱水状態 ・手術後の混乱 ・ストレス	脳萎縮《いしゅく》
発症時期	特定できる	特定できない
症状	・意識の混濁《こんだく》、幻覚（意識障害の一種） ・一過性《いっかせい》（長く続かない） ・夜間せん妄（夜間に起こりやすい） ・日内変動（1日の中で症状が変動する）	長く続く
日常生活動作	失禁《しっきん》	失禁は、末期の状態になってから

せん妄の予防とケア

1 安心な環境づくり（不安やストレスの緩和《かんわ》）

・環境を変えない（部屋を替えたり、施設へ入所したときに、不安や混乱が起きやすい）
・時計やカレンダー、家族の写真などを飾り、馴染みのある環境にする

2 昼夜のリズムを整える

・日中は活発に過ごせる工夫《くふう》
・夜間は静かに眠れる工夫（適度な照明、騒《そう》音《おん》はなくす）

3 安全な環境づくり

・興奮状態にあるときは、けがをしないように危険な物は近くに置かない
・安心できるようそばに付き添う
・落ち着くようにゆっくり話を聞く

4 医療者との連携

・疾患や薬によって発症することもあるので、医療者に相談し、情報共有していく
・脱水や便秘《べんぴ》などでも起きることがあるので、水分補給につとめる

第10章　認知症の理解

07 若年性認知症

若年性認知症の定義

若年性認知症《じゃくねんせい》		認知症
若年期認知症	初老期認知症	
18～39歳	40～64歳	65歳以上

若年性認知症は特定疾病《しっぺい》なので、診断基準を満たせば、介護保険が利用できる

介護保険が利用できる

若年性認知症の原因疾患《しっかん》

★ アルツハイマー型認知症が一番多い。

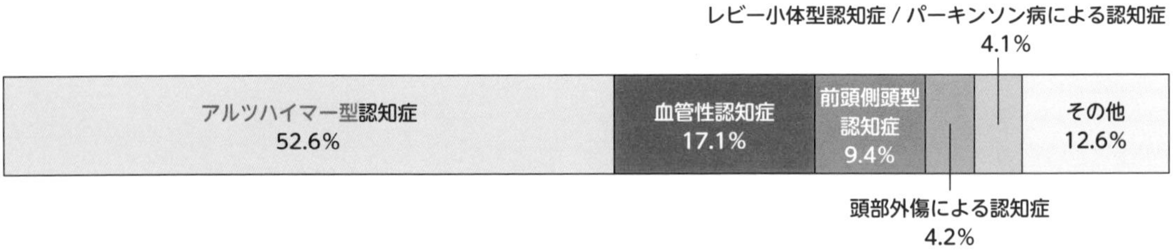

資料：2020〔令和2〕年東京都健康長寿医療センター研究所「わが国の若年性認知症の有病率と有病者数」

若年性認知症の特徴

発症年齢	・50歳代が多い
進行	・速く進み重症化しやすい
診断	・受診や診断が遅《おく》れる
性別	・男性が多い
生活への影響	・主な働き手のため、経済的に困窮《こんきゅう》しやすい ・主介護が配偶者《はいぐうしゃ》に集中しやすい

若年性認知症の課題とケア

① 早期診断・早期対応

・本人は気づきにくく、家族や**職場**の人が気づくことが多い（職場でのミスなどで）
・本人も認知症であることを受け入れにくい → 受診が遅れる
・診断も遅れやすい →「**うつ病**」や「更年期《こうねんき》障害」と診断されやすい

⬇

●対応が**遅れ**て、生活面・経済面で困窮**しやすい**

⬇

② 介護支援

・配偶者が主介護者になることが多く、子どもの世話、介護、さらに親の介護もすることになり、介護負担が**大きい**
・未婚での発症の場合は、**高齢の親**が介護するケースもある
・年齢が若いため体力があり、興奮や徘徊《はいかい》などの症状があると、介護がさらに難しくなる

⬇

●**介護保険**サービスへつなげていく

③ 経済支援

・家族の中で、主たる働き手である場合が多く、働けないことで、**経済的**に困窮しやすい
・本人だけでなく、**配偶者**も介護のため、仕事を減らしたり、退職を余儀《よぎ》なくされ、さらに収入が減ってしまう
・予期せぬ発症であるため、様々なローンが残っているケースが多い

⬇

●**自立支援医療制度**、**障害基礎年金**、**障害厚生年金**を受けるよう支援する

④ 就労支援

・職場や周囲の人からの理解が**得られにくい**
・発症後、退職したり、解雇《かいこ》されている人が**多い**

⬇

●**精神障害者保健福祉手帳**、身体障害者手帳の申《しん》請《せい》によって、就労に関わるサービスを利用し働き続けることも可能
●地域障害者職業センター、障害者就業・生活支援センターの支援へつなげる
●職場適応援助者（ジョブコーチ）や、若年性認知症支援コーディネーターの支援へつなげる

⑤ 社会参加支援

・仕事の内容や周囲のフォローによって、様々な社会参加が可能である

⬇

●**認知症疾患医療センター**や、**若年性認知症支援コーディネーター**の支援により、様々な就労《しゅうろう》にもつなげられる

⬇

●就労継続や居場所づくりによって、生きがいや、自立支援、本人と家族の精神的安定にもつながっていく

⬇

本人・家族を含めた精神的サポートが必要

08 認知症の予防・検査・治療薬

認知症の治療と予防

治療のポイント

★ 認知症の治療薬は、認知症の進行を完全に止めることや症状を劇的に改善《かいぜん》させるほどの効果は期待できない。

★ 認知症の進行を**遅らせる**効果がある。

★ 認知症の治療においては、認知症の予防を含め、**非薬物療法**を優先していく。

認知症予防ケア

ポピュレーションアプローチ	一般高齢者	・生きがい型（囲碁《いご》・ダンスなど） ・目的型（予防目的プログラム） ・訓練型（計算ドリルなど）
ハイリスクアプローチ	MCI※	・認知症予防としての**運動**、栄養改善、口腔《こうくう》機能向上など ・リアリティ・オリエンテーション ・**脳活性**リハビリテーション（回想法、音楽療法、園芸療法など）

※健常者と認知症の中間にあたる段階を指し、軽度認知障害のこと。

予防のポイント

危険因子	保護因子
喫煙《きつえん》、高血圧、糖尿病、肥満《ひまん》、脂質異常症、**睡眠不足**、**運動不足**、ストレス、社会的孤立など	**運動習慣**、**熟睡**、野菜や魚中心の食事、よく噛《か》む、適量飲酒、豊富な**社会交流**、知的活動

自動車免許更新時の義務

70～74歳	**高齢者講習**を受講する。
75歳以降	**認知機能検査**を行い、認知症でなければ、高齢者講習を受講する。一定の違反歴がある対象者は運転技能検査も受検する。

認知症の検査、診断

長谷川式認知症スケール（HDS-R）	・年齢、見当識《けんとうしき》（場所、日時）、記憶、計算に関する９項目の**質問**形式。 ・診断を下すというよりも、認知症の**疑い**があるかどうかを判断する。 ・30点満点のうち、20点以下で認知症の可能性あり。
FAST（Functional Assessment Staging）	・アルツハイマー型認知症のADL（日常生活動作）機能を７段階で観察評価。 ・認知症の**進行ステージ**（経過）がわかりやすい。
CDR（Clinical Dementia Rating）	・記憶、判断力、社会適応、家族状況に関する６項目の**観察**式評価スケール。 ・健康、認知症疑い、軽度、中等度、重度の**5段階**に分類。 ・スコアでは、認知症の疑い（軽度認知障害〔MCI〕）**0.5**、軽度認知症**1**である。
認知症の**鑑別**診断	・**慢性硬膜下血腫**《まんせいこうまくかけっしゅ》の診断には、**頭部CT**検査を行う。

認知症の治療薬

アルツハイマー型認知症の治療薬

分類	コリンエステラーゼ阻害《そがい》薬			NMDA受容体拮抗剤《じゅようたいきっこうざい》
成分名	ドネペジル	ガランタミン	リバスチグミン	メマンチン
商品名（例）	**アリセプト**	**レミニール**	**リバスタッチ**	**メマリー**
剤形	錠剤《じょうざい》、OD錠※、ドライシロップ、細粒、ゼリー剤	錠剤、OD錠、液体	**貼《は》り薬**	錠剤、OD錠、ドライシロップ
適応重症度	軽度～高度	軽度～中等度		中等度～高度
主な副作用	**下痢《げり》、嘔気《おうき》、嘔吐《おうと》、食欲不振**（消化器症状）		かゆみ、かぶれ	**めまい、便秘《べんぴ》、頭痛**

※OD錠：口の中で溶《と》けやすい錠剤

BPSDに対する治療薬

★ BPSDへの対応の基本は、適切なケア、関わりといった**非薬物療法**だが、自傷や他害の恐《おそ》れがある場合には、**鎮静**《ちんせい》作用のある薬剤を一時的に使用することもある。

分類	ドパミン受容体遮断《しゃだん》薬（抗《こう》精神病薬）
成分名	クエチアピン、リスペリドン、チアプリドなど
効果	**幻覚、妄想《もうそう》、易怒性《いどせい》**などを軽減
副作用	**パーキンソニズム**（身体の動きが鈍くなる、転倒しやすくなる、誤嚥《ごえん》しやすくなる等）

第10章　認知症の理解

09 認知症ケア・環境づくり・家族支援

パーソン・センタード・ケア

★ 認知症ケアの理念。
★ イギリスの心理学者、トム・キットウッドが提唱。
★ その人を常に中心にして考え、一人の人間として尊重し、その人らしさを支えながら個別ケアを行うこと。

生活する個人を対象とします。

トム・キットウッドが挙げた「認知症の方の心理的ニーズ」

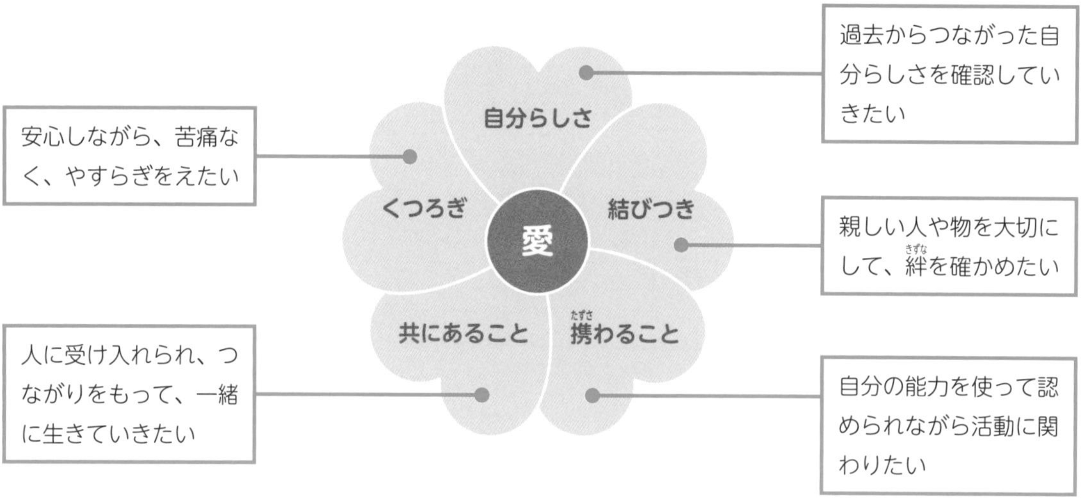

パーソン・センタード・ケアの3つのステップ

STEP1 思いを聞く → STEP2 情報を集める → STEP3 ニーズを見つける →（STEP1へ戻る）

認知症ケア・マッピング

★ パーソン・センタード・ケアを実現するツール。

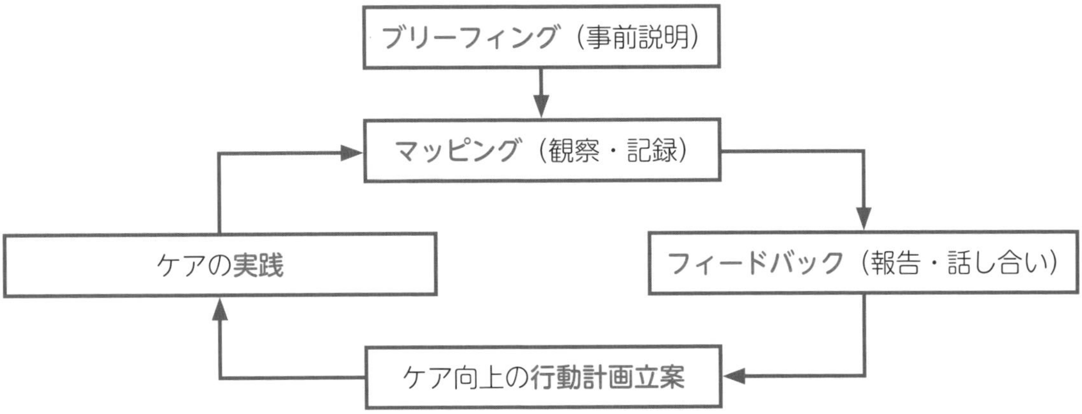

センター方式

★ 認知症の人のためのケアマネジメントセンター方式。

利用者本位のケアをチームで実現するための５つの視点

1. その人らしいあり方
2. その人の安心・快
3. 暮らしの中での心身の力の発揮
4. その人にとっての安全・健《すこ》やかさ
5. なじみの暮らしの継続（環境・関係・生活）

ひもときシート

★ 認知症の人の言動の背景要因を分析《ぶんせき》することで、視点を介護者から認知症の人に切り替えて認知症の人を理解するためのツール。

バリデーション

★ アルツハイマー型認知症とその類似の認知症の高齢者とコミュニケーションをとる方法。
★ 認知症の人の『感情』に焦点をあてる。

バリデーションの基本的態度

1. 傾聴《けいちょう》する	**4.** うそをつかない
2. 誘導しない（ペースを合わせる）	**5.** 強制しない(受容する)
3. 共感する（カリブレーション）	**6.** ごまかさない

バリデーションの基本テクニック

①リフレージング（キーワードを反復する）
②カリブレーション（動きを合わせることで感情を一致させる）
③オープンクエスチョン
④反対のことを想像する
⑤レミニシング（思い出話をする）
⑥行動と欲求を結びつける
⑦ミラーリング（相手の動きや表情を真似する）
⑧タッチング（肩や頬などに触れる）
⑨音楽を使う
⑩好きな感覚を使う
⑪センタリング（介護者が精神を集中させる）

ユマニチュード

★ フランスのイヴ・ジネストとロゼット・マレスコッティが提唱。
★ 人間らしさを尊重する認知症ケア。
★ 何でもやってあげるケアではなく、能力を引き出すケア。

ゴロ合わせで覚えよう！ ユマニチュードの技法

今《いま》　見《み》はなされたらショックだって！
（ユマニチュード）（見る）（話す）　（触れる）　（立つ）

ユマニチュード技法の４つの柱

① 見る ・正面から見る ・水平に見る ・近くで見る	**② 話す** ・優しく丁寧《ていねい》に話しかける ・行っているケアを実況する
③ 触れる ・広い面積で触れる ・優しくゆっくり触れる	**④ 立つ** ・１日最低 30 分ほど立つ時間を設ける

ユマニチュードケアの５つのステップ

ステップ1	出会いの準備	自分の来訪を伝えて、相手の領域に入ってよいと許可を得る
ステップ2	ケアの準備	ケアを行うことの**同意**を得る
ステップ3	知覚の連結	ユマニチュード技法の４つの柱を利用しながら、ケアを行う
ステップ4	感情の固定	ケアに対して、**よい感情**をもってもらうよう意識する
ステップ5	再会の約束	お互いの**信頼関係**を築いていく

リアリティ・オリエンテーション（RO：現実見当識訓練）

方法	現実認識を高める情報を提供する療法	名前、場所、月日、曜日、時間といった**基本情報**を繰り返し伝える
目的	残存能力に働きかけ、認知症の進行を遅らせる	援助者は、認知症の人の混乱に対し、**肯定的《こうていてき》**・**受容的**に接する

24 時間 RO	常に行う
教室 RO	定期的に、少人数のグループの中で決まった時間の中で行う

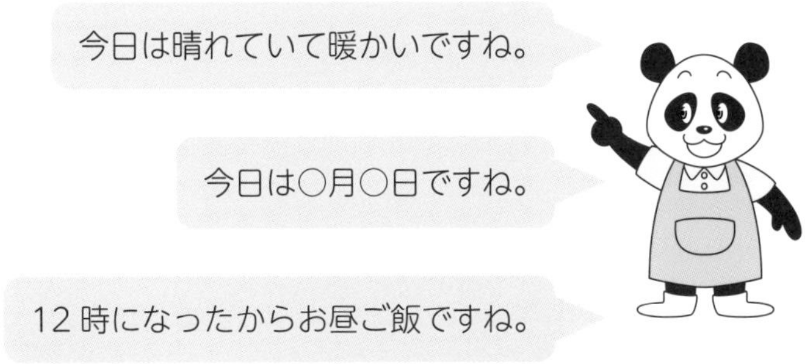

回想法

提唱者	アメリカの精神科医、ロバート・バトラー
用いる道具	①懐かしい写真、②懐かしい音楽、③昔使っていた家庭用品、④昔の映画、⑤昔の遊び道具など
方法	・昔懐かしい物を**見たり、触れたり**しながら、昔の経験や思い出を**語り合う**。 ・家族や友人とのエピソードなどを思い出し、人生を**再確認**していく。 ・実際に慣れ親しんだ道具をつかってみる（**作業回想法**）。

回想法の効果

・脳が**活性化**する
・自発性や集中力の向上
・共通の話題を楽しみ**共感**しあえる
・**満足感**を得られる
・過去・今・未来が**つながる**
・家族や友人との絆《きずな》を再確認できる
・自己を**再確認**できる
・自信と希望を取り戻す

→

・**自分らしさ**を取り戻す
・心の**安定**を得る
・他者との**交流**が深まる

回想法とライフレビュー

回想法	→ ライフレビュー
過去の出来事を懐かしみ、その体験を**語り合う**	過去の出来事を思い出し、それが自分の人生にどのような影響を与えたのかを**振**《ふ》**り返**《かえ》**る**

明確に**区別できない**ものなので、無理にライフレビューまで進める必要はありません。

音楽療法・芸術療法・園芸療法

音楽療法	芸術療法	園芸療法
音楽の力を利用する。実際に歌ったり演奏したりする活動的な方法と、音楽を聴いて心身の安定を図る方法がある。	絵画、造形、陶芸《とうげい》、舞踏《ぶとう》、演劇、ダンス、文芸や写真など、様々な**創作表現**活動を利用する。	**野菜**づくり、**花壇**《かだん》づくりを通して、仲間との共同作業、楽しい会話など、作業回想法に似た効果が得られる。

環境づくり

環境の及ぼす影響

トランスファーショック（リロケーションダメージ）
環境が**変わる**こと、**たくさんの人**が関わることによる、精神的ダメージ（ストレスとなり、混乱を招く）のこと。

PEAP：ピープ（認知症高齢者への環境支援のための指針）

認知症高齢者の暮らしとケアに重要な８つの次元	
1. 見当識《けんとうしき》への支援	・**時間**・**空間**・**居場所**のわかりやすさ
2. 機能的な能力への支援	・日常生活や日常生活動作（ADL）の**自立**を支え、継続していく
3. 環境における刺激の質と調整（五感への促し）	・良質な音・視覚的な刺激・香り・柔らかな素材といった、**利用者の感性**にとって望ましいものへの配慮《はいりょ》 ・生活の妨《さまた》げとならないよう、騒音《そうおん》、不適切な視覚的刺激、不快な臭い・材質を調整する
4. 安全と安心への支援	・**本人**にとって、**家族**にとって、**職員**にとって安全で安心な環境
5. 生活の継続性への支援	・**慣れ親しんだ**環境、家庭的で親しみやすい環境、日常がある環境
6. 自己選択への支援	・一人ひとりの**自己選択**が可能になる配慮（空間、時間、居場所、いすなどの小物）
7. プライバシーの確保	・**一人になる**こともでき、他との**交流**も選択的にできる配慮
8. ふれあいの促進《そくしん》	・ふれあいを引き出す**空間**、ふれあいを促進する家具やその配置、ふれあいのきっかけとなる小道具などの配慮

認知症の人の家族支援

家族の抱《かか》える苦悩

・認知症の中核症状、徘徊《はいかい》も含め、BPSD への対応に**負担感**をもつ。
・話しても認知症の人に理解してもらえない悲しさ、**絶望感**。
・24 時間、目を離すことができず、心身ともに**疲労**する。
・自分の生活、家庭生活が**混乱**する。
・症状が長期的で、今後の見通しが立たない**不安**。

1. 家族の気持ちを尊重する

・家族の悩みは他人から見て、たとえ些細なことのように思われても、多大な苦労・負担感であるため、辛い気持ちを全面的に**受けとめる**。
・家族の気持ちを、**受容**的態度、共感的態度、**傾聴《けいちょう》**的態度で聞く。

2. 家族の介護方法を尊重する

・家族が行ってきた介護方法を一方的に否定せず、求められたときや必要なときには、専門的視点からアドバイスしていく。

3. レスパイトケアの推進

介護保険サービス	介護保険サービス以外
①**認知症対応型通所介護**（認知症デイサービス） 認知症の人専用に行われる通所介護	①**家族会** 「認知症の人と家族の会」や市町村などが介護者交流会を開催したりする。家族同士が語り合える場は、家族の心理的な休息につながる
②**通所介護**（デイサービス） 日中の時間に施設に通ってきて様々な活動や他者との交流を行う	②**介護教室** 認知症の知識や介護方法を学ぶ家族は、頑張りすぎて疲れてしまうことが多いので、少しでも楽になるように工夫《くふう》の仕方や対応の仕方を学ぶ
③**小規模多機能型居宅介護** 「通所」「訪問」「宿泊」という複数の機能を組み合わせて利用でき、24 時間の在宅生活を支援できる	③**認知症カフェ** 認知症の人と家族が、地域住民や専門職と相互に情報共有し、お互いに理解しあう場
④短期入所生活介護・短期入所療養介護（**ショートステイ**） 特別養護老人ホーム、介護老人保健施設、介護医療院などの施設に、短期間の宿泊をして行う介護（連続して利用できる日数は 30 日間）	④**ピアカウンセリング** 同じ悩みをもつ家族介護者同士が集まり、悩みを打ち明けあったり、励《はげ》ましあい、問題を乗り越えた体験を話し合う場

地域におけるサポート体制

2006（平成18）年	2012（平成24）年	2015（平成27）年	2019（令和元）年
「地域密着型サービス」創設	認知症施策推進５か年計画（オレンジプラン）	認知症施策推進総合戦略（新オレンジプラン）	認知症施策推進大綱《にんちしょうしさくすいしんたいこう》「共生」と「予防」

認知症施策推進大綱

① 普及啓発《ふきゅうけいはつ》・本人発信支援	・認知症に関する理解促進《そくしん》（認知症サポーター養成の促進） ・認知症の人本人からの発信支援
② 予防	・認知症予防に資する可能性がある活動の推進 ・予防に関するエビデンスの収集の推進
③ 医療・ケア・介護サービス・介護者への支援	・早期発見、早期対応、医療体制の整備 ・医療従事者等の認知症対応力向上の促進
④ 認知症バリアフリーの推進・若年性《じゃくねんせい》認知症の人への支援・社会参加支援	・バリアフリーのまちづくりの推進 ・成年後見制度の利用促進（家庭裁判所で審判を行う） ・若年性認知症支援コーディネーターのネットワーク構築支援
⑤ 研究開発・産業促進・国際関係	・認知症のバイオマーカーの開発・確立 ・認知機能低下抑制《よくせい》のための技術・サービス・機器等の評価指導の確立

認知症初期集中支援チーム

対象	認知症の疑いがある人及び認知症の人、その家族
目的	初期支援（早期診断、早期対応）を包括的・集中的に行う
方法	複数の専門職が、家を訪問し、観察・評価を行い、その後、チーム員会議を開く
相談	認知症サポート医
設置場所	地域包括支援センター、病院・診療所、認知症疾患《しっかん》医療センター等
チーム員	医師、保健師、看護師、介護福祉士、社会福祉士、精神保健福祉士、作業療法士等
チーム員の要件	・認知症ケア実務経験３年以上または在宅ケア実務経験３年以上 ・必要な研修を受講し、試験に合格した者

多職種連携

認知症ケアパス	認知症の人の状態に応じた適切なサービス提供の流れをまとめたもの
認知症ライフサポートモデル	認知症の人への医療・介護を含む総合的な生活支援

PART 3 領域：こころとからだのしくみ

第 11 章 障害の理解

01 障害の概念と基礎的理解

WHO（世界保健機関）による障害の概念

	ICIDH（国際障害分類）	ICF（国際生活機能分類）
発行年	1980 年	2001 年
項目の関係性	**一方向的**に進む	**双方向的**に関係しあう（相互作用モデル）
構成要素	疾患《しっかん》・変調 ↓ ①機能・形態障害 ②能力障害 ③社会的不利	健康状態 ↓↑ **生活機能** ①心身機能・身体構造 ②活動 ③参加 ↓↑ **背景因子** ④環境因子 ⑤個人因子
モデル	**医学**モデル	**医学**モデルと**社会**モデルの**統合**モデル
とらえる視点	**マイナス**の側面	**マイナス**の側面だけでなく、**プラス**の側面からも考える
特徴	障害を、3 次元から多面的、構造的に理解する視点を提示した	背景因子の**環境因子**、**個人因子**が加わった

ICIDH → ICF は、生活機能というプラスの側面から見るという**視点の転換**と、**背景因子**の観点が加わったことがポイントです。

医学モデルと社会モデル

	医学モデル	社会モデル
問題の所在	個人の問題	社会の問題
対応	治療やリハビリ（個人を変えていく）	環境改善《かいぜん》（個人はそのままでいい）
原因	疾病《しっぺい》が原因で活動制限や参加制約が起きる	**社会**の理解不足、**環境**不整備が原因で活動制限や参加制約が起きる
障害の捉え方	健康でない・普通ではない	その人の個性、**合理的**配慮《はいりょ》の不足
目的	治癒《ちゆ》	QOL（生活の質）の維持・向上
目標	健康	自立、尊厳
方向性	問題解決型	目標指向《しこう》型

ICF に沿った支援

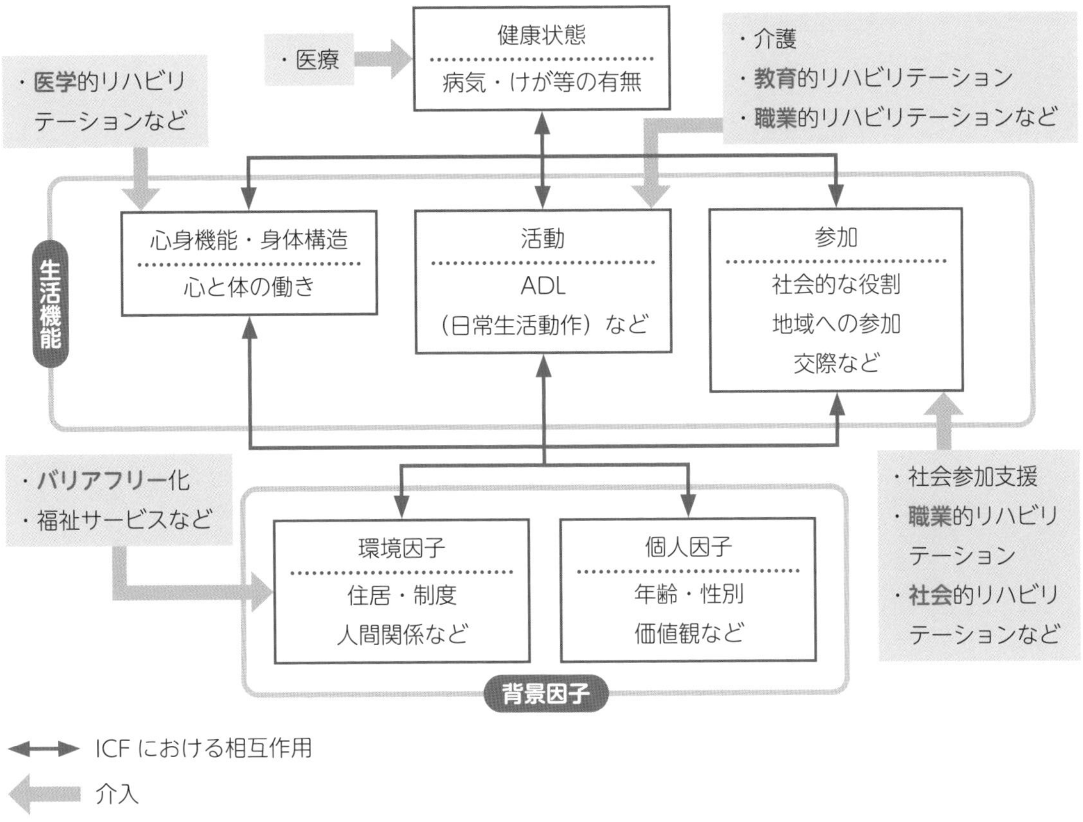

障害者福祉に関係する法制度、条約

児童福祉法	身体障害者福祉法	精神衛生法	知的障害者福祉法	発達障害者支援法
(障害児含む) 1947（昭和 22）年	1949（昭和 24）年	1950（昭和 25）年 ↓ 改正により **精神保健福祉法**に 改称 1995（平成 7）年	1960（昭和 35）年	2004（平成 16）年 制定 2005（平成 17）年 施行《しこう》

心身障害者対策基本法
1970（昭和 45）年
➡ 改正により**障害者基本法**に改称
1993（平成 5）年改正・さらに 2011（平成 23）年改正

障害者自立支援法
2005（平成 17）年制定・2006（平成 18）年施行
➡ 改正により**障害者総合支援法**に改称
2012（平成 24）年改正

障害者差別解消法（「**障害者の権利に関する条約**」を受け制定）
2013（平成 25）年制定・2016（平成 28）年施行 → 2021（令和 3）年改正

障害者基本法

障害の範囲	身体障害・知的障害・精神障害（発達障害を含む）
目的・理念	共生する社会の実現、自立支援、社会参加の支援 合理的配慮《はいりょ》、意思決定支援、社会的障壁《しょうへき》の除去《じょきょ》
障害者基本計画の目標	ノーマライゼーション、リハビリテーション、共生社会

障害者総合支援法

<table>
<tr><td>障害の範囲</td><td colspan="2">身体障害、知的障害、精神障害（発達障害を含む）、難病</td></tr>
<tr><td rowspan="2">支給サービス</td><td>自立支援給付</td><td>介護給付・自立支援医療・訓練等給付・補装具・相談支援（地域相談支援・計画相談支援）</td></tr>
<tr><td>地域生活支援事業</td><td>市町村実施事業・都道府県実施事業</td></tr>
</table>

障害者基本法の障害の範囲には「難病」は含まれていませんが、**障害者総合支援法**には「**難病**」が含まれています。

障害者手帳制度

	身体障害者	知的障害者	精神障害者
審査・判定（認定）	都道府県知事	児童相談所 知的障害者更生《こうせい》相談所	都道府県知事 精神保健福祉センター
経由	福祉事務所長		市町村長
申請《しんせい》・交付	都道府県知事、指定都市の市長※		
手帳制度	身体障害者手帳	療育手帳	精神障害者保健福祉手帳
手帳発行の等級	1～6級	A（重度）、B（その他） 自治体で異なる	1～3級

※身体障害者手帳の交付は中核市の市長、療育手帳は児童相談所を設置する中核市の市長を含む

障害の定義

身体障害	①視覚障害 ②聴覚・平衡《へいこう》機能障害 ③音声・言語・咀嚼《そしゃく》機能障害 ④肢体不自由 ⑤**内部機能障害**（心臓、腎臓、呼吸器、膀胱《ぼうこう》または直腸、小腸、ヒト免疫《めんえき》不全ウイルスによる免疫、肝臓）
精神障害	①**統合失調症《とうごうしっちょうしょう》** ②精神作用物質による急性**中毒**またはその**依存症《いぞんしょう》** ③知的障害 ④精神病質その他の精神疾患《しっかん》を有する者
発達障害	①**自閉症** ②**アスペルガー症候群**その他の広汎性《こうはんせい》発達障害 ③学習障害 ④注意欠陥多動性障害

障害者権利条約

採択《さいたく》年	2006年
採択の場所	第61回国連総会本会議（障害者に関するはじめての国際条約）
目的	障害者の権利・尊厳を保護・促進《そくしん》
障害当事者の言葉	「Nothing about us without us（**私たち抜きに私たちのことを決めないで**）」
特徴	障害者が作成の段階から関わり、意見が反映された条約
主な内容	**差別の禁止**・**合理的配慮**の促進

ノーマライゼーションの理念

バンク ‐ ミケルセン （ノーマライゼーションの父）	**デンマーク**	ノーマライゼーションを提唱。1950 年代に知的障害児・者の「親の会」運動に関わり、生きる権利と、当たり前の人間として生き、扱われる基本的権利の確立を目指し、**1959 年法**をまとめた。
ベンクト・ニィリエ （ノーマライゼーションの育ての親）	スウェーデン	ノーマライゼーションを理論化し、ノーマライゼーションの **8 つの原理**をまとめた。
ヴォルフェンスベルガー	アメリカ	知的障害者の価値ある社会的役割の獲得を目指す、**ソーシャルロール・バロリゼーション**を提唱。
糸《いと》賀《が》一《かず》雄《お》 （日本における社会福祉の父）	日本	人権尊重の福祉の取り組みを展開し、「**この子らを世の光に**」と唱えた。知的障害児施設「近江《おうみ》学園」、重症心身障害児施設「びわこ学園」設立。
エド・ロバーツ （自身に重度身体障害がある）	アメリカ	1970 年代に **IL（自立生活）運動**として、障害者自身の選択による自己決定の尊重を主張。

国際障害者年（1981 年）

スローガン	完全参加と平等
考え方	障害者は、その社会の「特別な集団」ととらえるのではなく、通常の人間的ニーズを満たすのに特別の困難をもつ「普通の市民」と考えられるべきだ。
各国への要請	1983 年から 1992 年までを「国連・障害者の十年」と定めた。

ソーシャル・インクルージョン

インテグレーション （統合） 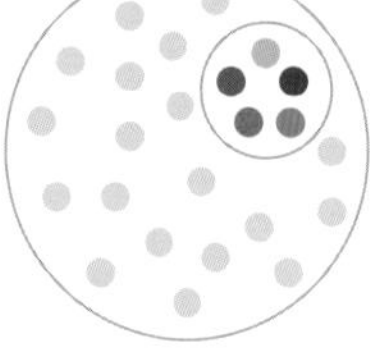	障害があっても、障害のない人と同じ仲間として、ともに過ごすが、生活上の困難を克服したりする場合には、**特別な支援**を受ける。
インクルージョン （包括）	障害があってもなくても、一人ひとりが違うのは当たり前であると考え、一人ひとりの特別なニーズに合わせて**公平に参加**できるように、制度や仕組み、環境を変えていく状態。

<table>
<tr><td>ソーシャル・
インクルージョン
（社会的包摂《ほうせつ》）</td><td>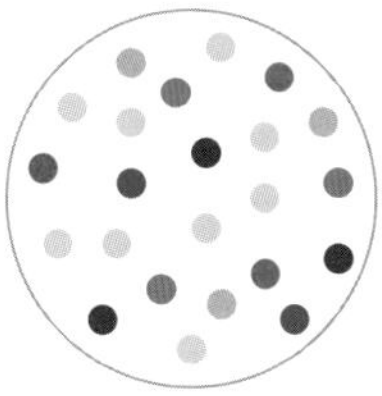</td><td>すべての人々が（障害者、高齢者、貧困者、外国籍の人、女性、子どもなど）社会的に孤独や孤立、排除《はいじょ》などを受けずに、社会に参画する機会をもつこと。</td></tr>
</table>

障害のある人の心理

障害の受容過程（上《うえ》田《だ》敏《さとし》）

① ショック期	障害を知り、衝撃《しょうげき》を受ける時期
↓	
② 否認期	障害がないものと考えたいため、障害の状態を**否定**する時期
↓↑	
③ 混乱期	否定しようとしても障害がある現実を突きつけられ、苦悩し、不満をぶつけ**混乱**する時期
↓↑	
④ 努力期	障害があることを前提として、どのようにすれば、生きやすくなるかを**模索《もさく》**する時期（価値観が転換し始める）
↓↑	
⑤ 受容期	障害を**受け入れ**、その上でよりよい生き方をするようになる時期（できることに目を向ける）

価値転換理論

<table>
<tr><td colspan="2">障害受容に影響を及ぼす要因</td><td colspan="2">価値観・人生観、発症年齢、障害の原因、社会環境</td></tr>
<tr><td colspan="2">価値転換理論</td><td colspan="2">・価値観を変化させることによって、心理的損失を小さくする考え方
・ライトが提唱（1960 年）</td></tr>
<tr><td rowspan="4"></td><td rowspan="4">4 つの
価値転換</td><td>①価値の範囲の拡大</td><td>自分には、まだ価値のある機能がたくさん残っていることに気づくこと</td></tr>
<tr><td>②障害の与える影響の制限</td><td>できないことについて、それ以上考えず、人格全体には影響しないようにする</td></tr>
<tr><td>③身体の外観を従属的なものとする</td><td>外観ではなく、人格的な価値を重要視すること</td></tr>
<tr><td>④比較価値から資産価値への転換</td><td>他人と比較せず、自分本来の価値を尊ぶこと</td></tr>
</table>

第11章　障害の理解

02 障害別の基礎的理解（身体・精神・知的・発達）

視覚障害

	原因	特徴	進行・予後
白内障	多くは加齢	水晶体《すいしょうたい》が白濁《はくだく》し、視力低下	失明することもある 手術によって回復
緑内障	眼圧の上昇 （眼圧が正常の場合もある）	視神経が萎縮し、視野狭窄《きょうさく》や視力低下	失明することもある 早期発見・治療が重要
糖尿病性網膜症《もうまくしょう》	糖尿病の合併症	網膜出血から、網膜剥離《はくり》を起こす	失明することもある 糖尿病の治療
網膜色素変性症	遺伝子の変化 （遺伝が認められるのは50％程度）	夜盲《やもう》、求心性の視野狭窄	失明することもある
加齢黄斑《おうはん》変性症	加齢	網膜の黄斑部の障害によって、中心暗点が起こる	失明することもある

眼球の構造

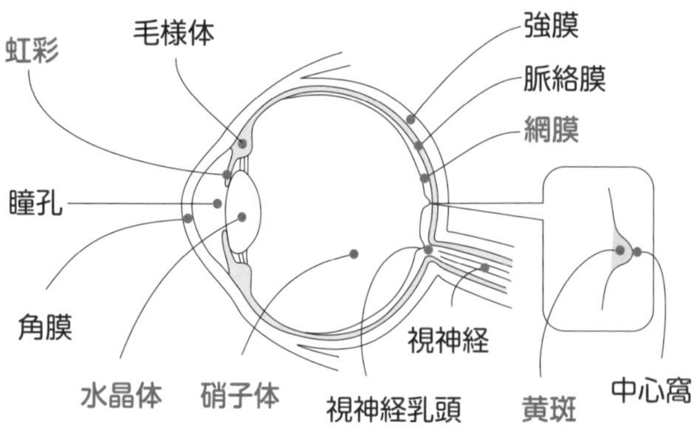

毛様体《もうようたい》	・眼に栄養を与える房水をつくる ・房水は、眼圧を調整している ・遠近調節を行う
水晶体	・レンズとしてピント調節を行う
網膜	・フィルムのような働きをして、像を写し出す
虹彩《こうさい》	・光の量を調節する
硝子体《しょうしたい》	・透明なゼリー状の組織 ・光を屈折させる
視神経	・網膜に生じた情報を脳に伝達する

視野障害の種類

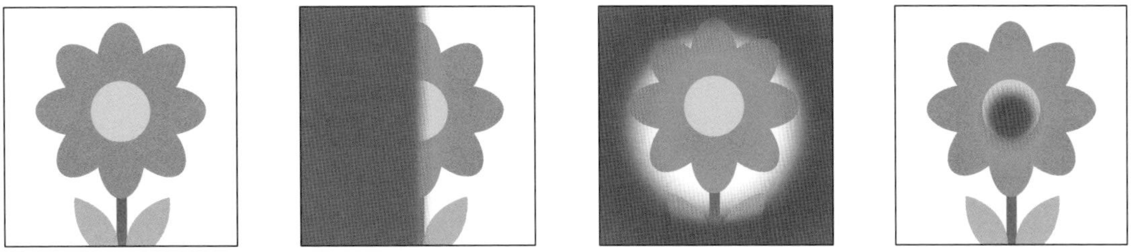

正常　　同名半盲《どうめいはんもう》　　求心性視野狭窄　　中心暗点

聴覚障害（p97 参照）

伝音性難聴《でんおん》		感音性難聴《かんおん》	混合性難聴
外耳《がいじ》	中耳《ちゅうじ》	内耳《ないじ》	
耳介《じかい》、外耳道《がいじどう》（鼓膜《こまく》まで）	鼓膜、鼓室《こしつ》、耳小骨（つち骨、きぬた骨、あぶみ骨）	蝸牛《かぎゅう》、半規管《はんきかん》	伝音性・感音性の両方
音が伝わりにくい		音を聞き取りにくい	
補聴器で改善《かいぜん》（音を大きくする）		補聴器はあまり効果なし	

耳の構造

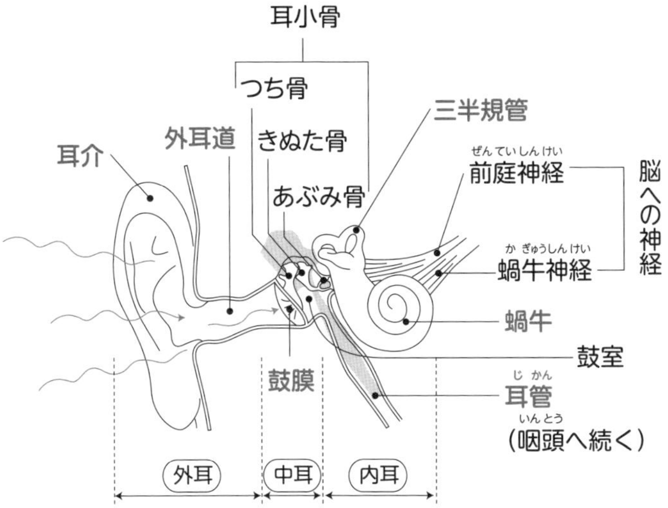

老人性難聴

★ 感音性難聴で、高音域から聞き取りにくくなる。

★ 進行すると、低音域も聞き取りにくくなる。

言語機能障害（p98 参照）

★ 構音障害は、声・発語に関係する器官が障害され、うまく話せない状態。

★ 失語症は、脳の言語機能が損傷《そんしょう》し、「話す」「読む」「書く」「聞く」のいずれかに支障が生じた状態。

大脳における言語中枢《ちゅうすう》の位置

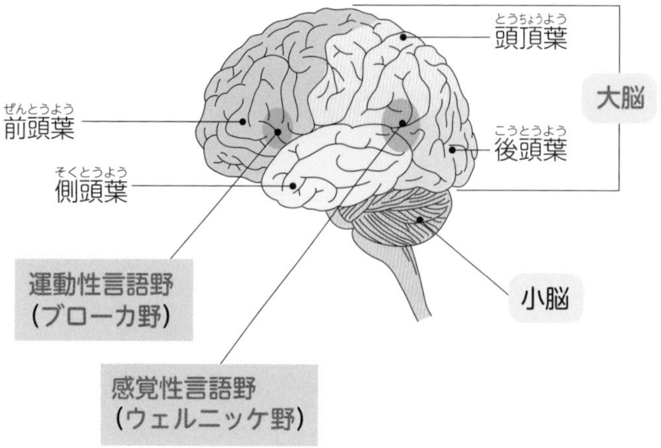

運動機能障害

	四肢麻痺《ししまひ》	片麻痺《かたまひ》	対麻痺《ついまひ》
麻痺する部位	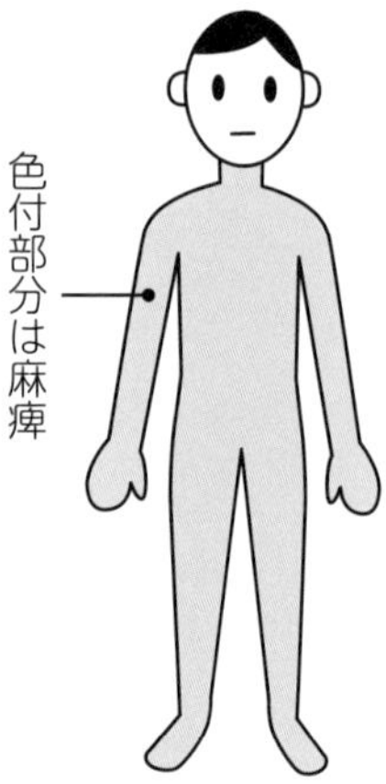 四肢すべて	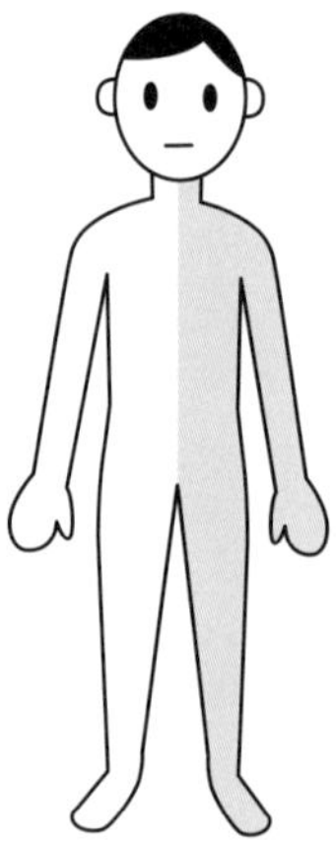 右または左のどちらか片側	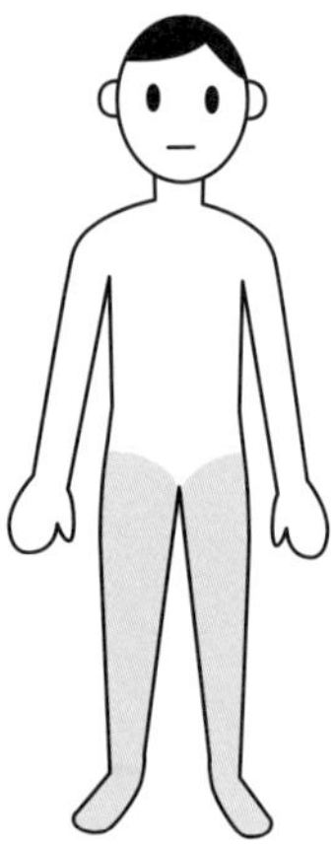 両下肢
主な原因	・頸髄損傷《けいずいそんしょう》 ・脳性麻痺	・脳血管疾患《しっかん》 右脳損傷→**左**片麻痺 左脳損傷→**右**片麻痺	・胸髄損傷 ・腰髄損傷

原因となる主な疾患

脳性麻痺	・妊娠中から生後４週間までの脳損傷による ・分類には、「**痙直《けいちょく》型**」「**不随意運動**（アテトーゼ）型」「**運動失調**」「**混合型**」がある
脳血管障害	・脳出血や脳梗塞《のうこうそく》によって引き起こされる脳の病変 ・損傷部位の**反対**側に麻痺が生じる
脊髄損傷《せきずいそんしょう》	・事故や災害などによる外傷や悪性腫瘍《しゅよう》などによる脊髄の損傷で神経伝導路が切れると、その損傷部位より下に位置するところの神経が働かなくなり、対麻痺や四肢麻痺が生じる
脊髄小脳変性症《せきずいしょうのうへんせいしょう》	・小脳、脊髄に関連する**神経細胞**に変化が生じ、運動失調を起こす原因不明の疾患
筋ジストロフィー	・遺伝性の疾患で、徐々に筋力が低下し、**筋肉が萎《い》縮《しゅく》**する原因不明の疾患 ・男子に発症が多く、「デュシェンヌ型」が多い ・進行すると合併症として、筋線維の変形・変性による**呼吸不全**が起こる
関節リウマチ	・**関節**の炎症を起こす、自己免疫《めんえき》疾患 ・40 歳代の女性に多く発症する
パーキンソン病	・**中脳**の器質的な変性によって生じる ・動作がぎこちなくなり、日常生活に支障をきたす
筋萎縮性側索硬化症《きんいしゅくせいそくさくこうかしょう》（ALS）	・運動神経細胞の減少により、**筋萎縮**を起こす ・手・指などの筋萎縮から始まり、ほぼ**全身**の筋肉がやせて筋力低下となる

脊髄損傷レベルと介助方法

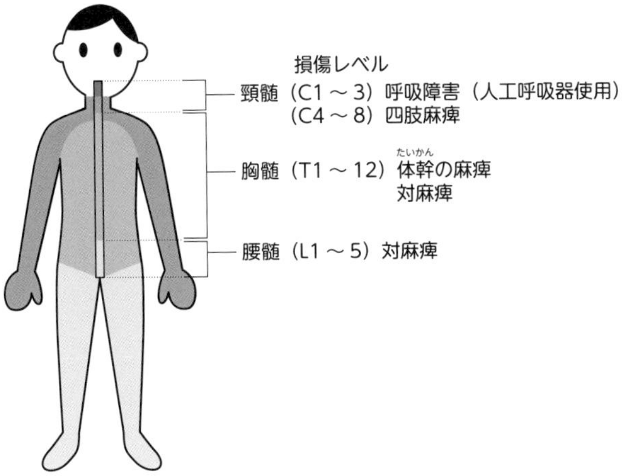

C1 ～ 4	全介助
C5	肩と肘《ひじ》の**一部**が動くだけなので起き上がりは**全**介助、座位保持も要介助
C6	肩は十分には動かないが肘は**曲げられる**。要介助であっても、**自助具**の工夫《くふう》によって食事、書字などは可能となる
C7	手関節の運動は可能。**肘**を伸ばせるので**プッシュアップ**可能であるため、寝返りや起き上がりも可能、**必要に応じて**介助
C8	**上肢全体**を使える。**必要に応じ**て介助

精神障害

★ 以前は、原因をもとに、**内因性**精神障害、**外因性**精神障害、**心因性**精神障害の３つに分類されていた。

★ 現在は、精神障害の分類の際には、ICD（国際疾病《しっぺい》分類）と DSM（精神疾患《しっかん》の診断と統計マニュアル）が使用されている。

原因についての古典的分類

分類	内因性	外因性	心因性
原因	明確ではない （遺伝性、素質）	①症状性（**身体疾患**による） ②器質性（**脳の器質的な変化**による） ③中毒性（**アルコールや薬物**による）	ストレスや個人要因（性格など）、環境要因（心身の状態や対人関係）など
主な疾患	・**統合失調症《とうごうしっちょうしょう》** ・**気分障害** （うつ病・双極性《そうきょくせい》障害）	・**高次脳機能障害** ・**認知症** ・**アルコール依存《いぞん》症**	・**神経症** ・**心身症** ・**心因反応**

統合失調症と気分障害

<table>
<tr><th></th><th>統合失調症</th><th>気分障害
・うつ病（うつ状態のみ）
・双極性障害（うつ状態と躁《そう》状態を交互に繰り返す）</th></tr>
<tr><td rowspan="4">症状</td><td>陽性症状</td><td rowspan="2">うつ状態
・抑《よく》うつ気分、悲哀感情、不安、自責感、希死念慮《きしねんりょ》（自殺を考える）、自殺企図《じさつきと》
・身体症状：食欲不振、不眠、頭痛（朝方に症状が重く、午後に回復する）</td></tr>
<tr><td>幻覚：幻聴・幻視
妄想《もうそう》：被害妄想・誇大妄想</td></tr>
<tr><td>陰性症状</td><td rowspan="2">躁状態
・気分が高揚《こうよう》し、感情がコントロールできない
・誇大妄想・観念奔逸《ほんいつ》、多弁など</td></tr>
<tr><td>・感情の平板化
・意欲の欠如《けつじょ》</td></tr>
<tr><td>注意事項</td><td>・精神療法、社会生活技能訓練（SST）など総合的な治療が必要
・自己決定支援</td><td>・自殺の危険がある
・早期に医師の診断を受けることが大切（薬物療法が有効）
・むやみに励《はげ》ましたり元気づけたりしない</td></tr>
</table>

その他の精神障害

	パニック障害	アルコール依存症	心的外傷後ストレス障害（PTSD）
症状	・不安発作《ほっさ》	・アルコールを飲まないと、身体・精神的に症状出現 ・振戦《しんせん》、せん妄、コルサコフ症候群（健忘症候群）、アルコール幻覚症	・恐《おそ》ろしい体験をして、心に傷（トラウマ）を負《お》った後に起こる精神障害 ・恐ろしい体験を突然、生々しく思い出し（フラッシュバック）、それが反復される
注意事項	・発作が突発的であるため、発作への恐怖心から外出が困難になる	・徹底した断酒が必要 ・自助団体（セルフヘルプグループ）への参加が有効	・手厚い心のケアが必要

高次脳機能障害

主な原因

①脳血管障害（脳卒中）……脳出血、脳梗塞《のうこうそく》、くも膜下出血
②頭部外傷（外傷性脳損傷《そんしょう》）
③低酸素脳症
④脳炎
⑤脳腫瘍《のうしゅよう》

主な症状

記憶障害
・人の名前や物の置き場所を忘れてしまう
・忘れ物や落し物が多く、片づけた場所がわからなくなる
・何度も同じことを聞く

注意障害
・物事に集中できない
・ぼーっとしていて、ミスが多くなる
・一度に2つ以上のことができずに混乱する

遂行《すいこう》機能障害
・決まった方法にこだわり、ものごとの段取りがうまくできない
・状況に応じた判断ができない

社会的行動障害
・すぐに人を頼る（依存、退行）
・感情のコントロールができず、興奮して大声を出したり、攻撃的になる

知的障害

★ 知的障害者福祉法など日本の法律には、知的障害者の定義規定が**ない**。厚生労働省は、「知的機能の障害が発達期（おおむね **18** 歳まで）にあらわれ、日常生活に支障が生じているため、何らかの特別の援助を必要とする状態にあるもの」としている。

★ 療育手帳を所持する知的障害者数の男女比率は、約 6：4 で、**男性**の有病率が**高い**。また、知的障害の程度別にみると、「重度」が約 39%、それより程度の軽い「その他」が約 58%で、重度より**軽度**の方が**多い**（厚生労働省「平成 28 年生活のしづらさなどに関する調査」）。

知的障害の原因となる疾病《しっぺい》

	ダウン症候群	フェニルケトン尿症
原因	染色体異常（21 番染色体が 1 本多い）	代謝異常（フェニルアラニンが蓄積《ちくせき》）
特徴	・特有の顔貌《がんぼう》 ・頑固《がんこ》な面もあるが素直 ・筋緊張低下、低身長	・無治療の場合、重度の精神発達遅滞 ・髪の毛や皮膚《ひふ》の色が薄くなる ・特有の尿臭
合併症	心疾患《しんしっかん》、難聴	てんかん、脳萎縮《いしゅく》
治療	対症療法	低フェニルアラニン食事療法

発達障害

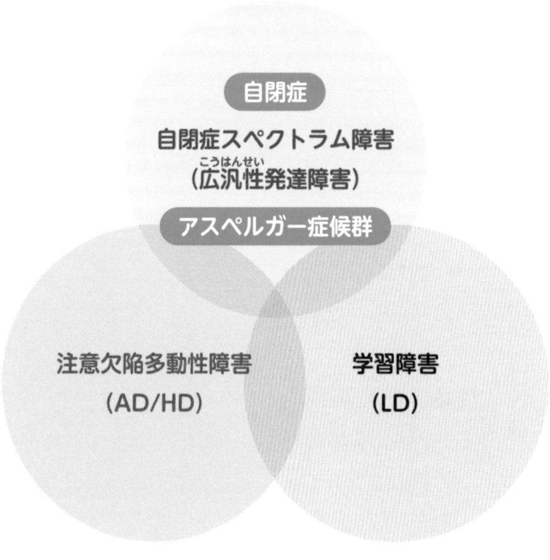

自閉症スペクトラム障害		
コミュニケーションの障害 言葉による意味は受け取れるが、非言語的コミュニケーションを理解することが苦手。明確な言葉がないと理解しにくい	**対人関係の障害** 場の空気を読むことが困難で、相手の気持ちに寄《よ》り添《そ》うことが苦手。社会的なルールを無視するような言動になりやすい	**パターン化された行動・こだわり** いったん興味をもつと過剰《かじょう》なほど熱中し、自分なりのこだわりをもち、それが崩れることを嫌う。変化への適応が苦手

広汎性発達障害	
自閉症	**アスペルガー症候群**
言葉の発達に遅れがある 時に、知的な遅れを伴《ともな》う	言葉の発達の遅れはない 知的な遅れもない

注意欠陥多動性障害		
不注意 活動に集中できない	**多動・多弁** じっとしていられない	**衝動的に行動する** 思いついたらすぐに行動する

学習障害
読字障害・算数障害・書字表出障害 全般的な知的発達に遅れはないが、「読む」「書く」「計算する」「推論する」「聞く」「話す」という能力のうち、特定の分野もしくは複数に困難がある

自閉症スペクトラム障害のある人への支援

★ こだわりが強く、状況が変化することへの不安が強いため、予定は、事前に、具体的に伝える。予定の変更のときは、メモや絵を使いながら、ゆっくりと説明する。

★ まなざしやジェスチャーから意味を読み取るのが苦手なので、言葉によって、丁寧《ていねい》に伝えていく。

★ 複数の情報は混乱するので、一つずつ伝えていく。

★ 遠まわしで否定的な伝え方ではなく、肯定的《こうていてき》で具体的な伝え方にする。

★ 感覚が過敏でありパニックを起こしやすいため、照明や騒音《そうおん》、大人数の環境を避《さ》ける。

保護者への支援

★ ペアレント・メンター：発達障害の子育て経験のある親が、一定のトレーニングを受けて、悩んでいる親の相談に応じ、支援する。

03 難病の人の生活と支援

難病

- 原因不明
- 治療法が**確立していない**
- 罹《かか》る人が**少ない**
- **長期**療養が必要

指定難病

- **医療費助成**の対象となる
- 341 疾患《しっかん》（令和 6 年）

難病相談支援センター

- 都道府県、指定都市に設置
- 難病の患者や家族からの相談に応じ、情報の提供を行う

筋萎縮性側索硬化症（ALS）

発症年齢	60 ～ 70 歳代
治療	筋肉や関節痛に対する対症療法、進行を遅らせる薬物療法、リハビリテーション

運動ニューロンの変性 → 筋肉の**萎縮**《いしゅく》 / 筋力の**低下**

手・指など上肢の筋萎縮
- 箸《はし》が持ちにくい
- 重いものが持てない
- 手足の筋肉がやせる

→

下肢の筋萎縮へ進む
- つまずきやすい
- 足が上がらなくなる
- **運動障害**

舌や咽頭《いんとう》の筋萎縮
- 舌を動かしにくく言葉を話しにくい（**構音障害**）
- 食べ物や唾液《だえき》を飲み込みにくい
- むせやすい（**嚥下**《えんげ》**障害**）

進行すると →

呼吸筋の筋萎縮
- 呼吸困難になる（**呼吸障害**）
- 人工呼吸器を使用することが多い

全身の筋萎縮
- 歩けなくなる

進行しても保持される機能

感覚機能	・身体の感覚は問題ない（身体の痛みはわかる） ・視力や聴力も問題ない
膀胱《ぼうこう》直腸機能	・排泄《はいせつ》機能に問題なく、進行しても失禁《しっきん》はみられにくい
眼球運動	・視線の動きで意思表示が可能

パーキンソン病

発症年齢	50～70歳頃
治療	減少したドパミンの補充《ほじゅう》、受容、分解抑制《よくせい》するなどの薬物療法（L-ドパ）

神経伝達物質であるドパミンが減少 → 身体が動きにくい 振戦《しんせん》（ふるえ）

症状はゆっくり進みます。はじめは振戦（手のふるえなど）から始まります。

パーキンソン病の症状

運動症状	安静時振戦	手・足・顎《あご》などがふるえる。じっとしているときにふるえる。何かをしているときはふるえない。	
	筋固縮《きんこしゅく》	筋肉が固くなりこわばる。顔の筋肉も固くなるので、表情がなくなり、仮面様顔貌《かめんようがんぼう》となる。	
	動作緩慢《かんまん》	全身の動作がゆっくりになる。動き出すのに時間がかかる。	
	姿勢保持障害	身体のバランスが悪くなり倒れやすくなる。	
非運動症状	精神症状	自律神経症状	感覚症状
	うつ状態 睡眠障害 不安障害 意欲低下	起立性《きりつせい》低血圧 便秘《べんぴ》 排尿障害 嚥下障害	嗅覚《きゅうかく》低下 痛み

ホーエンヤールの重症度分類と生活機能障害度（厚生労働省）

<table>
<tr><th>ホーエンヤールの重症度分類</th><th>生活機能障害度（厚生労働省）</th></tr>
<tr><td>Ⅰ度（軽症）＜一側性＞
・筋肉のこわばりや、ふるえの症状が身体の片側のみにある
・機能障害は軽度あるいは無い</td><td rowspan="2">1度
・多少の障害はあるが、介助は必要ない</td></tr>
<tr><td>Ⅱ度＜両側性＞
・筋肉のこわばりや、ふるえの症状が身体の両側にある
・姿勢保持の障害は無い</td></tr>
<tr><td>Ⅲ度＜姿勢保持障害＞
・姿勢やバランスが保《たも》てなくなり活動がやや制限される</td><td rowspan="2">2度
・日常生活において部分的な介助が必要</td></tr>
<tr><td>Ⅳ度＜姿勢保持障害＞
・高度の機能障害。日常生活の一部に介助が必要になる</td></tr>
<tr><td>Ⅴ度（重症）
・一人で起き上がったり、歩いたりができない</td><td>3度
・日常生活において全介助</td></tr>
</table>

姿勢保持障害と対応

<table>
<tr><th colspan="2">症状</th><th>対応</th></tr>
<tr><td>・前傾姿勢</td><td>・歩くとき、前かがみになる</td><td>・意識的に、姿勢を整え、胸を張り腕を振る
・ストレッチ体操</td></tr>
<tr><td>・小刻《こきざ》み歩行
・すり足歩行</td><td>・歩幅が狭くなる</td><td>・意識的に、歩幅を大きくする
・小刻みになったら一度止まる</td></tr>
<tr><td>・すくみ足</td><td>・歩き初めに、足が前に出にくい
・方向転換するとき、前に出にくい
・狭い場所で、前に出にくい</td><td>・一度、足を引いてから歩き出す
・目印をつけて、足を出す
・掛け声をかけたりして、リズムをとる</td></tr>
<tr><td>・突進現象《げんしょう》
・加速歩行</td><td>・歩き出したら止まれない
・歩いているうちに加速する</td><td>・踵《かかと》から足を下すように歩く
・１，２，１，２と掛け声をかけながら歩く</td></tr>
</table>

悪性関節リウマチ（自己免疫疾患）

発症年齢	60 歳頃
男女比	1：2
治療	ステロイドなどの薬物療法

免疫《めんえき》異常 → 多発関節炎 / 血管炎

関節リウマチの関節症状

・朝のこわばり
・手指・足指の関節腫脹《しゅちょう》
・疼痛《とうつう》
・関節の変形

＋

全身の血管炎症状

・皮《ひ》下《か》結節《けっせつ》
・発熱
・体重減少
・筋力低下
・多発性神経炎
・皮膚《ひふ》の潰瘍《かいよう》
・四肢先端の壊死《えし》
・間質性肺炎
・消化管出血

→ **悪性関節リウマチ**

脊髄小脳変性症

発症年齢	40～60歳頃

神経細胞の変性 → **運動失調** / **自律神経症状**

・起立や歩行時のふらつき
・構音障害
・起立性《きりつせい》低血圧
・排尿障害
・発汗《はっかん》障害　など

筋ジストロフィー

原因	・原因不明（指定難病） ・50以上の原因遺伝子が解明されてきている**遺伝性**筋疾患《きんしっかん》
主な病型	・**デュシェンヌ型**（一番多い） ・ベッカー型　など

筋線維の変性・壊死《えし》 → **筋萎縮《きんいしゅく》** / **筋力低下**

・**登はん性起立**（筋力の低下により下肢の力だけでは立ち上がれないため、手を床について臀部《でんぶ》が持ち上がったら手を膝《ひざ》に当てて立ち上がる動作）がみられる
・進行すると10歳前後で歩行不能

04 QOLを高める支援

障害福祉サービス

社会資源

フォーマルな社会資源		インフォーマルな社会資源	
制度化された（公的な）		制度化されていない	
行政によるサービス	教育機関	家族	自治会
保健所	医療機関	親戚《しんせき》	当事者組織
児童相談所	社会福祉協議会	近隣《きんりん》住民	家族会
障害福祉サービス	民生委員	ボランティア団体	コンビニエンスストア（見守り）

障害福祉と介護保険の比較

	障害福祉	介護保険
サービスの相談窓口	特定相談支援事業所	居宅介護支援事業所
サポートのコーディネーター	相談支援専門員	介護支援専門員（ケアマネジャー）
相談支援機関	基幹相談支援センター	地域包括支援センター

相談支援専門員の配置場所による役割の違い

<table>
<tr><th colspan="2">配置場所</th><th colspan="2">役割</th></tr>
<tr><td colspan="2">特定相談支援事業所</td><td>・「サービス等利用計画」の作成</td><td rowspan="3">基本相談支援</td></tr>
<tr><td rowspan="2">一般相談支援事業所</td><td>地域移行支援事業所</td><td>・地域移行支援
・「地域移行支援計画」の作成</td></tr>
<tr><td>地域定着支援事業所</td><td>・地域定着支援
・「地域定着支援台帳」の作成</td></tr>
</table>

基幹相談支援センターの役割

①総合的・専門的な相談支援の実施
②地域の相談支援体制の強化の取り組み
③地域移行・地域定着の促進《そくしん》の取り組み
④権利擁護《ようご》・虐待《ぎゃくたい》の防止

障害福祉サービスにおける地域連携のあり方

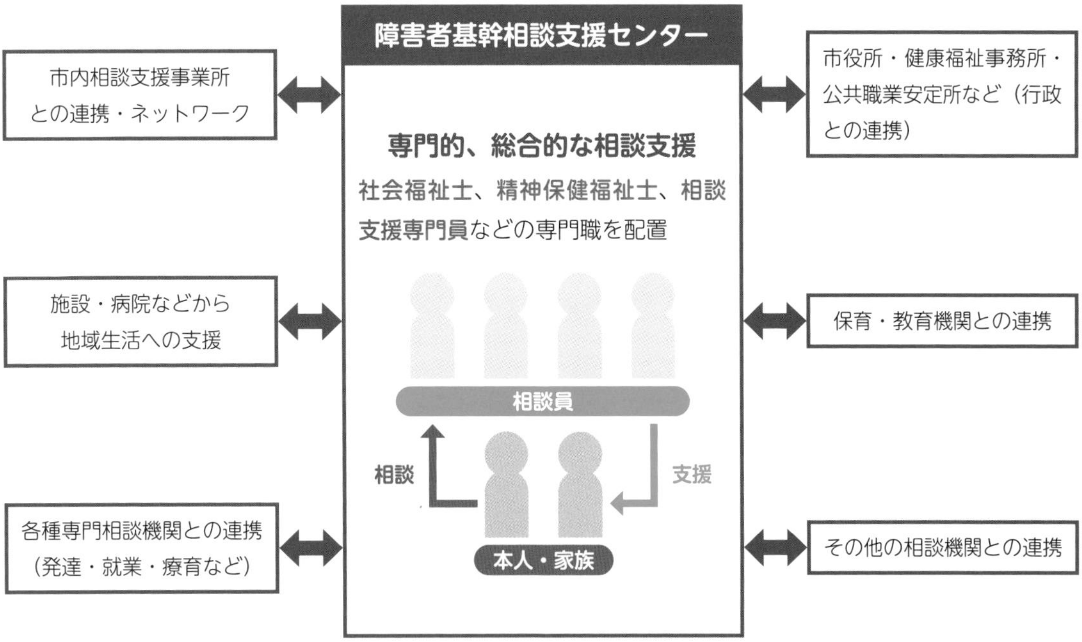

協議会

★ 障害者総合支援法において、都道府県と市町村に設置が規定されている。
★ 障害者の地域生活をあらゆる面からサポートするために、事業所、就労《しゅうろう》、医療、教育等関係する様々な専門職および障害者とその家族等が連携するためのもの。

協議会の機能

・情報機能　・調整機能　・開発機能　・教育機能　・権利擁護機能　・評価機能

家族への支援

レスパイトサービス

対象	介護を担《にな》う家族	
目的	・家族の介護負担を軽減し、介護から解放する時間をつくる ・心身の疲れを回復し、自分らしさを取り戻す	
期間	一時的に	一定の期間
利用方法	訪問介護（ホームヘルプ） デイサービス	ショートステイ

家族心理教育プログラム

★ 障害について**理解**し、**こころ**の負担を減らす。

★ **対応**方法や**介助**方法を知り、**からだ**の負担を減らす。

保護者への支援

支援の対象	発達障害のある子どもをもつ親		
支援の方法	①相談を受ける	②情報の提供	③助言する
特徴	共感的支援が行える		

ペアレント・メンター …… 発達障害等のある子どもの**養育経験をもつ親**が、育児経験を活《い》かし、保護者の相談に応じるために、相談支援に関する一定の**トレーニング**を受けて認定される

ペアレントプログラム …… 主に**保健師**や**保育士**などの子育て支援分野の職員が、育児に不安を感じる保護者を効果的に**支援**できるよう設定された、グループ・プログラム

ペアレントトレーニング …… 子どもの行動改善《かいぜん》や発達促進《そくしん》のために、**保護者**が具体的な養育スキルを獲得することを目指す

PART 4　領域：医療的ケア

第12章　医療的ケア

01 医行為と医療的ケア

介護福祉職による医療的ケアの制度

1987（昭和62）年
介護福祉士　誕生！

→ 改正 →

2011（平成23）年
介護福祉職が、医行為※の一部を実施できるようになる

……▶

医療的ケア
①口腔内《こうくうない》の喀痰吸引《かくたんきゅういん》
②鼻腔内《びくうない》の喀痰吸引
③気管カニューレ内部の喀痰吸引
④胃ろう・腸ろう経管栄養
⑤経鼻経管栄養

※医行為とは、医師でなければ人体に危害を及ぼし、または危害を及ぼす恐《おそ》れのある行為である。

介護福祉職が医療的ケアを実施するためのプロセス

基本研修修了（講義（50時間）、シミュレーター演習）→ **実地研修修了**（現場での実習（利用者対象））→ **認定証登録申請《しんせい》** → **認定証交付**

★ 医療的ケアを実施するためには、介護福祉職も「**医療の倫理**」を理解し、倫理上の原則を守らなければならない。

介護福祉職が医療的ケアを行うための実施規定

★ 医療的ケアを実施する前には常に必ず

医師の指示書の確認が必要
指示書の有効期間：6か月

喀痰吸引

医師の指示書に従って実施する
（変えてはいけない）

→

①吸引チューブの太さ　②吸引持続時間
③吸引部位　④吸引圧

口腔内喀痰吸引　　鼻腔内喀痰吸引　　気管カニューレ内喀痰吸引

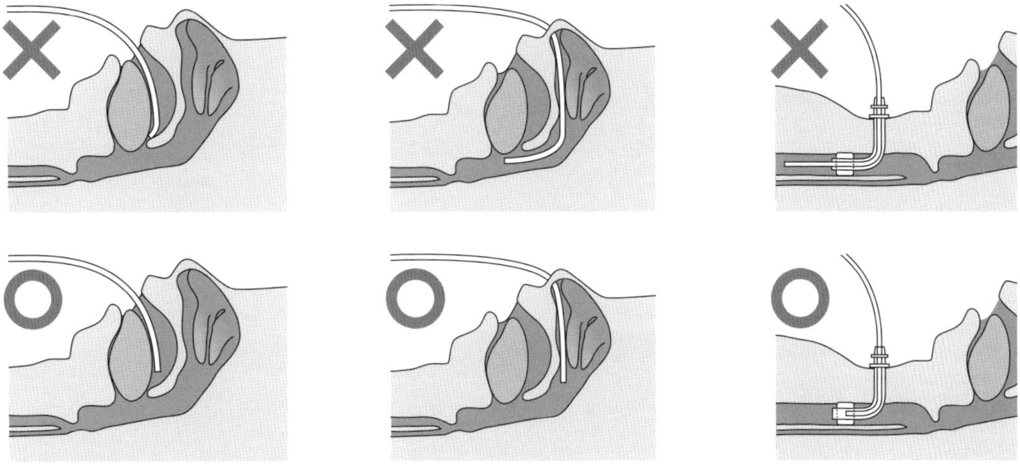

咽頭《いんとう》の手前まで　　咽頭の手前まで　　気管カニューレ内のみ

ゴロ合わせで覚えよう！　**口腔内・鼻腔内吸引の範囲**

九《きゅう》はいつも十《とお》の手前

（吸引）　　（咽頭）（手前まで）

経管栄養

医師の指示書に従って実施する
（変えてはいけない）

→

①栄養剤の種類　②栄養剤の量
③注入時間　④注入速度

経鼻経管栄養

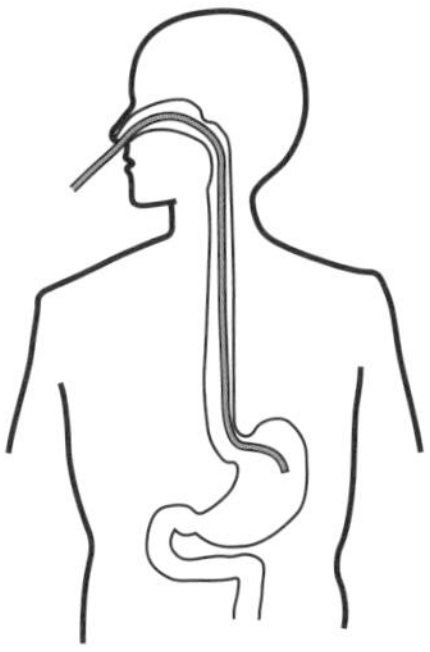

胃の中に栄養チューブが挿入されていることを、医師または看護職の確認後実施。

胃ろう・腸ろう経管栄養

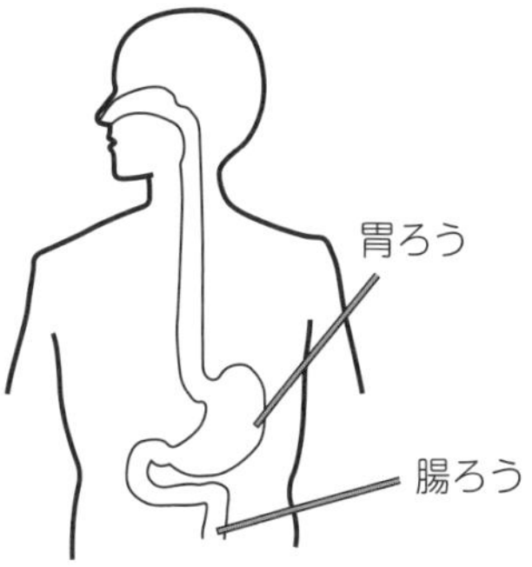

胃ろうや腸ろうの状態に問題がないことを、医師または看護職の確認後実施。

PART 4　領域：医療的ケア

第12章　医療的ケア

02 感染予防とリスクマネジメント

スタンダードプリコーション（標準予防策）の考え方

スタンダードプリコーション

感染症や疾患《しっかん》の有無に**関係なく**、以下のものは感染の**危険がある**ととらえ予防する

①**血液**
②**体液**（汗を除《のぞ》く）
③**分泌物《ぶんぴつぶつ》**（痰《たん》・唾液《だえき》・鼻水・膿）
④**排泄《はいせつ》物**（尿・便・嘔吐物《おうとぶつ》）
⑤**粘膜《ねんまく》**
⑥**傷**のある皮膚《ひふ》

↓

感染予防策

・手洗い　・マスク　・手袋（エプロン）
・汚染物の適切な**処理**　・適切な**消毒**

感染症予防の3原則

①感染源対策	発病者の**早期発見**・治療、清掃《せいそう》による清潔保持、消毒　等
②感染経路対策	石鹸《せっけん》と流水による手洗い、うがい、マスクや手袋の着用　等
③感受性（感染を受ける可能性）のある人への対策	**免疫力《めんえきりょく》**を高める、十分な栄養・睡眠、予防接種　等

手洗いの基本

・爪《つめ》は**短く**切る。
・**流水**で洗う。
・固形石鹸ではなく、液体石鹸を用いる。
・よく洗い流す。
・タオルの**共用**は避《さ》け、**使い捨て**のペーパータオル等を使用。

リスクマネジメント（危機管理）とPDCAサイクル

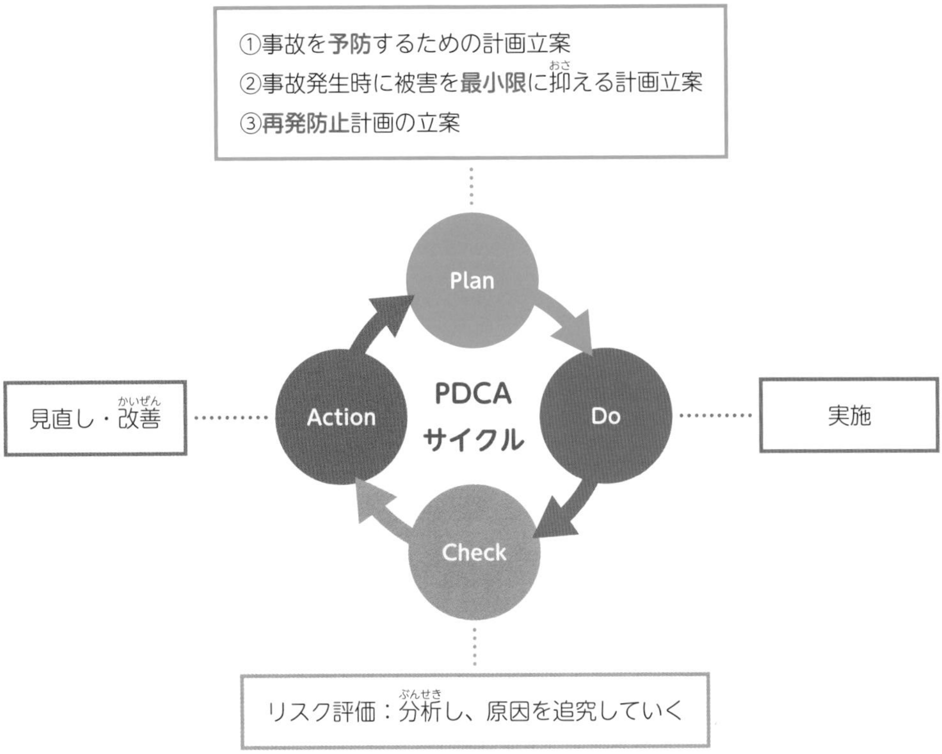

ヒヤリ・ハット報告、アクシデント報告

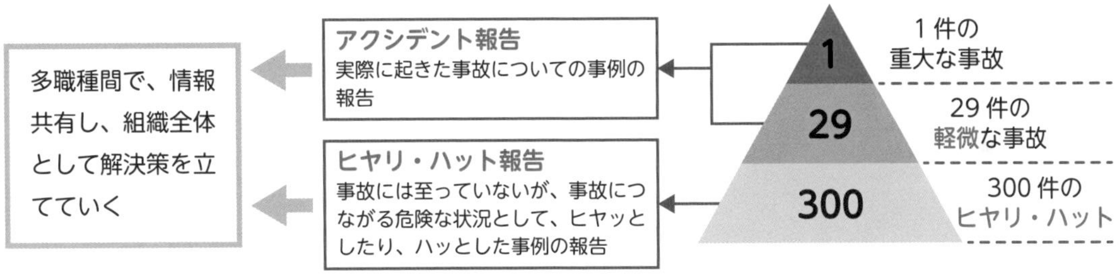

03 健康状態の把握

健康チェック

観察

表情、顔色、目の輝き、視線、皮膚《ひふ》の状態、動作、食欲、行動、姿勢、身だしなみ　など

バイタルサイン

体温、脈拍、呼吸、血圧、意識状態

バイタルサイン

	正常範囲（成人）	高齢者の傾向	測定部位	異常
体温	36～37℃	・低くなる	・測定部位で値が変わる 直腸＜外耳《がいじ》＜口腔《こうくう》＜腋窩《えきか》 ・測定時間で値が変わる	・発熱：感染症 悪性腫瘍《しゅよう》 炎症性疾患《しっかん》
脈拍	60～80回／分	・不規則になる ・減少する	・橈骨《とうこつ》動脈 ・総頸《そうけい》動脈	・頻脈《ひんみゃく》（100回以上／分） ・徐脈《じょみゃく》（50回以下／分） ・不整脈（リズム不規則） ・結滞
呼吸	12～20回／分	・増える ・不規則になる	・胸部の上下運動（気づかれないように） ・パルスオキシメーター	・チアノーゼ ・喘鳴《ぜいめい》 ・リズム不整 ・呼吸困難（肩呼吸、下顎《かがく》呼吸）
血圧	120／80 mm Hg	・高くなる	・上腕（姿勢で変化する） ・麻痺《まひ》側では測《はか》らない ・手首	・高血圧 ・低血圧 ・白衣高血圧（緊張による）
意識状態	意識清明		・呼びかけに対する反応 ・ジャパンコーマスケール（JCS）	・Ⅰ刺激しなくても覚醒《かくせい》 ・Ⅱ刺激して覚醒 ・Ⅲ刺激しても覚醒しない

パルスオキシメーター

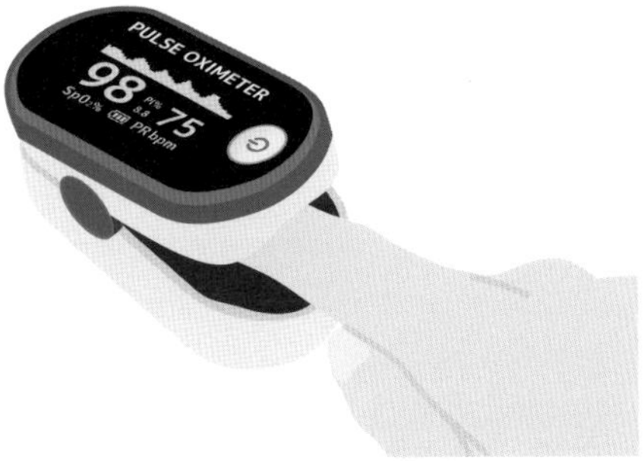

測定できるデータは？……経《けい》皮《ひ》的《てき》動《どう》脈《みゃく》血《けつ》酸《さん》素《そ》飽《ほう》和《わ》度《ど》（SpO_2）

基準値…………………………**95～100%**

何を測定している？………血液中の**酸素**の割合（%で表示）

どのようにして？…………からだに赤色光・赤外光の２種類の光を当てて、酸素と結びついているヘモグロビンの量を測る

どこで測定する？…………**指先**

パルスオキシメーターのメカニズム

①肺で酸素と二酸化炭素を交換

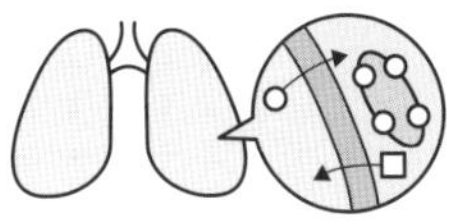

②ヘモグロビンと酸素が結びつき、鮮やかな**赤色**になる

③指を透過《とうか》した光から、酸素と結合したヘモグロビンと結合していないヘモグロビンの量を検出

↓

「酸素飽和度」を測定する

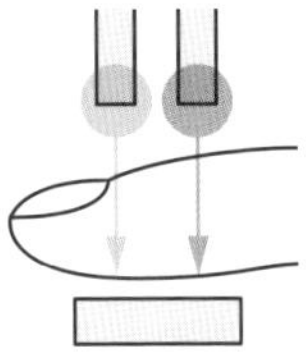

血液（血球）の成分

成分	役割	
赤血球	酸素の運搬《うんぱん》	酸素は、赤血球の中のヘモグロビン（Hb）と結合して運ばれる
白血球	免疫《めんえき》	白血球の中のリンパ球、単球、顆粒《かりゅう》球が異物の侵入を阻止する
血小板	止血《しけつ》	血管が傷つくと、血小板が集まり、血小板血栓をつくり止血する（一次止血）

第 12 章　医療的ケア

04 喀痰吸引

喀痰吸引の実施方法

実施前

0．室内の空気を清浄に保《たも》つ

1．必ず、**医師の指示書**を確認する

2．**流水と石鹸《せっけん》**で手を洗う

3．必要物品と汚染・破《は》損《そん》の有無と、陰圧《いんあつ》の**確認**

実施

4．吸引の**説明**を行い、同意を得る

苦痛を伴《ともな》うので、優しい声かけを！

5．吸引しやすい環境に整える ➡
①プライバシー保護（カーテン）
②吸引しやすい体位（上半身を挙上《きょじょう》する）

6．医師の指示書に従い実施 ➡
①吸引圧
②吸引にかかる時間
③チューブの太さ

7．**観察**

実施後

8．吸引チューブの洗浄 ➡
①チューブの外側を清浄綿等で拭《ふ》く
②洗浄水を吸引し、チューブの内側を洗浄

9．**報告**

10．備品の洗浄、消毒
★ 吸引びんは、吸引物が 70 ～ 80％になる前に破棄する

11．**記録**

観察・報告・記録

観察 → ①全身状態
②呼吸状態（喘鳴《ぜいめい》・チアノーゼ）
③痰《たん》の性状（量・色・粘性《ねんせい》・におい） → **報告** → **記録**

人工呼吸療法中の喀痰吸引《かくたんきゅういん》の注意点

低酸素血症《けっしょう》を防《ふせ》ぐ	吸引後にマスクが適切に装着されているか確認
	人工呼吸器の作動状況の確認
	マスクを取り外している時間が長くならないように、素早く吸引を行う

痰が増加し吸引が必要になる場面

★ 食後
★ 体位変換や清拭《せいしき》、外出後
★ 入浴後

口腔・鼻腔・気管内吸引の操作時の違い

種類	口腔内《こうくうない》吸引	鼻腔内《びくうない》吸引	気管内吸引
操作方法	清潔に行う		無菌操作
手袋	清潔な手袋		無菌手袋
洗浄水	水道水		滅菌精製水
挿入時	吸引圧をかけないまま挿入 （カテーテルを折る）		吸引圧をかけながら挿入 （カテーテルを折らない）
体位	10～30°ギャッチアップ	10～15°ギャッチアップ	首が前屈《ぜんくつ》しないように

消毒と殺菌

消毒	病原性の微生物を死滅させること
滅菌	すべての微生物を死滅させること

★ 滅菌物を使用する場合は、開封していないこと、**有効期限内**であることを確認する。

喀痰喀出のメカニズム

咳《せき》が出るしくみ

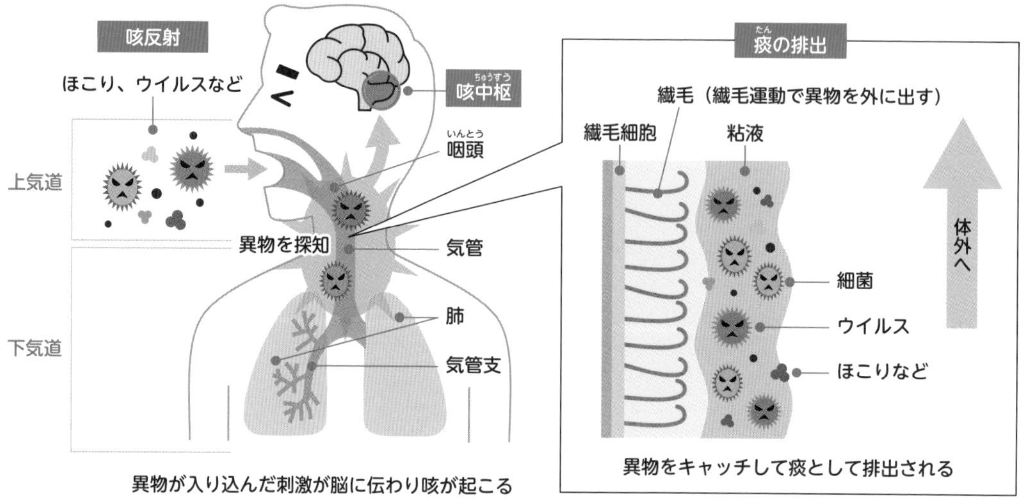

咳嗽《がいそう》	ほこりやウイルス、細菌などが気道に入ってくると、反射的に、強制的に排出しようとする防御反応で、**咳**のこと
喀痰《かくたん》	ほこりやウイルス、細菌などが気道に入ってくると、それらをくるんで外に排出するため、気道内の分泌物《ぶんぴつぶつ》が増える。この包み込んで排出する**粘液状のもの**を喀痰という

繊毛のはたらき（咽喉《いんこう》から肺に至る気道）

粘液	→ 繊毛	→ 咽喉に戻された異物
気道に入った**異物**をキャッチする	1分間に約0.5～1cmの速さで、外へ向かって異物を**移動**させる	・痰として**体外**に排出 ・食道から胃に入り消化

体位ドレナージの方法

痰がたまっている位置を、からだの**上**にする → **重力**の力で、痰が**下**に移動する → からだの**外**へ痰が排出される

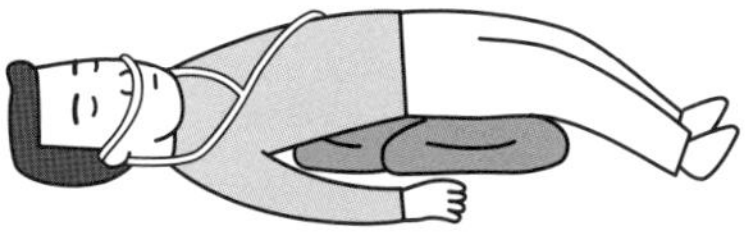

仰向《あおむ》けで膝《ひざ》を立て、腰の下にクッションを入れる

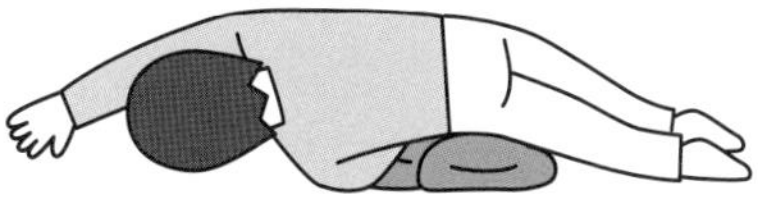

腰が高い位置のまま、横を向く

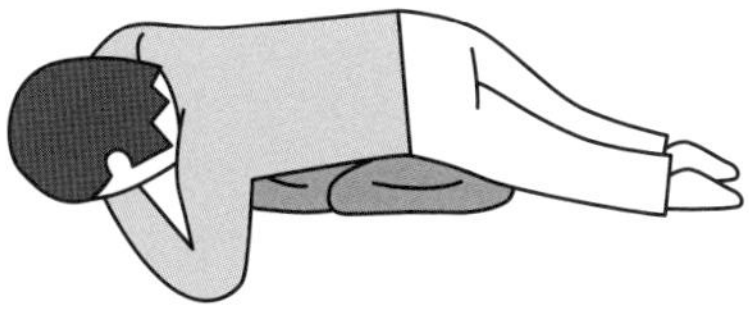

うつむきで胸、お腹、腰の下にクッションを入れる

吸引時のケアのポイント

①空気を**清浄**に保《たも》つ

②**湿度**を保つ

⑤**体位ドレナージ**
重力を利用して痰を排出する

③体内の**乾燥**を防《ふせ》ぐ

水分が不足していると、
痰が**固く**繊毛運動機能も**低下**する。

④口腔《こうくう》・鼻腔《びくう》・気道の**加湿**

様々なトラブルと対応

① 顔色が悪くなった 呼吸状態が悪くなった

→

①ただちに、吸引を**中止**する
②気道を確保する
③すぐに看護職に連絡する
④パルスオキシメーターで酸素飽和度《さんそほうわど》をチェック（91％以上）

SpO₂は　**95％以上**　○（**正常値**）
　　　　91～94％　△（**要注意**）
　　　　90％以下　×（**呼吸不全**）　です。

② 出血した

→

①ただちに、吸引を**中止**する
②顔を**横**に向け、口腔《こうくう》・鼻腔内《びくうない》を観察
③すぐに看護職に連絡する

③ 1回の吸引で取り切れなかった

→

①呼吸が**落ち着く**のを確認してから、吸引を行う
②看護職に報告する

③室内の加湿を行う
④体位ドレナージを行う

④ 嘔吐《おうと》した

→

①ただちに、吸引を**中止**する
②顔を横に向ける
③すぐに看護職に連絡する

⑤ 口腔・鼻腔内吸引時 吸引チューブが入りにくい 咽頭《いんとう》反射が強い

→

①上半身を**10～30°**程度挙上《きょじょう》すると吸引チューブが挿入しやすく、吐《は》き気《け》をもよおしにくい

⑥ 粘性《ねんせい》の痰《たん》である → ①**水分**補給を行う
②室内の空気を清浄に保《たも》つ
③空気の乾燥を防《ふせ》ぎ、湿度を 50 ～ 60%にする
④看護職に報告する

⑦ 吸引を拒《こば》む チューブを噛む → ①ゆっくり必要性を**説明**する
②全身状態や呼吸状態を**観察**する
③噛んだら、ゆっくり引き抜く

喀痰吸引の物品管理

★ 人工呼吸器は医師、看護師、医療機器提供会社による定期的な**点検・整備**によって、故障やトラブルを未然に防ぐよう管理する。

	口腔・鼻腔内喀痰吸引《かくたんきゅういん》		気管カニューレ内喀痰吸引
	浸漬《しんし》法	乾燥法	
吸引チューブ	24 時間おきに交換		1 回ごとに**使い捨て**
チューブ保管容器	消毒液 24 時間おきに交換	保管容器の消毒 24 時間おき	
洗浄水	**水道水**　8 時間おきに交換		**滅菌水**　8 時間おきに交換
吸引びん	中性洗剤で洗浄後、希釈《きしゃく》した**次亜塩素酸《じあえんそさん》ナトリウム**に 1 時間程度浸漬させて消毒する		

乾燥法よりも、**消毒液**に吸引チューブを漬ける**浸漬法**のほうが、**短時間**で細菌を死滅させることができます。

05 経管栄養法

経管栄養法の実施方法

実施準備

1. 経管栄養の説明を行い、**同意**を得る

時間がかかるので、排泄《はいせつ》の確認をしておきます。

2. 必ず、**医師の指示書**を確認する
3. **流水**と**石鹸《せっけん》**で手を洗う
4. 必要物品の**汚染**・**破損《はそん》**の有無の**確認**
   - ・イリゲーター、栄養点滴チューブ、カテーテルチップシリンジは、利用者専用のもの
   - ・栄養剤の**使用期限**の確認
   - ・栄養剤は**常温**に

実施

5. 栄養剤と利用者の名前を**確認**する
6. 栄養チューブが胃の中に**挿入**されていることを、看護職が確認する
7. **環境**と**体位**を整える ➡
   - ①**プライバシー**保護（カーテンなど）
   - ②上半身を **30 ～ 45°** 起こし、逆流を防《ふせ》ぐ
   - ③栄養剤の液面と、胃との高さの差を 50 cm 以上とする
8. 医師の**指示書**に従い実施 ➡
   - ①栄養剤の**内容**
   - ②栄養剤の**量**
   - ③注入**時間**
9. **観察**

実施後

10. 終了時、感染予防のため、白湯《さゆ》を 30 ～ 50ml 注入して、栄養剤を洗い流す
11. 栄養剤注入後 30 分～ 1 時間くらいは上体を起こしたままにする
12. 報告
13. 片づけ（備品の洗浄、消毒）
14. 記録

観察・報告・記録

実施前・中・後で

観察 →

全身状態

①顔色・表情

②呼吸状態（むせ込み・チアノーゼ）

③嘔気《おうき》・嘔吐《おうと》

④腹痛・腹部膨満感《ぼうまんかん》

皮膚《ひふ》の状態

①チューブ挿入部のスキントラブル（ただれ、出血、不良肉芽《にくげ》）

栄養チューブの固定状態

①チューブを固定するテープが剥《は》がれていないか

②経鼻チューブが口腔内《こうくうない》でうずを巻いていないか

→ **報告** → **記録**

チェック！○

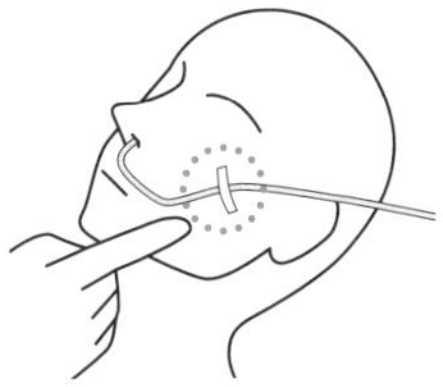

経鼻経管注入の場合

チェック！○

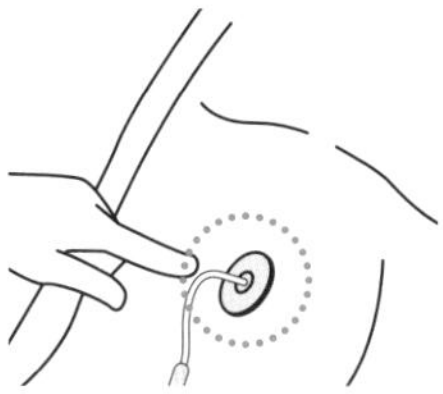

胃ろう経管注入の場合

チェック！×

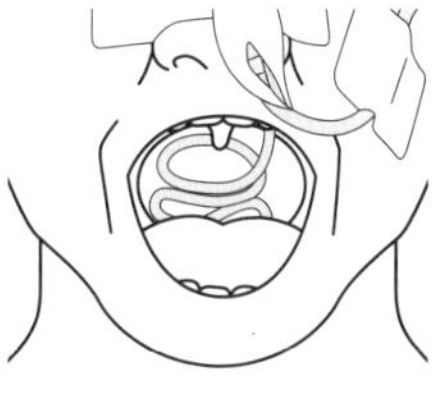

経鼻経管注入の場合

経管栄養剤の種類

栄養剤の種類	形状	使用可能	特徴
一般的栄養剤	液状	経鼻経管栄養 胃ろう経管栄養 腸ろう経管栄養	・栄養学的バランスがよい ・チューブが詰《つ》まりにくい
半固形化栄養剤	ゼリー状	胃ろう経管栄養 腸ろう経管栄養	・胃食道逆流が起きにくい ・誤嚥性肺炎《ごえんせいはいえん》を防止できる ・座位時間の短縮ができ褥瘡《じょくそう》予防 ・胃・腸の蠕動《ぜんどう》運動を促進《そくしん》する

胃腸のメカニズム

正常な胃腸消化吸収のメカニズム

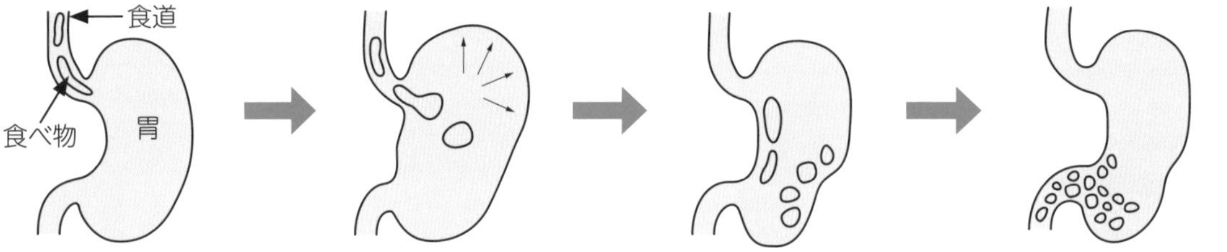

食べ物が食道を通り胃に入ってくる → 胃が膨《ふく》らむ → 蠕動運動が起こり、食べ物と胃液を混ぜ合わせて消化する → 消化した食べ物は少しずつ十二指腸に送られる

胃食道逆流と下痢《げり》のメカニズム

液体注入 → 胃に貯留《ちょりゅう》せず速く通り抜けやすい → 食道へ逆流 → 嘔吐《おうと》

胃に貯留せず速く通り抜けやすい → すぐに十二指腸へ → 下痢

蠕動運動が弱い

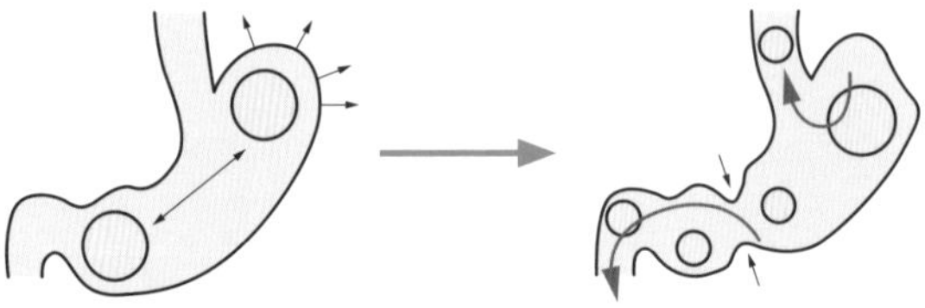

胃貯留の障害 → 異常な胃排出

経管栄養実施時のケア

清潔ケア 入浴、チューブ挿入部の清潔保持	**口腔《こうくう》ケアの徹底** 唾液分泌《だえきぶんぴつ》が減少するので、感染予防
消化機能を高めるケア 運動や歩行の支援（腸蠕動運動の促進）	**経口移行計画の促進** 経管栄養を実施していても、経口による食事摂取《せっしゅ》を進めていく

経管栄養法のトラブル対応

① 吐き気がする

原因

・注入速度が速すぎる

→

①ただちに、注入を中止する
②顔を横に向け、誤嚥を防止する
③すぐに看護職に連絡する

② 腹部膨満感《ぼうまんかん》

原因

・注入速度が速すぎる

→

①注入速度を確認する
②速度を少し遅くする
③改善《かいぜん》されなければ看護職に連絡する
④腹部の圧迫《あっぱく》を確認する
⑤腹痛や嘔気《おうき》を確認する

③ 腹痛 ➡ 下痢の恐《おそ》れあり

原因

・注入速度が速すぎる
・栄養剤が冷たい
・栄養剤の濃度が高い
・不潔な管理（手洗い不足、洗浄不足、栄養剤の使用期限切れ）

→

①ただちに、注入を中止する
②すぐに看護職に連絡する

④ 呼吸状態の変化
苦しそうな表情

→

①ただちに、注入を**中止**する
②すぐに看護職に**連絡**する

原因
・経鼻経管栄養の場合
チューブが**抜けて**気管に栄養剤が流れ込んでいる

⑤ チューブが抜けそう

→

①注入を**しない**
②すぐに看護職に**連絡**する

原因
・むせ込み、テープ剥《は》がれ

⑥ スキントラブル
・周囲の発赤《ほっせき》
・膿が出ている
・出血している
・不良肉芽《にくげ》

→

①すぐに看護職に**連絡**する
②分泌物《ぶんぴつぶつ》付着時は、ぬるま湯で浸《ひた》したガーゼ等で拭《ふ》き取る
③感染を起こしている場合は、医療職に**報告**し、入浴の際はフィルム等で保護して入浴する

原因
・絆創膏《ばんそうこう》かぶれ
・栄養剤や消化液のもれ
・感染を起こしている

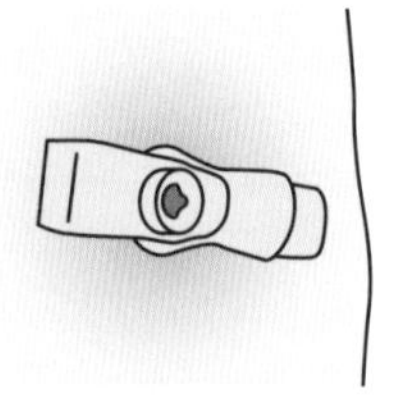

発赤

異常がなければ、そのまま**入浴できます**。

経管栄養法の物品管理

物品		イリゲーター	栄養点滴チューブ	カテーテルチップシリンジ
			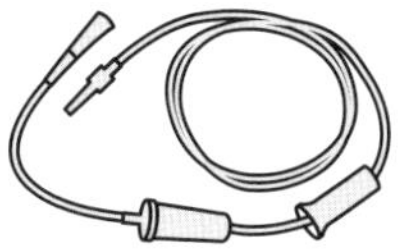	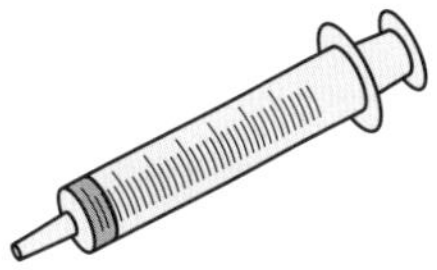
使い方		**利用者専用**のものとする		
交換		看護師が**2週間**に1回程度、交換		
洗浄		使用後毎回、**中性洗剤**で洗浄後、流水でよくすすぐ		
消毒	消毒液	0.0125～0.02%の**次亜塩素酸《じあえんそさん》ナトリウム**液		
	浸漬《しんし》時間	1時間		
	消毒後	再び流水でよく洗浄		
乾燥		水滴を振り払《はら》い、風通しのよい場所で乾燥させる		

経管栄養における多職種連携

★ 医療的ケアを実施する上では、多職種間での**情報共有**が重要であり、そのため**報告**、**記録**、**カンファレンス**などを適切に行っていく。

★ 報告、記録では、いつ、だれが、どのように実施し、どのような経過であったか（観察事項）を、わかりやすく**正確**に伝えていく。

医師	全身管理
歯科医師	口腔《こうくう》機能に関わる摂食・嚥下《えんげ》機能の**診断**評価、摂食・嚥下リハビリテーション管理
歯科衛生士	**口腔衛生状態**を評価し、専門的口腔清掃《せいそう》、摂食・嚥下訓練
看護師 介護福祉士	**摂食**サポート、**口腔**ケア
管理栄養士	**栄養状態**の評価、栄養剤の選択、嚥下訓練食の調製、食事形態の評価、栄養食事指導
言語聴覚士	口腔・嚥下機能の評価、**摂食**・嚥下訓練
作業療法士	**食事姿勢**の調整、腕や手指の動きの訓練、自助具の工夫《くふう》
理学療法士	身体の機能訓練・歩行訓練、**摂食・嚥下姿勢**の評価

福祉に関わるマーク

マーク	名称及び概要
	**障害者のための国際シンボルマーク** 障害者が利用できる建物、施設であることを明確に示すための世界共通のシンボルマーク。マークの使用は、国際リハビリテーション協会の「使用指針」により定められている。
	**盲《もう》人のための国際シンボルマーク** 視覚障害者の安全やバリアフリーに考慮された建物、設備、機器などに付けられるマーク。
	**聴覚障害者標識（聴覚障害者マーク）** 聴覚障害であることを理由に免許に条件を付されている人が運転する車に表示するマークである。マークの表示については、義務となっている。
	**ほじょ犬マーク** 身体障害者補助犬（盲導犬、介助犬、聴導犬）法の啓発のためのマーク。公共の施設や交通機関ならびにデパートやスーパーなどの民間の施設は、身体障害のある人が身体障害者補助犬を同伴するのを受け入れる義務がある。
	**耳マーク** 聞こえが不自由なことを表すと同時に、聞こえない人・聞こえにくい人への配慮《はいりょ》を表すマーク。
	**ハート・プラスマーク** 身体内部に障害がある人を表している。身体内部（心臓、呼吸機能、じん臓、膀胱《ぼうこう》・直腸、小腸、肝臓、免疫《めんえき》機能）に障害がある人は外見からはわかりにくいため、様々な誤解を受けることへの配慮が目的。
	**オストメイト用設備／オストメイト（出典：公益財団法人交通エコロジー・モビリティ財団）** 人工肛門《こうもん》・人工膀胱を造設している人（オストメイト）のための設備があることを表している。オストメイト対応のトイレの入口・案内誘導プレートに表示されている。
	**福祉用具 JIS マーク** 経済産業省の管轄のもと、第三者認証機関である JIS 登録認証機関によって製品が認証されたものに付けられるマーク。

さくいん

■そ■

■た■

■ち■

■つ■

■て■

本書の正誤情報等は、下記のアドレスでご確認ください。
http://www.s-henshu.info/kfgb2404/

上記掲載以外の箇所で正誤についてお気づきの場合は、**書名・発行日・質問事項**（**該当ページ・行数**などと**誤りだと思う理由**）・**氏名・連絡先**を明記のうえ、お問い合わせください。

・web からのお問い合わせ：上記アドレス内【正誤情報】へ

・郵便または FAX でのお問い合わせ：下記住所または FAX 番号へ

※電話でのお問い合わせはお受けできません。

〔宛先〕コンデックス情報研究所「いちばん覚えやすい　介護福祉士合格ブック '25 年版」係

住　　所：〒 359-0042　所沢市並木 3-1-9

FAX 番号：04-2995-4362（10：00 ～ 17：00　土日祝日を除く）

※本書の正誤以外に関するご質問にはお答えいたしかねます。また、受験指導などは行っておりません。
※ご質問の受付期限は、2025 年 1 月の試験日の 10 日前必着といたします。
※回答日時の指定はできません。また、ご質問の内容によっては回答まで 10 日前後お時間をいただく場合があります。あらかじめご了承ください。

コンデックス情報研究所では、合格者の声を募集しています。試験にまつわる様々なご意見・ご感想等をお待ちしております。こちらのアドレスよりお進みください。
http://www.condex.co.jp/gk

執筆者

福田　明　松本短期大学介護福祉学科教授

長谷川　美貴子　淑徳大学人文学部人間科学科教授

編著：コンデックス情報研究所

1990 年 6 月設立。法律・福祉・技術・教育分野において、書籍の企画・執筆・編集、大学および通信教育機関との共同教材開発を行っている研究者・実務家・編集者のグループ。

本文イラスト：矢寿ひろお・島村圭之・岡田行生

いちばん覚えやすい介護福祉士合格ブック '25年版

2024年 6 月30日発行

編　著　コンデックス情《じょう》報《ほう》研《けん》究《きゅう》所《しょ》

発行者　深見公子

発行所　成美堂出版

〒162-8445　東京都新宿区新小川町1-7
電話(03)5206-8151 FAX(03)5206-8159

印　刷　大盛印刷株式会社

ISBN978-4-415-23862-3

落丁·乱丁などの不良本はお取り替えします
定価はカバーに表示してあります